JN419351

초등학생이라면 이것만은 꼭!

초등 과학백과

글 **손영운** | 그림 **김석**

삼성출판사

머리말

좋은 과학책은 그림만 봐도 무슨 내용인지 알 수 있습니다.

용어를 몰라도, 무엇을 설명하고 있는지 짐작할 수 있을 만큼 그림 하나하나가 개념을 잘 담고 있기 때문입니다. 잘 표현된 그림은 긴 글로 설명해야 할 내용을 간단하게 전달하면서, 이해를 돕고 오래 기억에 남게 해 줍니다.

특히 과학은 그림으로 이해할 때 훨씬 효과적인 과목입니다. 이 책은 글과 그림을 함께 활용하여 과학 개념과 현상을 더욱 쉽게, 그리고 정확하게 이해할 수 있도록 구성하였습니다. 예를 들어 중학교 과학 교과서에는 '계절의 변화가 나타나는 것은 지구가 기울어진 채 공전하고 있기 때문이다'라는 내용이 나옵니다. 이 문장은 글만으로는 이해하기 어려울 수 있지만, 그림을 함께 보면 훨씬 쉽게 이해할 수 있습니다.

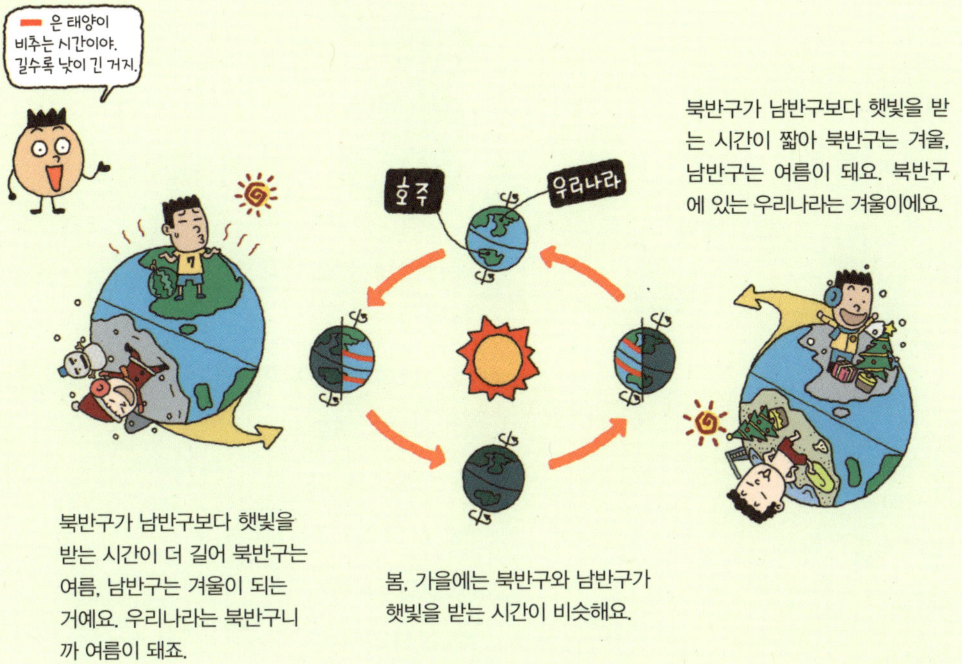

이 책은 초·중등 과학 교과서의 핵심 내용을 지구과학, 물리학, 화학, 생명과학 네 영역으로 나누어 정리하였습니다. 이렇게 기초부터 개념의 흐름을 잡아가다 보면, 어느새 과학의 기초가 자연스럽게 쌓이고, 과학에 대한 흥미와 자신감도 함께 자라날 것입니다.

2025년 8월 손영운

목차

01 지구과학

지구와 우주

지구의 구조와 지각 변동

날씨 이야기

02 물리학

힘과 운동

일과 에너지

전기와 자기

빛과 소리

03 화학

물질의 구성

물질의 상태와 분자

물질의 특성과 혼합물의 분리

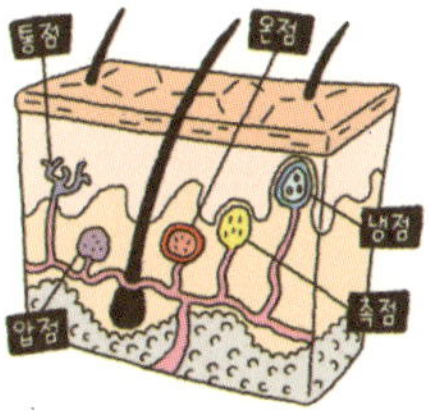

04 생명과학

생물의 구성

식물

인체

생식과 유전

무엇을 배울까?

01 지구과학에서는 무엇을 배울까?

지구과학은 우리가 사는 지구와 지구를 둘러싼 우주까지 폭넓게 다루는 과목이에요. 하늘을 올려다봤을 때 보이는 별자리, 날씨의 변화, 지층 속 화석, 바닷물의 흐름 등 모두 지구과학의 주제지요.

지구과학을 공부하면 우리가 사는 지구가 얼마나 역동적이고, 다양한 현상으로 가득한지 알 수 있어요. 주변 자연에 대한 호기심과 관찰력이 중요하고, 여러 현상을 한 가지 원리로 연결해 생각하는 재미도 있답니다.

02 물리학에서는 무엇을 배울까?

물리학은 물체가 왜 움직이고 멈추는지, 왜 떨어지는지 같은 질문에 답해주는 과목이에요. 그네가 앞뒤로 왔다 갔다 하는 이유, 전기가 어떻게 불을 켜는지, 자석이 왜 붙는지도 물리학의 주제예요. 예전엔 이런 현상이 왜 일어나는지 잘 몰랐지만, 뉴턴 같은 과학자들이 운동과 힘의 원리를 밝혀내며 과학적으로 설명할 수 있게 되었지요. 물리학은 세상의 모든 움직임을 이해하려는 탐험이에요. 일상생활에서 “왜?”라는 질문을 던지며 생각해 보면 훨씬 재미있답니다.

03 화학에서는 무엇을 배울까?

화학은 우리 주변의 모든 물질을 다루는 과목이에요. 물은 어떻게 끓고, 얼고, 증발할까? 색이 변하는 이유는 뭘까? 서로 다른 물질이 만나면 어떤 일이 생길까? 이런 궁금증에 답하면서 더 편리한 생활을 만들기 위한 물질의 변화와 성질을 공부해요. 예전엔 연금술처럼 금을 만들려고 시작되었지만, 지금은 약, 화장품, 배터리, 건축 자재처럼 우리 생활 곳곳에 꼭 필요한 과학이 되었지요. 화학은 세상의 모든 물질을 다루는 마법 같은 과학이에요. 원리를 알수록 더 재미있고 신기하게 느껴질 거예요.

04 생명과학에서는 무엇을 배울까?

생명과학은 생명이 있는 모든 것과 그들이 살아가는 환경을 함께 배우는 과목이에요. 작은 세포부터 사람, 식물, 동물, 미생물까지 모든 생물들이 어떻게 살아가고 서로 영향을 주는지 탐구하지요. 질병, 환경오염, 식량 문제처럼 우리 삶과 연결된 중요한 주제도 생명과학에서 다뤄요. 생명과학은 다른 과학 분야에 비해 발전이 늦었지만, 지금은 가장 빠르게 발전하는 분야 중 하나예요. 우리 몸과 자연 속 생명에 관심을 가지는 것만으로도, 생명과학은 훨씬 더 흥미롭고 친근하게 느껴질 거예요.

01
지구과학

지구와 우주

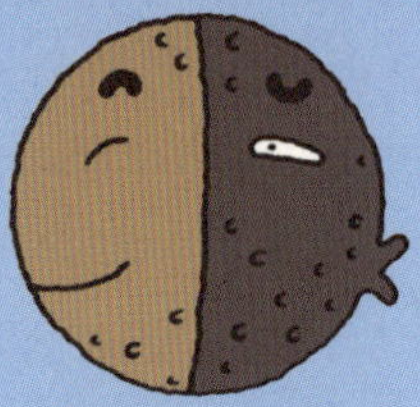

지구는 아름다운 행성이에요.

적당한 온도와 충분한 물, 그리고 신선한 공기로 가득 차 있어요.

밤이 되어 어두워지면 캄캄한 지구의 하늘에는 별들이 보석처럼 빛나요.

옛날부터 하늘은 호기심의 대상이었어요. 사람들은 여러 가지 방법으로 하늘의 별을 관찰했지요. 한때는 하늘에는 신이 살고, 천체의 움직임도 신의 뜻에 따라 움직인다는 우주관을 갖기도 했어요. 하지만 수많은 과학자들의 노력으로 우주의 움직임은 신이 아니라 자연의 질서에 따라 이루어진다는 것을 알게 되었지요.

이제 우주는 관찰의 대상이 아닌 직접 가서 연구할 수 있는 탐험의 대상이 되었어요.

관련 단원

초등학교

4학년 2학기 밤하늘 관찰
6학년 1학기 지구의 운동

중학교

1학년 태양계
2학년 별과 우주

01 지구의 모양과 크기

지구는 둥글게 보이지만 실제로는 가로가 더 긴 타원이에요.

02 지구의 자전

지구는 24시간 동안, 서에서 동으로 한 바퀴를 돌아요.

03 지구의 공전

지구가 기울어진 채 태양 주위를 돌기 때문에 계절의 변화가 나타나요.

04 달의 운동

달은 한 달에 한 번 자전을 하면서 동시에 지구 주위를 공전해요.

05 별자리

계절마다 잘 보이는 별자리가 달라요.

06 태양

태양은 태양계에서 스스로 빛을 내는 유일한 별이에요.

07 태양계 가족들

태양계에는 8개의 행성과 소행성, 유성, 혜성 등이 있어요.

08 별

별은 스스로 빛을 내요.

09 우주의 시작과 구성

빅뱅으로부터 시작된 우주는 수소나 헬륨과 같은 물질로 만들어 졌어요.

10 우리 은하와 외부 은하

우주에는 접시 모양의 우리 은하를 비롯하여 다른 여러 모양의 은하들이 있어요.

01 지구의 모양과 크기

처음으로 지구가 둥글다고 생각한 피타고라스

고대 그리스의 수학자 피타고라스는 원이 가장 완전하므로 우주 공간에 떠 있는 모든 천체들은 둥근 공처럼 생겨야 한다고 주장했지요.

사람들은 마젤란이 세계 일주에 성공한 후에야 지구가 둥글다고 믿었어요.

1519년, 마젤란은 지구가 둥그니까 한 방향으로 항해하면 언젠가는 제자리로 돌아온다고 생각하고 세계 일주에 도전했고 성공했지요. 하지만 안타깝게도 마젤란은 항해 도중에 세상을 떠났답니다.

약 2,400년 전에 아리스토텔레스는 지구가 둥글다는 증거를 찾아냈어요.

❶ 월식이 진행되는 동안 달에 비치는 지구의 그림자 모양이 둥글어요.

❷ 북쪽 밤하늘에서 볼 수 있던 별자리를 남쪽에서는 볼 수 없어요. 지구가 평평했다면 어디서나 같은 별을 볼 수 있었겠지요.

❸ 육지에서 멀어져 가는 배는 한 번에 사라지지 않고 배의 아랫부분이 먼저 사라지고 돛의 끝이 마지막에 사라져요.

위성사진으로 둥근 지구를 볼 수 있어요.

1961년, 러시아의 우주 비행사 유리 가가린은 보스토크 1호를 타고 인류 최초로 지구 밖에서 둥근 지구를 보았어요. 이제는 위성들이 지구 사진을 찍어 보내 주고 있지요.

실제 지구는 타원이에요.

지구는 완전히 둥글지 않고 옆으로 약간 더 긴 타원이에요. 피자 빵을 반죽할 때 계속 돌리면 옆으로 퍼지는 것처럼 지구도 계속 돌다 보니 허리가 두꺼워졌지요.

02 지구의 자전

지구는 돌고 있어요.

아주 오래전, 사람들은 우주의 중심에 지구가 자리 잡고 있으며 그 주위를 하늘이 돌고 있다는 천동설을 믿었어요. 하지만 몇몇 과학자들은 지구가 돌고 있다는 지동설을 주장했지요.

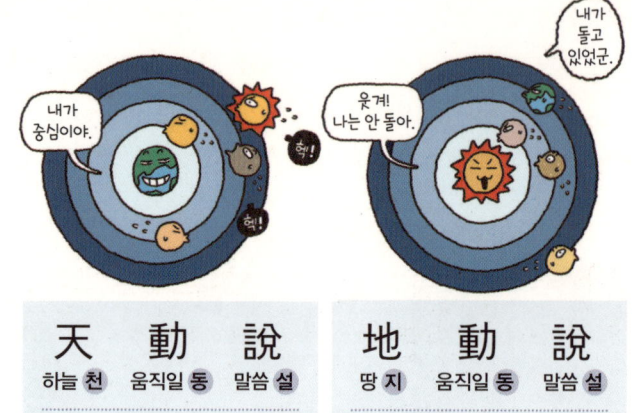

天	動	說
하늘 천	움직일 동	말씀 설

하늘이 움직인다고 생각하는 우주론

地	動	說
땅 지	움직일 동	말씀 설

지구가 움직인다고 생각하는 우주론

지구의 자전

지구는 팽이처럼 하나의 축을 중심으로 스스로 돌고 있어요. 이를 지구의 자전이라고 해요. 하지만 우리는 지구가 돌고 있다는 것을 평소에는 느끼지 못해요. 지구가 워낙 크기도 하지만, 지구가 일정한 속도로 돌고 있기 때문이에요.

지구가 자전하기 때문에 생기는 현상

별은 북극성을 중심으로 하루에 한 바퀴씩 돌고 있어요.

별들은 북극성을 중심으로 원을 그리며 일주 운동을 해요. 하지만 실제로는 별은 제자리에 있고 지구가 돌고 있어요.

매일 낮과 밤이 반복돼요.

낮은 태양을 볼 수 있는 시간이고, 밤은 태양을 볼 수 없는 시간이지요. 지구는 자전축을 중심으로 하루에 한 바퀴씩 도는 자전을 하기 때문에 밤과 낮이 생겨요.

지구는 서에서 동, 즉 반시계 방향으로 돌고 있어요.

지구는 자전축을 중심으로 하루에 한 바퀴씩 서에서 동으로 돌고 있어요. 그래서 가만히 있는 태양이 동쪽에서 떠서 서쪽으로 지는 것처럼 보이지요. 밤하늘의 별들도 북극성을 중심으로 동에서 서로 돌고 있는 것처럼 보이고요.

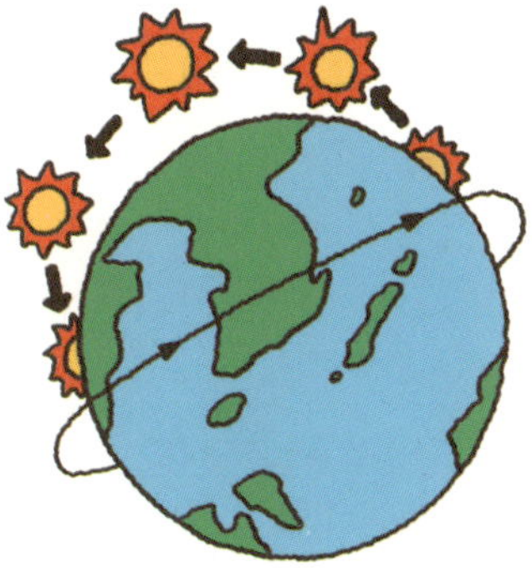

지구가 서에서 동으로 돌고 있다는데, 어떻게 봐야 서에서 동이죠?

❶ 밤하늘의 별을 관찰하다가 별이 이동하는 방향과 반대로 원을 그려 보세요. 이것이 지구가 자전하는 방향이에요. 별이 이동하는 것처럼 보이는 것은 지구의 자전 때문이니까요.

❷ ❶에서 원을 그리던 방향 그대로 손을 돌리면서 손을 눈높이로 가져와 보세요. 눈앞에서 손가락이 왼쪽에서 오른쪽으로 돌고 있지요?

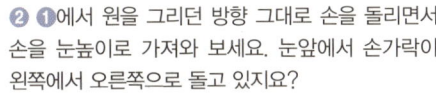

❸ 이제 돌리던 방향 그대로 지구본을 돌려 보세요. 우리나라 서해에서 동해 쪽으로 돌아가지요? 그래서 지구를 서에서 동으로 돌고 있다고 하는 거예요.

북쪽 하늘 위에서 지구를 내려다 보니 지구가 반시계 방향으로 돌고 있군.
북

03 지구의 공전

옛날에는 태양이 움직인다고 생각했어요.

계절에 따라 밤하늘에 보이는 별자리가 달라요. 옛날 사람들은 이것이 태양의 위치가 시간에 따라 달라지기 때문이라고 생각했어요. 그래서 태양이 지나가는 하늘의 길을 황도라 하고, 태양이 지나가는 길에 놓인 별자리 12개를 황도 12궁이라 불렀어요.

사실 지구가 움직여요.

지동설을 주장한 코페르니쿠스는 태양이 움직이는 것처럼 보이는 것은 지구가 태양 주위를 돌고 있기 때문이라고 주장했어요. 그리고 여러 관측에 의해 그것이 사실이라는 것이 밝혀졌지요. 지구가 태양 주위를 1년에 한 바퀴씩 서쪽에서 동쪽으로 도는 현상을 지구의 '공전'이라고 해요.

지구가 공전한다는 확실한 증거는 별의 시차예요.

어떤 물체를 볼 때, 보는 위치에 따라 뒤에 보이는 배경이 달라져 물체가 다른 곳에 있는 것처럼 보일 수 있어요. 이때 두 위치와 물체가 이루는 각도를 '시차'라고 해요. 지구도 마찬가지예요. 지구는 태양 주위를 돌기 때문에, 6개월 전과 지금은 지구의 위치가 반대쪽에 있어요. 그래서 같은 별을 봐도 멀리 있는 배경 별들과 비교하면 위치가 달라 보이지요. 이때 지구와 별이 이루는 각도를 별의 시차라고 해요. 이것은 지구가 공전한다는 확실한 증거예요.

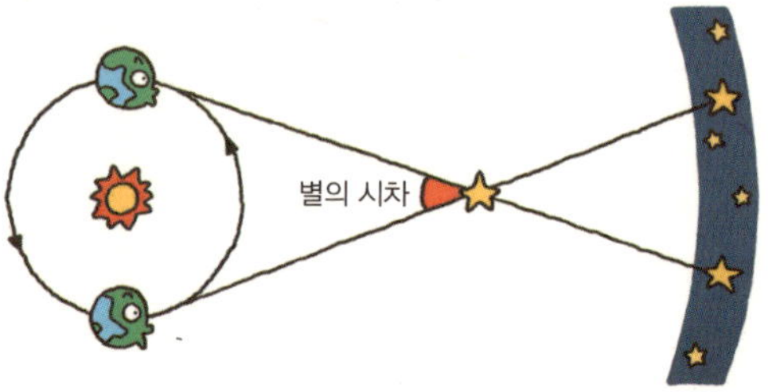

지구가 기울어진 채 공전해서 계절의 변화가 나타나요.

지구는 23.5° 기울어진 채 자전과 공전을 하고 있어요. 그래서 어떤 때는 북반구가 햇빛을 더 많이 받고, 어떤 때는 남반구가 햇빛을 더 많이 받아요. 햇빛을 받는 시간이 길면 여름, 받는 시간이 짧으면 겨울이 되지요.

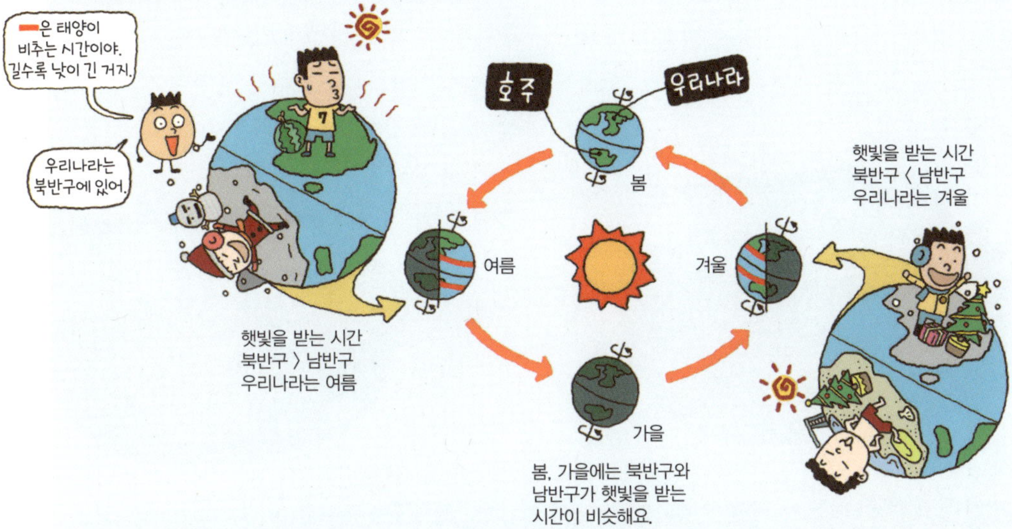

━은 태양이 비추는 시간이야. 길수록 낮이 긴 거지.
우리나라는 북반구에 있어.

햇빛을 받는 시간 북반구 〉 남반구 우리나라는 여름
햇빛을 받는 시간 북반구 〈 남반구 우리나라는 겨울

만약 지구가 똑바로 선 채 공전을 했다면?

지구상의 모든 곳이 1년 내내 햇빛을 받는 시간에 변화가 없어 계절이 변하지 않았을 거예요. 1년 내내 적도 지방은 지금보다 훨씬 뜨거운 날씨가 계속되고, 극지방은 지금보다 훨씬 추운 날씨가 계속되어 중위도 지방에서나 사람들이 살 수 있게 되겠지요.

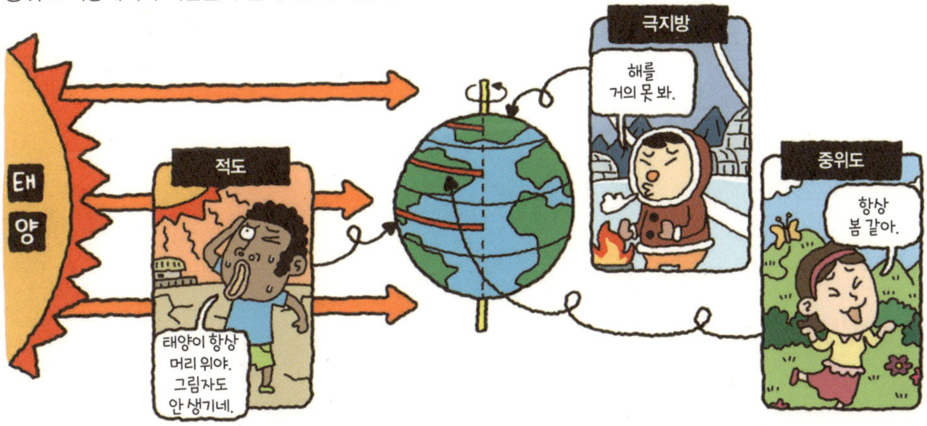

태양
적도
태양이 항상 머리 위야. 그림자도 안 생기네.
극지방
해를 거의 못 봐.
중위도
항상 봄 같아.

04 달의 운동

달은 스스로 빛을 내지 못해요.

달은 밝게 빛나 보이지만 사실 그 빛은 스스로 내는 것이 아니라 태양 빛을 반사해서 내는 것이에요. 그래서 우리는 태양 빛을 받는 쪽만 볼 수 있지요.

달에 진짜 토끼가 살까?

사람들은 달의 얼룩진 모습을 보고 토끼가 방아를 찧고 있다고 생각했어요. 하지만 달에는 생명체가 살고 있지 않아요. 달 표면의 높이에 따라 어두운 곳과 밝은 곳이 있어 그렇게 보이는 거예요.

달의 모양은 매일 다르게 보여요.

달은 27.3일에 한 바퀴씩 지구 둘레를 돌고 있어요. 이것을 달의 공전이라고 하지요. 지구에서는 달이 태양 빛을 받는 부분만 볼 수 있는데, 달의 공전으로 지구와 달, 태양의 위치가 달라지기 때문에 달의 모양은 매일 다르게 보여요.

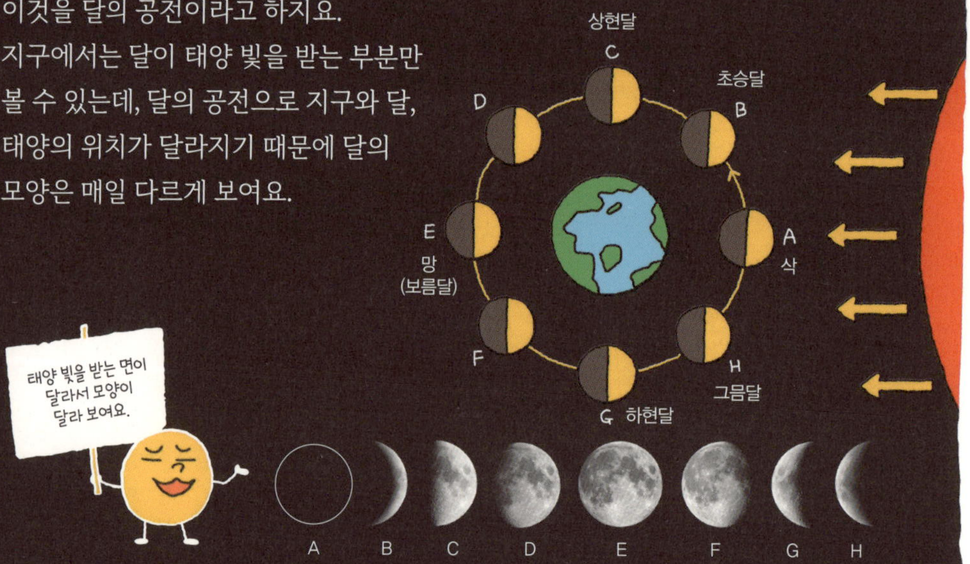

달은 항상 같은 면만 볼 수 있어요.

달은 지구 주위를 공전하면서 스스로 도는 자전도 해요. 지구와 같지요. 그런데 자전에 걸리는 시간이 27.3일로 공전에 걸리는 시간과 같아요. 그래서 지구에서는 항상 달의 같은 면만 볼 수 있어요.

밀물과 썰물은 달이 지구를 당기는 인력과 원심력 때문에 일어나요.

달과 지구는 서로 잡아당기고 있어요. 바닷물이 많아지는 밀물과 줄어드는 썰물은 달이 지구의 바닷물을 잡아당기기 때문에 일어나요. 그리고 지구 한쪽에서 밀물이 일어날 때 반대편에서는 달이 끌어당기는 힘으로부터 벗어나기 위한 지구의 원심력에 의해 똑같이 밀물이 일어나요.

달을 갉아먹는 월식?

月	蝕
달 월	갉아먹을 식

달을 갉아먹다

월식은 달이 지구 그림자 속으로 들어가 보이지 않거나 일부분만 보이는 현상이에요. 태양-지구-달이 일직선으로 위치하여 달이 지구의 본그림자 속에 들어가면 개기월식, 반그림자에 들어가면 부분월식이 돼요.

개기월식

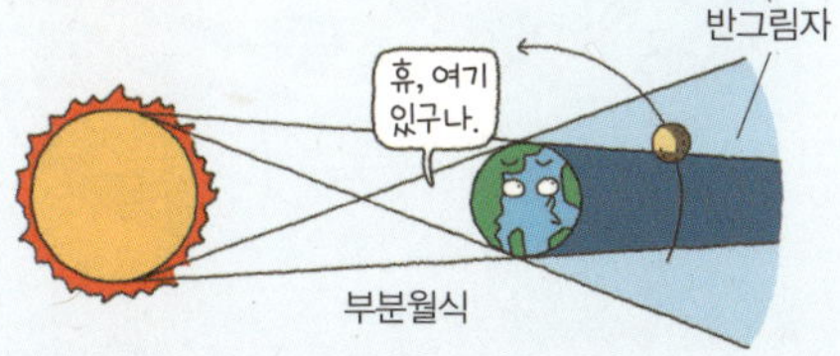

부분월식

해를 갉아먹는 일식?

日	蝕
해 일	갉아먹을 식

해를 갉아먹다

일식은 달이 태양과 지구 사이에 끼어들어 태양을 가로막는 현상이에요.

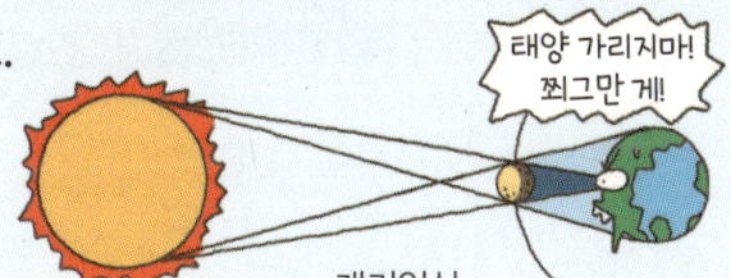

개기일식

달이 태양을 완전히 가리면 개기일식, 일부만 가리면 부분일식, 달에 의해 태양이 완전히 가려지지 않고 금반지 모양처럼 보일 때를 금환식이라고 해요.

개기일식

부분일식

금환식

05 별자리

천문학은 점성술에서 발전했어요.

오래전 서양에서는 계절마다 달라지는 하늘의 별을 보고 점을 치는 점성술이 유행했어요. 그런데 점성술사들이 점을 치기 위해 하늘을 열심히 관측하고, 행성들의 움직임을 알아내다보니 천문학의 기초가 쌓여 갔지요. 천문학과 점성술의 영어 단어를 보면 천문학이 점성술에서 왔음을 알 수 있어요.

계절마다 잘 보이는 별자리가 달라요.

별은 원래 제자리에 있지만, 지구가 1년에 한 번씩 태양 주위를 공전하기 때문에 계절마다 잘 보이는 별자리가 달라요. 태양의 반대쪽에 있는 별자리가 잘 보이지요. 계절의 별자리는 각 계절에 해당하는 날 저녁 9시 무렵, 남쪽 하늘에 가장 잘 보이는 별자리예요.

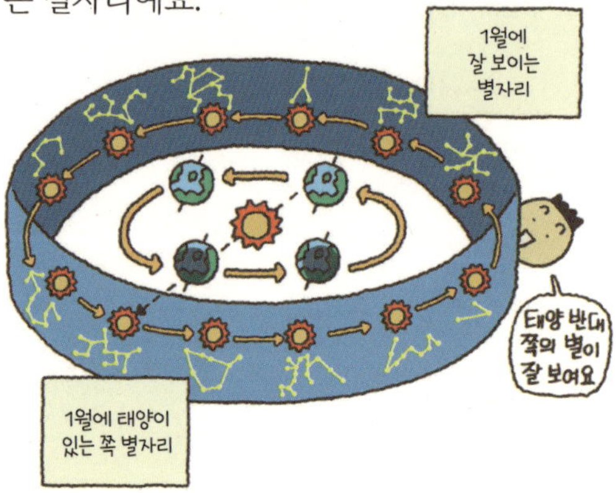

06 태양

태양은 태양계의 주인이에요.

태양은 지구가 속한 태양계에서 하나밖에 없는 별이에요. 스스로 빛을 내지요. 태양은 태양계에 속한 천체들을 강한 힘으로 잡아당기고 있어요. 태양은 핵폭탄이 폭발할 때처럼 엄청난 에너지를 내고 있어서 다양한 현상이 발생해요.

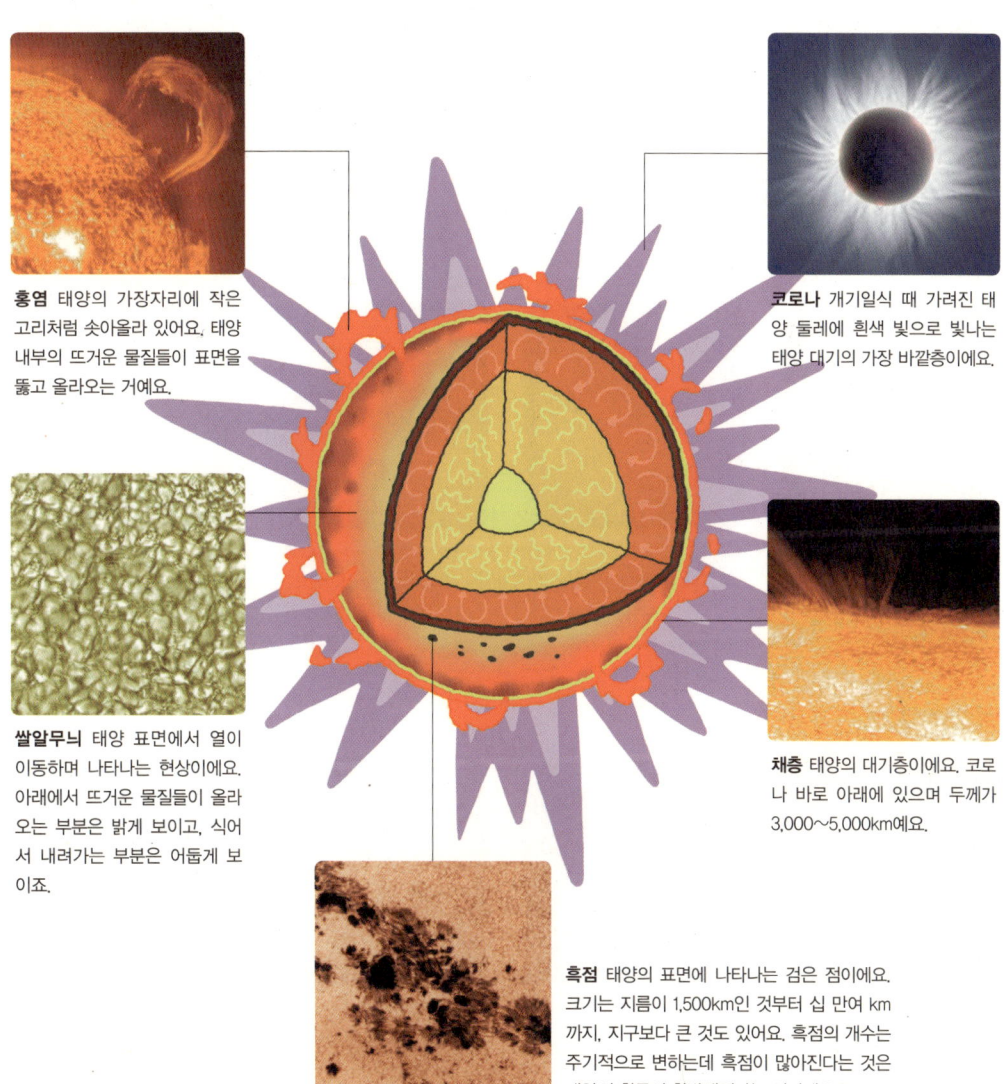

홍염 태양의 가장자리에 작은 고리처럼 솟아올라 있어요. 태양 내부의 뜨거운 물질들이 표면을 뚫고 올라오는 거예요.

코로나 개기일식 때 가려진 태양 둘레에 흰색 빛으로 빛나는 태양 대기의 가장 바깥층이에요.

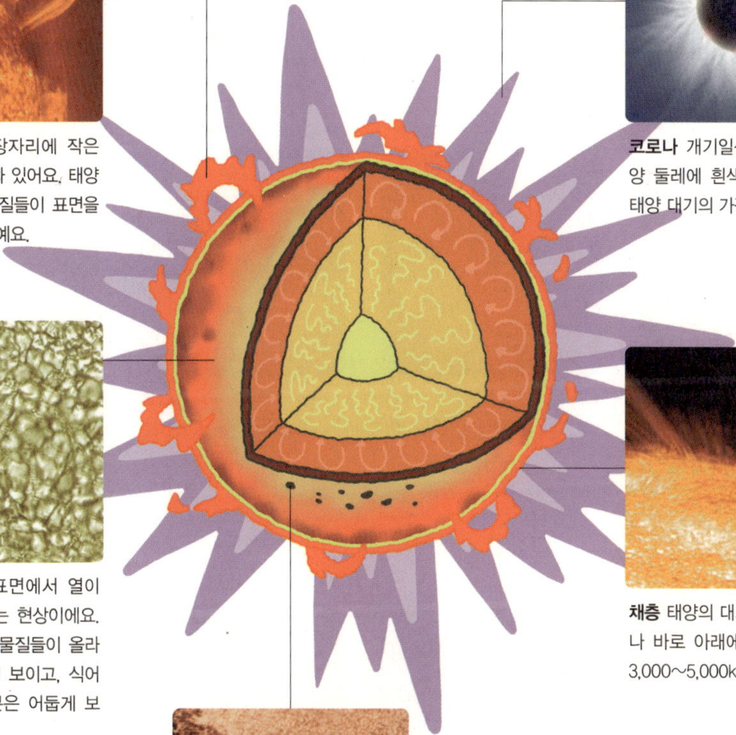

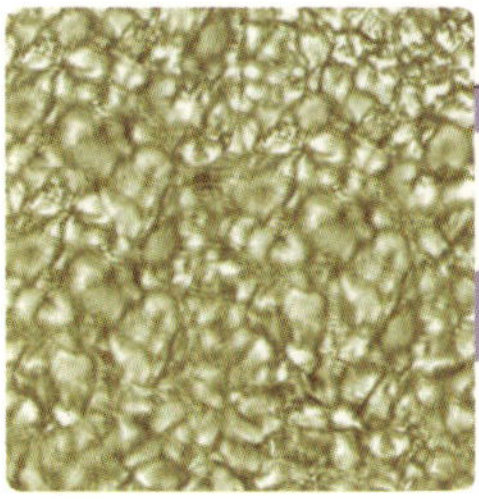

쌀알무늬 태양 표면에서 열이 이동하며 나타나는 현상이에요. 아래에서 뜨거운 물질들이 올라오는 부분은 밝게 보이고, 식어서 내려가는 부분은 어둡게 보이죠.

채층 태양의 대기층이에요. 코로나 바로 아래에 있으며 두께가 3,000~5,000km예요.

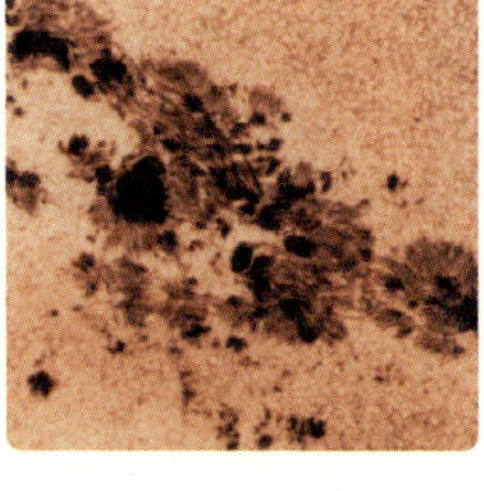

흑점 태양의 표면에 나타나는 검은 점이에요. 크기는 지름이 1,500km인 것부터 십 만여 km까지, 지구보다 큰 것도 있어요. 흑점의 개수는 주기적으로 변하는데 흑점이 많아진다는 것은 태양의 활동이 활발해진다는 의미예요.

07 태양계 가족들

태양계를 구성하는 8개의 행성 형제들

태양계에는 8개의 행성이 있어요. 태양에 가까운 것부터 수성, 금성, 지구, 화성, 목성, 토성, 천왕성, 해왕성이죠.

지구형 행성은 크기는 작으나 단단한 암석으로 이루어져 있어 밀도가 커요.
목성형 행성은 크기는 크지만 기체로 이루어져 있어 밀도가 작아요.

수성 금성 지구 화성
목성 토성 천왕성 해왕성
지구형 행성
목성형 행성

지구형 행성

수성 많은 운석 구덩이가 있는 것이 달과 비슷해요. 공기와 물이 없어 밤과 낮의 온도 차가 매우 크지요.

금성 대기 중의 두꺼운 이산화탄소 층이 태양 빛을 반사하여 가장 밝게 보여요. 이산화탄소로 인한 온실효과로 표면 온도가 매우 높지요.

지구 인류를 비롯한 생물이 살고 있는 유일한 행성이에요. 얇은 대기층으로 둘러 싸여 있어 늘 일정한 온도가 유지되지요.

화성 4계절의 변화가 있고 양극에 눈이 쌓인 극관이 있어요. 적갈색의 흙으로 덮여 있어 붉게 보여요.

목성형 행성

목성 대기의 거대한 소용돌이인 대적점이 있어요. 빠른 자전 속도 때문에 가로 줄무늬가 발달했어요.

토성 암석과 얼음 조각으로 된 아름다운 고리가 발달했어요.

천왕성 다른 행성과 달리 자전축이 공전 궤도면과 평행하여 누워서 돌고 있는 듯 보여요.

해왕성 목성의 대적점처럼 대기의 소용돌이에 의해 검게 보이는 대흑점이 있어요.

태양계의 또 다른 가족들

태양계에는 행성 외에도 행성 주위를 돌고 있는 수많은 위성들이 있어요. 그리고 태양의 중력에 잡혀 있어 다른 곳으로 가지 못하는 소행성, 혜성, 유성 등도 모두 태양계 가족이에요.

하늘의 시한폭탄 소행성

운석보다는 크고 밝은 태양계 천체를 소행성이라고 해요. 크기는 지름이 1km 정도인 것부터 1,000km인 것까지 다양해요. 이들은 가끔 지구 근처에 오기도 하는데, 언제 지구와 충돌할지 몰라요.

불꽃 쇼의 주인공 유성

유성은 지구 대기로 들어온 작은 돌이나 먼지 조각이 공기와 부딪혀 타며 빛나는 거예요.

태양계의 멋쟁이 혜성

얼음과 먼지로 이루어진 혜성은 태양 둘레를 돌고 있어요. 그러다 태양 가까이에 오면 얼음이 녹기 때문에 태양의 반대쪽을 향해 꼬리가 길어져요.

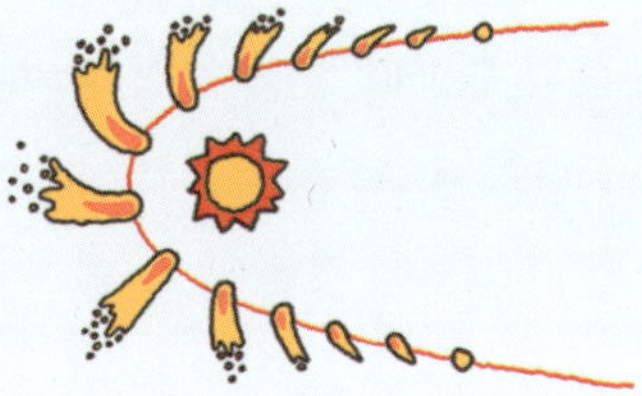

행성 기네스

08 별

별은 뜨겁기 때문에 빛을 내는 거예요.

태양이나 별은 많은 열을 내고 있어서 아주 뜨거워요. 이 때문에 빛을 낼 수 있지요.

별은 공기의 움직임 때문에 반짝여요.

별이 반짝거리는 것은 지구 대기 속 공기가 계속 움직이기 때문이에요. 별빛은 우주를 지나 우리 눈에 도착하기 직전 소용돌이치는 지구 대기 때문에 흔들려 보여요.

별의 온도에 따라 별빛의 색이 달라요.

별 표면의 뜨거운 정도, 즉 얼마나 많은 열을 내는가에 따라 별빛의 색깔이 달라져요. 그래서 천문학자들은 아주 먼 곳에 있는 별의 빛깔을 보고, 그 별의 온도를 알아낼 수 있어요.

별의 색깔	붉은색	주황색	노란색	노란색 ~흰색	흰색	푸른색 ~흰색	푸른색
표면 온도	낮다	←				→	높다

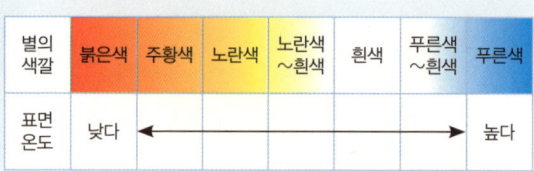

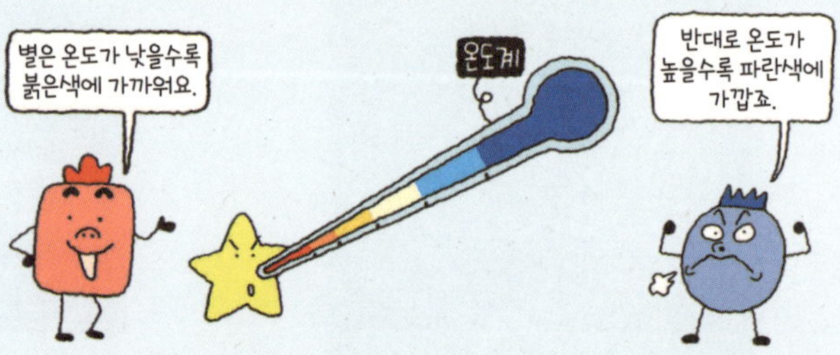

별의 일생
별은 성운에서 태어나요.
응애!
성운 산부인과
성운에는 나를 만들어 주는 수소랑 먼지 등이 많이 있거든요.
수소
H
별들은 수소를 먹고 자라요.
맛있다!
수소
수소로 헬륨을 만들어서 엄청난 열과 빛을 내지요.
쾅
헬륨
펑
수소를 다 쓰고 나면 빛을 낼 수 없어요.
그래서 별은 자신이 가지고 있는 수소의 양에 따라서 얼마나 살 수 있는지 결정되지요.
내가 가진 수소로는 백억 년 정도 살 수 있지롱~.
태양
별은 나이를 먹으면서 점점 커지고 붉게 변해요.
나도 늙는군.
마지막 수소와 헬륨을 사용했어요. 이제 난 최후를 맞이 해요.
수소와 헬륨을 모두 사용하면 엄청난 열과 빛을 한꺼번에 내보내는 대폭발을 일으켜요. 이때 빛의 밝기는 평소의 수억 배나 되지요.
펑
새로운 별이 탄생하나? 굉장히 밝네.
펑~
난 지금 죽는 중인데 탄생이라니?
지구
별은 죽어서 우주에 별을 만들 재료를 남긴답니다.
나는 곧 돌아온다.
이 재료들의 일부가 태양을 만들었고, 지구를 만들었고, 우리 인간을 만들었지요.

09 우주의 시작과 구성

우주는 빅뱅으로 시작되었어요.

지금으로부터 약 150억 년 전에는 이 세상에 아무것도 없었어요. 그러다 상상도 못할 아주 큰 폭발이 일어났어요. 이것을 과학자들은 '빅뱅'이라고 불러요.

아주 작은 알갱이들로 이루어진 우주

빅뱅이 일어날 당시 우주는 엄청난 에너지를 가지고 있었는데, 이 에너지들이 모여 물질을 이루는 아주 작은 알갱이들이 되었어요. 전자, 양성자, 중성자라고 부르는 것들이에요.

우주에는 수소와 헬륨이 가장 많아요.

뜨거웠던 우주가 식으면서 알갱이들이 서로 뭉쳐 물질을 만들었어요. 작고 가벼운 수소가 먼저 탄생하고, 다음으로 헬륨이 생겼어요. 수소와 헬륨은 우주의 대부분을 이루고 있어요.

수소는 별빛의 근원이에요.

별이 반짝이는 건 수소 덕분이에요. 수소가 모여 헬륨이 될 때 엄청난 에너지가 빛이 되는데, 이것이 바로 매일 밤 보는 별빛이랍니다.

10 우리 은하와 외부 은하

우주 안에는 수많은 은하가 있어요.

수천 억 개의 별이 모여 있는 집단을 은하라고 해요. 그리고 우주 안에는 우리 은하를 비롯하여 2천 억 개의 은하가 있지요. '우리 은하'는 우리 지구를 비롯하여 태양계가 속해 있는 은하라고 해서 그렇게 불러요. 은하들이 모여서 은하단을 이루고, 은하단이 모여 초은하단을 이루어요.

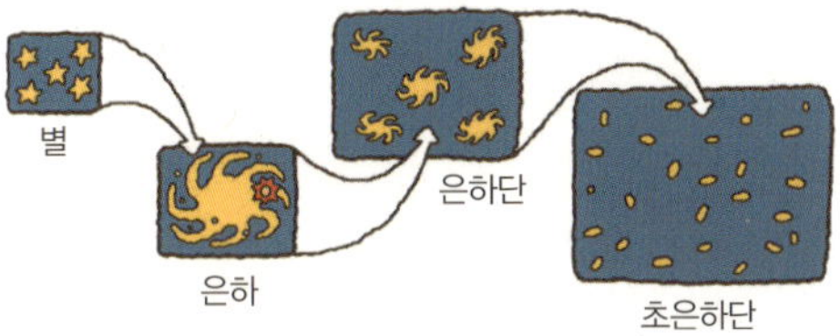

우리 은하는 접시 모양

우리 은하는 커다란 중심핵과 나선팔을 가지고 있어요. 옆에서 볼 때는 달걀 프라이처럼, 위에서는 바람개비가 도는 것처럼 보이지요.

우주에는 외부 은하가 훨씬 더 많아요.

'우리 은하'가 있으니까, 당연히 '남의 은하'도 있겠지요? 과학자들은 '남의 은하'라 하지 않고, '외부 은하'라고 불러요. 안드로메다은하는 우리 은하에서 가장 가까운 곳에 있는 외부 은하예요. 그래서 우리 지구에서 가장 밝게 잘 보이는 은하랍니다.

안드로메다은하는 빛의 속도로 200만 년을 가야 도착할 수 있답니다.

은하는 모양이 여러 가지예요.

은하는 모양에 따라 타원은하, 나선은하, 불규칙은하 등으로 분류할 수 있어요. 우리 은하는 막대나선은하에 속해요.

막대나선은하

정상나선은하

타원은하

불규칙은하

우리 은하는 성단과 성운으로 이루어져 있어요.

星	團
별 성	모일 단

별들의 모임

星	雲
별 성	구름 운

별 구름

성단은 모양에 따라 산개 성단과 구상 성단으로 나뉘어요.

산개 성단

수십~수백 개의 별들이 일정한 모양 없이 듬성듬성 모여 있는 별들의 모임이에요. 높은 온도를 가진 젊은 별들이 푸른 빛을 내고 있지요.

황소자리의 플레이아데스 성단

구상 성단

수만~수십만 개 이상의 별들이 둥글게 모여 있는 별들의 모임이에요. 대부분 낮은 온도의 오래된 별들로 붉은 빛을 내요.

켄타우루스자리의 오메가 성단

성운은 가스와 먼지들이 모여 구름처럼 보여요.

발광 성운

근처 별들로부터 에너지를 받아 뜨거워진 기체나 먼지들이 스스로 빛을 내는 성운이에요.

반사 성운

스스로 빛을 내지 않고, 주위에 있는 별빛을 반사하여 푸르게 보이는 성운이에요.

암흑 성운

짙은 가스나 먼지가 모여 별빛을 가로막기 때문에 검은 구름처럼 보이는 성운이에요.

오리온 대성운

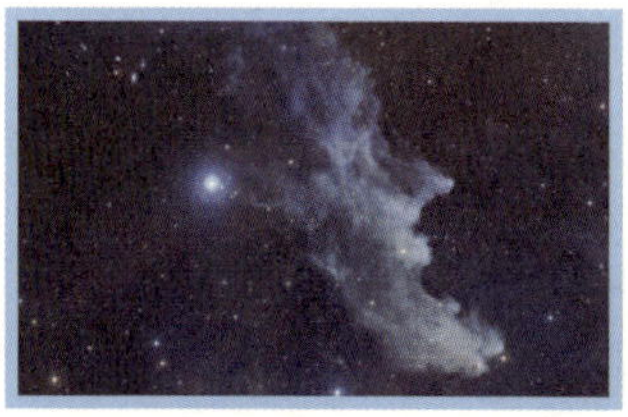

마귀할멈 성운

말머리 성운

계절에 따라 잘 보이는 별자리

봄

목동자리의 아르크투루스, 처녀자리의 스피카, 그리고 사자자리의 데네볼라가 이루는 길잡이 별인 '봄의 대삼각형'을 찾아보세요. 이 별들은 모두 북두칠성의 손잡이를 이루는 별의 남동쪽에 있답니다.

여름

베가, 알타이르, 그리고 데네브를 찾아보세요. 이 별들은 '여름의 대삼각형'을 이루며 여름의 길잡이 별의 역할을 해요. 베가는 우리나라에서 직녀별로 부르는 거문고자리의 별이고, 알타이르는 견우별이라 불리는 독수리자리에 있으며, 데네브는 백조자리에 있는 별이지요.

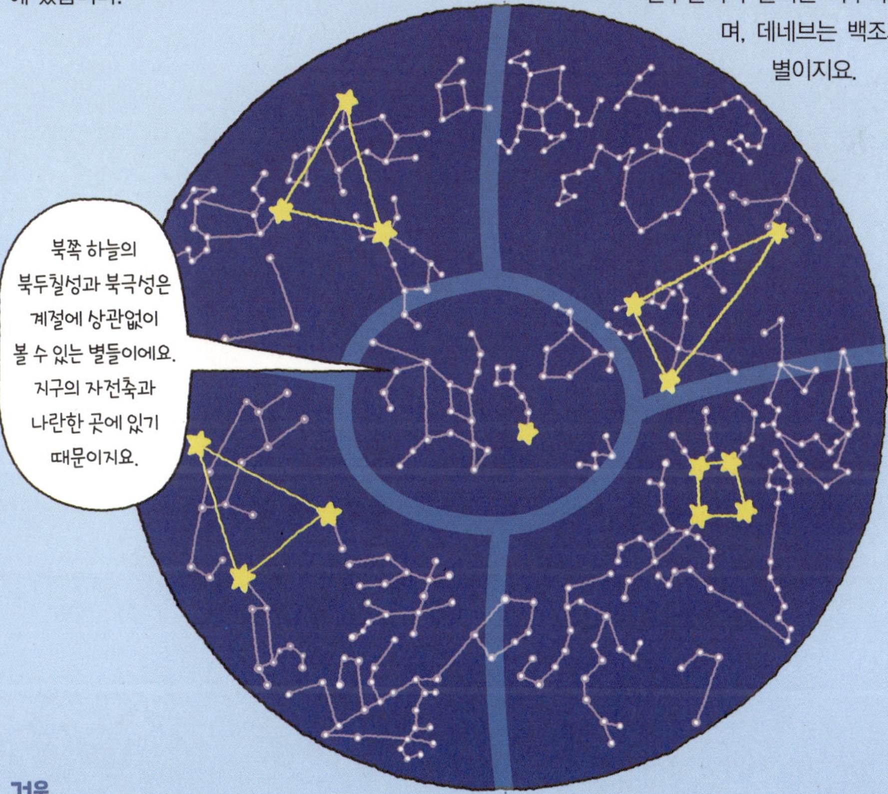
북쪽 하늘의
북두칠성과 북극성은
계절에 상관없이
볼 수 있는 별들이에요.
지구의 자전축과
나란한 곳에 있기
때문이지요.

겨울

겨울 밤하늘은 대기의 움직임도 다른 계절보다 안정되어 있고, 날씨도 맑은 날이 많기 때문에 별 관측에는 최고의 계절이에요. 겨울의 길잡이 별은 베텔게우스와 시리우스 그리고 프로키온이 이루는 '겨울의 대삼각형'이에요.

가을

다른 계절에 비해 크게 밝은 별이 없어 별자리를 찾기가 조금 어려워요. 그래도 자세히 살펴보면 한가운데에 네 개의 별이 이루는 거대한 사각형을 볼 수 있는데, 이것은 페가수스자리의 몸통으로 '가을의 대사각형'이라고 불리는 가을의 길잡이 별자리랍니다.

지구의 구조와 지각 변동

지구의 영향권은 어디까지 일까요?

지구가 잡아당기는 힘에 의해 대기가 도망가지 못하고 잡혀 있는 지구 위 1,000km 높이까지가 지구의 영향권이에요. 이곳을 대기권이라고 해요. 대기는 지구의 기온을 일정하게 지켜주는 거대한 이불과 같은 역할을 하고 있으며 지구에 가까워질수록 공기의 양은 점점 많아지지요. 대기권에서 점점 지구 쪽으로 다가와 마침내 지구에 도착하면 단단한 암석으로 이루어진 육지와 바다를 만나요. 그리고 단단한 지각 밑으로 끊임없이 움직이는 맨틀이 있고, 다시 그 밑으로는 외핵과 내핵이 있지요. 지구는 거대한 양파처럼 여러 겹으로 되어 있어요.

관련 단원

초등학교

3학년 2학기 지구와 바다
4학년 1학기 땅의 변화
5학년 2학기 날씨와 우리 생활
5학년 2학기 지층과 화석

중학교

2학년 지권의 변화

11 대기권

지구가 잡고 있는
공기층이 대기권이에요.

12 지구의 내부 구조

지진파를 통해 알게 된 지구의 내부
구조는 달걀과 비슷해요.

13 대륙 이동설

대륙은 판게아라는
큰 덩어리가 나누어져
서서히 이동하여
현재와 같아졌어요.

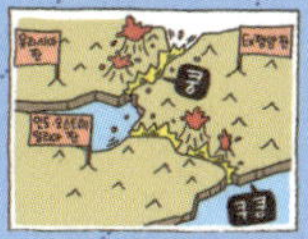

14 판 구조론과 지각 변동

판들이 움직이면서 지진, 화산 등의
지각 변동이 일어나요.

15 광물과 암석

광물은 암석을 이루고
암석은 지각을 이루어요.

16 지표의 변화

흐르는 물과 바람 등
자연 현상에 의해 지표는
끊임없이 변해요.

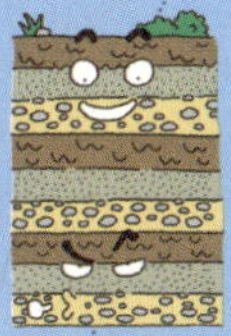

17 지층과 화석

지층과 화석을 통해
지구의 역사를
알 수 있어요.

11 대기권

지구가 잡고 있는 공기층 대기권

지구가 물체를 잡아당기는 힘인 중력은 지구 주위의 공기도 잡아당기고 있어요. 그러나 위로 올라갈수록 중력이 약해져 공기는 점점 줄어 들지요.
지구에 공기, 즉 대기가 있는 곳까지를 대기권이라고 해요.

대기권은 높이에 따라 온도가 달라요.

지구에서 위로 올라갈수록 공기는 계속 적어지지만 온도는 낮아졌다가 높아졌다가 하면서 계속 변해요.

공기가 아주 조금밖에 없어요. 위로 올라갈수록 태양과 가까워져 직접 영향을 받아 온도가 올라가요.

대기권에서 가장 추운 곳으로, 위로 갈수록 온도가 낮아져 대류 현상이 일어나요. 그러나 수증기가 없어 날씨 현상은 없어요.

생물에게 해로운 자외선을 흡수하는 오존층이 있어요. 오존층은 태양의 복사열을 흡수했다가 내놓기 때문에 성층권은 위로 올라갈수록 온도가 올라가서 대기가 매우 안정적이에요.

햇빛으로 데워진 지표면 덕에 아래가 위보다 온도가 높아요. 무거운 찬 공기가 가벼운 더운 공기 위에 있어 불안정하기 때문에 공기의 대류 현상이 활발하게 일어나요. 수증기가 있어서 날씨 현상도 나타나지요.

오존층 덕분에 땅에 생물이 살 수 있어요.

무슨 냄새지?
락스

오존은 산소 원자 3개로 이루어진 분자 물질로 독특한 냄새를 가지고 있어요. 화장실을 청소할 때 쓰는 락스 냄새와 비슷하지요.

고마워 오존~.

지표에서 약 20~30km 높이에 있는 **오존층**은 태양에서 오는 해로운 자외선을 흡수하여 자외선이 지표로 들어 오는 것을 막아 주어요. 자외선은 생물의 몸을 이루는 세포에게 아주 해로운 빛이에요.

처음부터 하늘에 오존층이 있었던 것은 아니에요. 그래서 최초의 생명체는 자외선을 피해 바다에서 태어났고, 아주 오랜 세월 바다에서만 살 수 있었지요. 시간이 흐르고 대기권에 산소가 풍부해지면서 오존층이 두꺼워지자 바다 속에서 육지로 생물들이 나오기 시작했어요.

어라? 별로 안 따갑네.
진짜?
정말?

한때 오존층이 많이 파괴되어 남극에는 오존 구멍까지 생겼어요. 하지만 지금은 점점 회복되는 중이에요. 그래도 남극에 가까운 오스트레일리아나 뉴질랜드 사람들은 강한 자외선을 피하기 위해 선글라스를 쓰고 선크림을 발라요.

12 지구의 내부 구조

달걀과 비슷한 내부 구조

달걀은 껍질 안쪽에 흰자와 노른자가 있어요. 지구의 구조도 비슷해요. 지구의 가장 바깥에는 달걀 껍질 같은 얇고 단단한 지각이 있고 그 안에는 맨틀과 외핵, 내핵이 있어요.

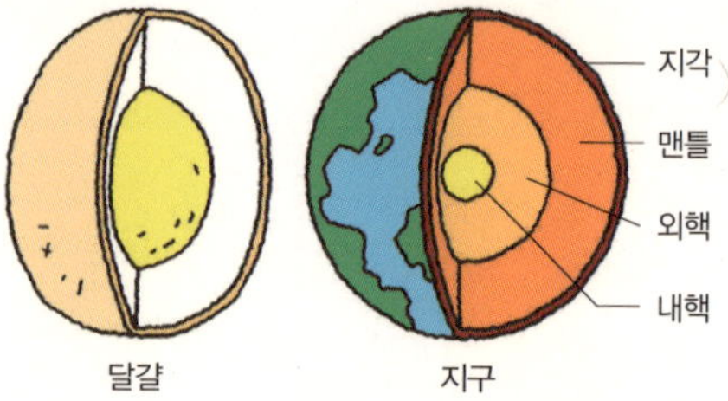

지구의 내부 구조는 지진파를 통해 알게 되었어요.

지구 내부의 모습은 지진파를 통해 알게 되었어요. 지진파의 속도가 달라진다든가, 갑자기 통과하지 못한다든가 하는 변화가 생기면 무언가 구조의 변화가 있다는 뜻이지요. 지구의 내부 구조를 알아보기 위해 P파와 S파를 이용해요.

P파 (Primary wave)
첫 번째 도착하는 지진파. 고체, 액체, 기체 모두 통과할 수 있다.

S파 (Secondary wave)
두 번째 도착하는 지진파. 고체만 통과할 수 있다.

지각과 맨틀

지진학자 모호로비치치는 지진파가 지하 30~40km 지점을 경계로 갑자기 빨라지는 것을 발견하고, 이 지점을 경계로 서로 다른 물질이 있다는 것을 알아냈어요. 모호로비치치는 이 경계면을 자신의 이름을 따서 모호로비치치 불연속면(모호면)이라고 하고, 위를 지각, 아래를 맨틀로 구분했어요.

외핵과 내핵

맨틀까지 잘 오던 지진파는 지하 2,900km 지점에서 속도가 갑자기 줄어들어요. 이 경계면을 기준으로 물질이 달라진 것이죠. 게다가 P파만 통과하고 S파는 통과하지 못해요. 외핵이 액체로 되어 있기 때문이에요.

13 대륙 이동설

대륙은 원래 하나로 모여 있었어요.

지도를 펴고 멀리 떨어져 있는 아프리카와 남아메리카 대륙의 해안선을 가까이 붙여 보세요. 잘 들어맞을 거예요. 1912년 독일의 과학자 알프레드 베게너는 이 발견에서 아이디어를 얻어 대륙은 이동한다고 주장했어요. 약 3억 년 전, 판게아라는 하나의 큰 대륙이 점점 이동하여 현재와 같이 6개의 대륙으로 나누어졌다는 것이죠. 이것이 바로 '대륙 이동설'이에요.

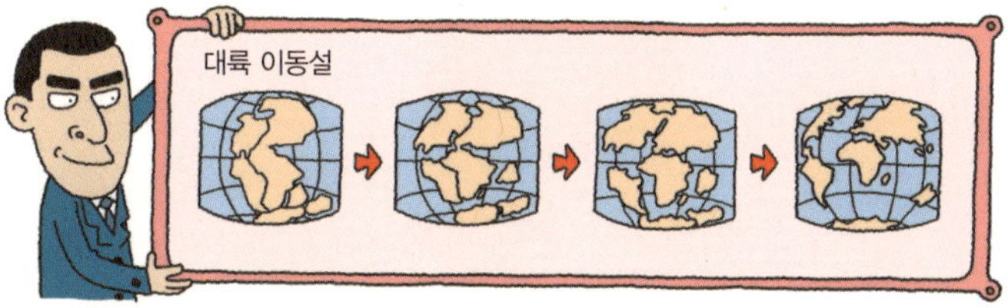

대륙 이동설의 여러 가지 증거들

❶ 멀리 떨어진 대륙의 해안선 모양이 일치해요.
아프리카와 남아메리카 대륙의 해안선을 맞추어 붙여 보면 잘 맞아요.

❷ 두 대륙 사이의 지질 구조가 연결돼요.
지금은 멀리 떨어져 있는 북아메리카의 애팔래치아 산맥과 스코틀랜드의 칼레도니아 산맥을 붙이면 산맥이 서로 연결되고 비슷한 암석이 발견돼요.

❸ 고생대 말의 빙하 퇴적물의 분포가 서로 일치해요.
아프리카, 인도 등 현재는 열대나 온대 기후 지역에서 빙하의 흔적이 발견되었어요.

❹ 두 대륙 사이에 분포하는 고생물이 서로 비슷해요.
지금은 멀리 떨어져 있고, 자연 환경도 다른 오스트레일리아, 남아메리카, 아프리카, 인도 대륙에서 같은 고생물 화석이 발견되었어요.

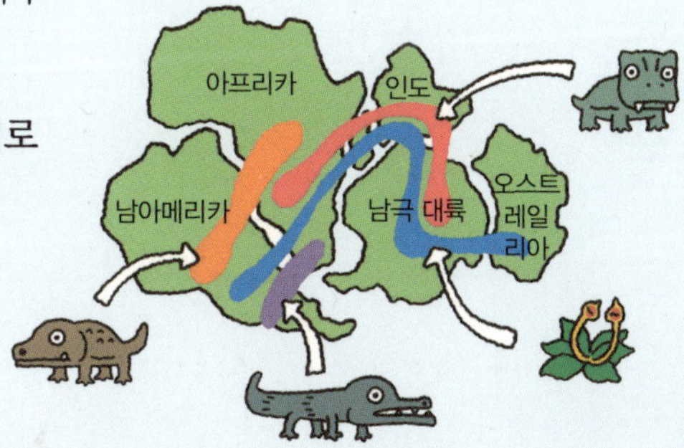

14 판 구조론과 지각 변동

판 구조론은 지각 변동의 원인을 밝히는 중요한 이론이에요.

판 구조론은 지구가 여러 개의 판으로 이루어져 있다는 주장이에요. 판을 영어로 'Plate'라고 하는데, '쟁반'을 의미하는 단어이기도 해요. 판은 지구의 가장 겉 부분인 지각과 그 아래에 있는 맨틀의 윗부분을 합한 것을 말해요.

내가 쟁반을 쓰고 있다고?

오늘날 지진, 화산, 조산 운동 같은 대부분의 지각 변동은 판 구조론으로 설명해요.

판 구조론으로 밝힌 지진의 원인

지진이 일어난 장소를 세계 지도에 표시하면 판의 경계면에서 집중적으로 일어난다는 것을 알 수 있어요. 이것은 지진이 판의 경계면에서 판이 충돌하거나 서로 비껴 지나가면서 생기는 지각 변동에 의해 일어난다는 것을 의미해요.

판 구조론으로 밝힌 화산의 원인

전 세계 화산 폭발의 70~80%는 환태평양 화산대에서 일어나요. 판 구조론에 따르면 환태평양 화산대는 태평양 판의 가장자리에 위치해 있는데, 태평양 판은 1년에 평균 2~6cm씩 움직이며 주위 판들과 부딪히고 있어요. 이때 땅속 깊은 곳에서 물과 함께 들어간 물질이 주변 암석을 녹이면서 뜨거운 물질이 뿜어져 나와 화산이 되는 것이지요.

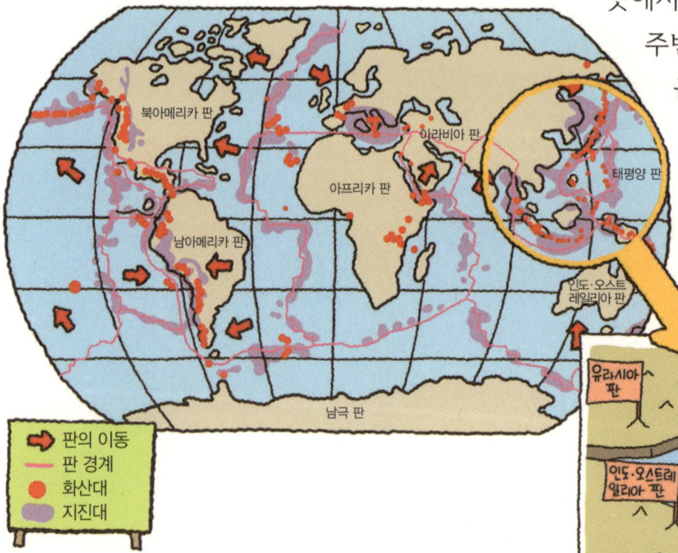

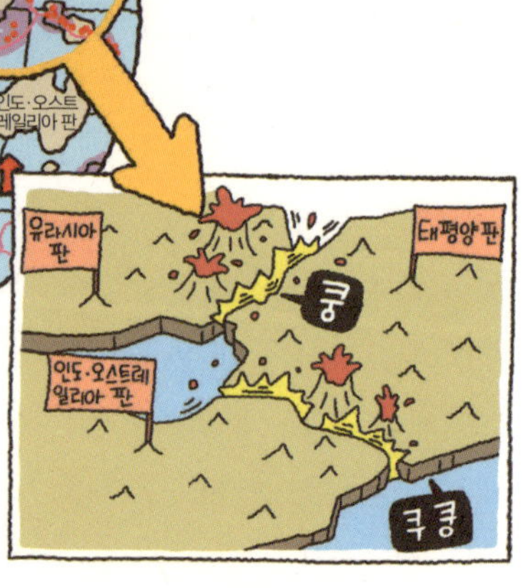

거대한 산맥들도 판의 경계에서 만들어져요.

히말라야나 알프스 산맥과 같은 큰 산맥은 바다 속의 땅이 양옆에서 압력을 받아 휘어지거나 부러지면서 위로 솟아 만들어져요. 이런 판과 판의 운동을 조산 운동이라고 하지요.

造 山
만들 조 산 산 운동
산을 만드는 운동

지층은 엿처럼 휘어지기도 해요.

땅속 깊은 곳에 있는 지층은 높은 온도와 압력을 받아 약간 무른 상태예요. 그래서 큰 힘을 받으면 휘어지기도 하지요. 이렇게 지층이 큰 힘을 받아 휘어지는 것을 습곡이라고 해요.

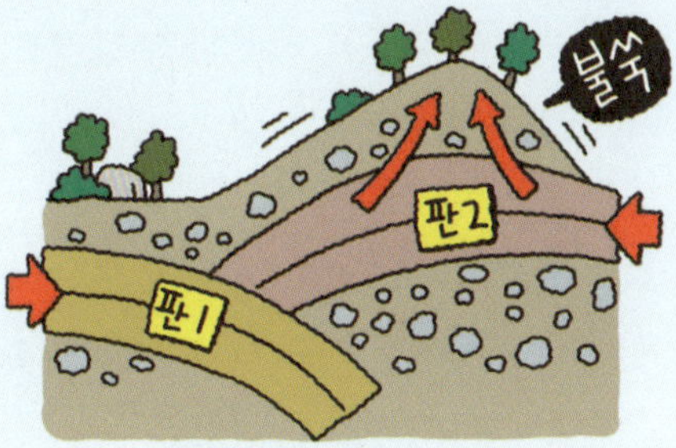

지층은 부러지기도 해요.

지층이 큰 힘을 받으면 중간이 끊어져 서로 어긋나요. 이를 단층이라고 하지요. 정단층은 지층에 양쪽에서 잡아당기는 힘이 작용하여 상반이 내려가는 구조이고, 역단층은 양쪽에서 미는 힘이 작용하여 상반이 올라가는 구조예요.

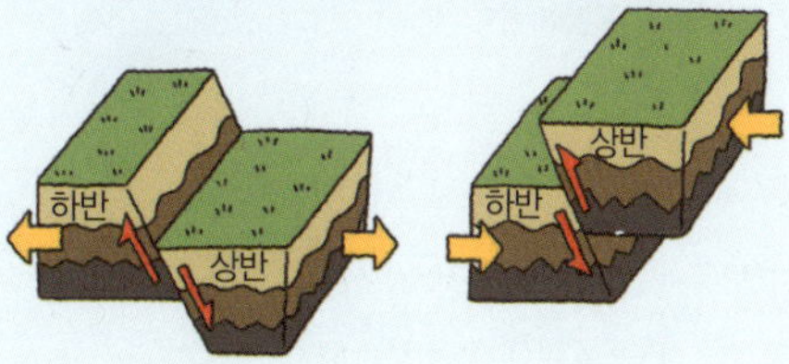

정단층 역단층

지각이 오르락내리락하기도 해요.

맨틀 위에 떠 있는 지각은 비와 바람에 깎여 가벼워지면 위로 솟아 올라요. 반대로 퇴적물이 쌓여 무거워지면 내려앉지요. 이처럼 지각이 가라앉고 솟아오르면서 육지를 만드는 지각 변동을 조륙 운동이라고 해요.

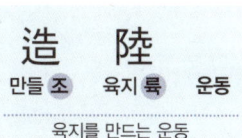

造 陸
만들 조 육지 륙 운동
육지를 만드는 운동

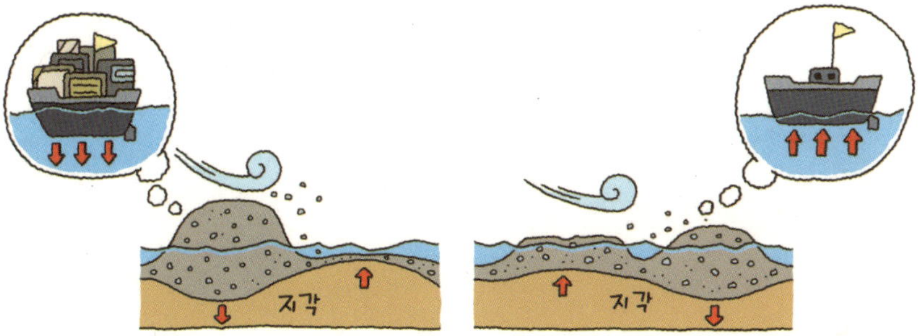

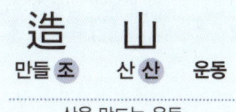

15 광물과 암석

지각을 이루는 암석, 암석을 이루는 광물

지각은 대부분 바위와 돌, 즉 암석으로 이루어져 있어요. 그리고 암석은 약 3,000여 가지의 광물로 이루어져 있지요. 암석을 이루는 주요 광물을 조암 광물이라고 불러요. 조암 광물에는 장석, 석영, 흑운모, 각섬석, 휘석, 감람석 등이 있어요.

> **造** 지을 조 **岩** 바위 암 광물
>
> 암석을 만드는 광물

우와~, 진짜 많다.

광물은 여러 가지 원소로 이루어져 있어요.

광물은 원소로 이루어져 있어요. 광물을 이루는 주요 원소는 8가지로 산소, 규소, 알루미늄, 철, 칼슘, 나트륨, 칼륨, 마그네슘이지요.

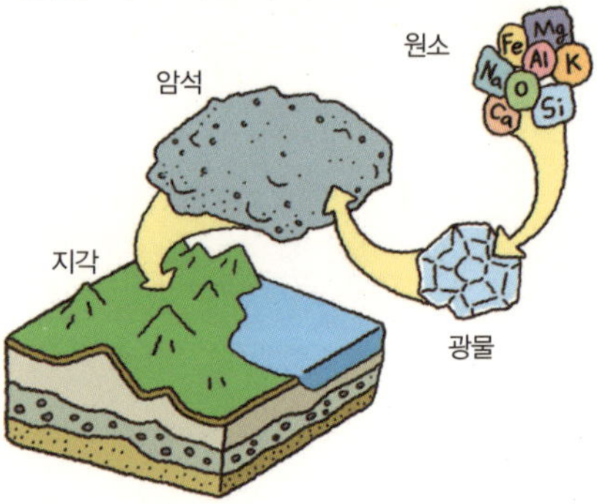

조암 광물은 각각 성질이 달라요.

암석은 구성하는 광물에 따라 달라요.

장석	석영	흑운모	각섬석	휘석	감람석

두 방향으로 쪼개짐	깨짐	얇은 판 모양으로 쪼개짐	두 방향으로 쪼개짐	두 방향으로 쪼개짐	깨짐

쪼개짐은 약한 결을 따라 비교적 잘 갈라지는것을 말해요. 깨짐은 단단하게 뭉쳐 있어서 불규칙적으로 깨지는 것을 말해요.

**암석은
어떻게 만들어졌는지에 따라
세 종류로 나누어져요.**

화성암

마그마가 식어서 만들어진 암석이에요. 어디에서 만들어졌는지에 따라 화산암과 심성암으로 나뉘지요.

화산 폭발로 땅 위로 흘러나온 마그마, 즉 용암이 빠르게 식어서 된 것이 화산암이고, 땅속 깊은 곳에서 서서히 식어서 된 것이 심성암이지요.

밖에 나오니 시원하긴한데 금세 몸이 딱딱해져. 나 벌써 화산암 됐나 봐.
마그마 vs용암
지하 깊은 곳에 있던 마그마가 화산이 폭발해서 땅 위로 흘러나와 흐르는 것이 용암이에요. 용암은 김 빠진 콜라와 같아요.
땅속은 아직도 뜨거워. 난 이제 곧 심성암이 될 거야.

화산암의 대표 현무암

현무암은 제주도 돌하르방을 생각하면 돼요. 용암이 땅 위에서 빠르게 식어서 만들어져 구멍이 많아요.

심성암의 대표 화강암

화강암은 우리나라에서 가장 흔히 볼 수 있는 암석이에요. 색깔이 밝아서 건축물, 탑 등에 주로 사용되지요.

퇴적암

풍화 작용을 받아 형성된 자갈, 모래, 진흙 등이 쌓여서 된 암석이에요. 역암, 사암, 셰일, 석회암 등으로 나누지요.

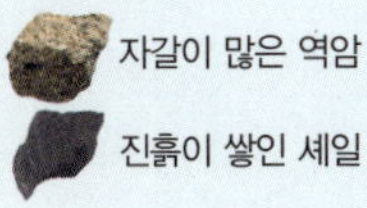

변성암

암석이 다시 지하 깊은 곳에 들어가 높은 압력이나 열을 받아 생긴 새로운 암석이에요.

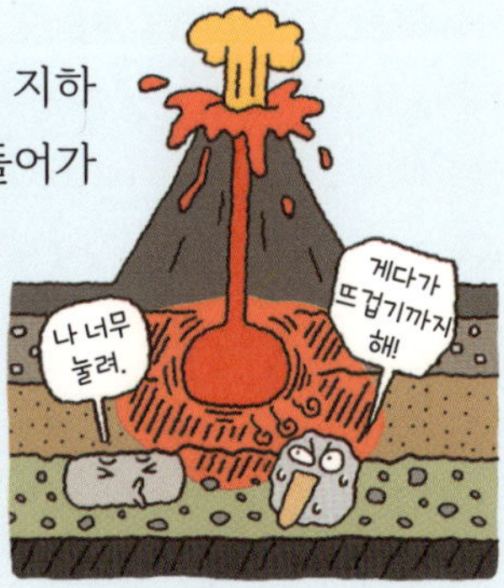

나 너무 눌려.
게다가 뜨겁기까지 해!

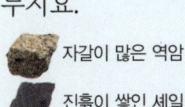

16 지표의 변화

흐르는 물이 지표(지구나 땅의 겉면)를 변화시켜요.

V자곡

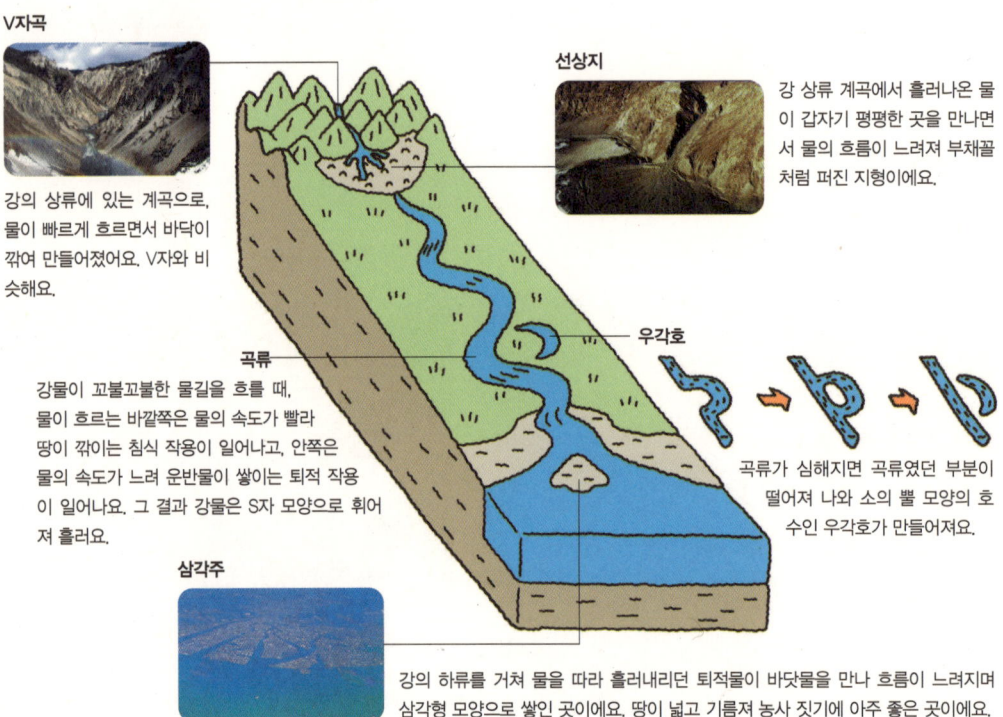

강의 상류에 있는 계곡으로, 물이 빠르게 흐르면서 바닥이 깎여 만들어졌어요. V자와 비슷해요.

선상지

강 상류 계곡에서 흘러나온 물이 갑자기 평평한 곳을 만나면서 물의 흐름이 느려져 부채꼴처럼 퍼진 지형이에요.

우각호

곡류가 심해지면 곡류였던 부분이 떨어져 나와 소의 뿔 모양의 호수인 우각호가 만들어져요.

곡류

강물이 꼬불꼬불한 물길을 흐를 때, 물이 흐르는 바깥쪽은 물의 속도가 빨라 땅이 깎이는 침식 작용이 일어나고, 안쪽은 물의 속도가 느려 운반물이 쌓이는 퇴적 작용이 일어나요. 그 결과 강물은 S자 모양으로 휘어져 흘러요.

삼각주

강의 하류를 거쳐 물을 따라 흘러내리던 퇴적물이 바닷물을 만나 흐름이 느려지며 삼각형 모양으로 쌓인 곳이에요. 땅이 넓고 기름져 농사 짓기에 아주 좋은 곳이에요.

지하수가 석회 동굴을 만들어요.

석회암이 발달한 지역에 지하수가 흐르면 석회암이 지하수에 녹아 석회 동굴이 만들어 져요.

종유석 동굴 천장에 고드름처럼 매달린 덩어리

석순 동굴 천장에서 떨어진 물방울 속 석회질 물질이 동굴 바닥에 새싹처럼 쌓여 위로 자란 돌출물

석주 동굴 천장의 종유석이 바닥까지 내려오다 석순과 만나 생긴 돌기둥

동굴에 기둥이 있네?
고드름 같아.
종유석
석주
와~, 싹이 났네.
석순

추운 지방에서는 빙하가 지형을 바꾸어요.

눈이 녹지 않고 계속 쌓여 두꺼워지면 눈이 딱딱하게 굳은 얼음 덩어리가 돼요. 이 얼음 덩어리가 높은 곳에서 낮은 곳으로 강처럼 흐르는 것이 빙하예요. 빙하는 이동하면서 주변 암석을 깎아 내기도 하고, 깎아 낸 암석을 운반하기도 해요.

혼(Horn) 빙하가 산 밑으로 내려가면서 산을 깎아 만든 삼각뿔 모양의 산봉우리

U자곡 빙하가 흘러 내려오면서 깎아 생긴, 폭이 넓고 평평한 'U자' 모양의 계곡

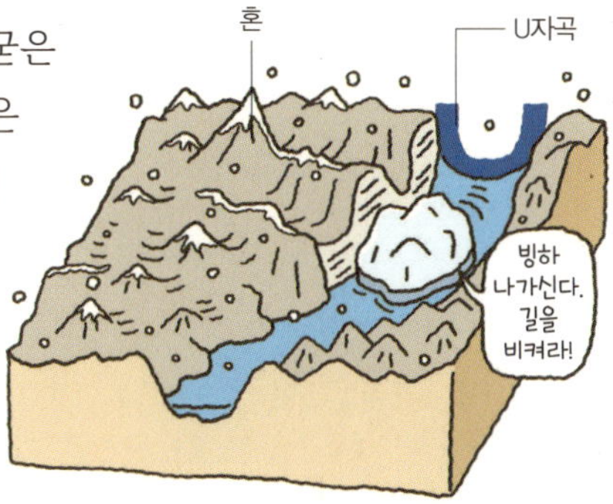

사막에서는 바람이 지형을 바꾸어요.

버섯 바위
바람에 날린 먼지와 모래가 수천 년에 걸쳐 바위의 밑 부분을 집중적으로 깎아 버섯 모양의 바위를 만들어요.

삼릉석
바람에 날린 모래가 암석을 깎아서 두세 개의 모서리를 가진 삼릉석을 만들어요.

사구
바람에 날린 모래가 바람이 약해지는 곳에 쌓여 만든 모래 언덕이에요.

해안 지방의 아름다운 풍경은 파도가 만들어요.

바다와 육지가 만나는 해안 지방에서는 주로 파도의 침식과 퇴적 작용에 의해 지형의 변화가 일어나요. 파도가 오랜 기간에 걸쳐 해안의 지층을 깎아 내고, 깎아 낸 물질을 퇴적시켜 해안선을 변화시켜요.

17 지층과 화석

지구의 역사를 알려 주는 지층과 화석

지구가 언제, 어떻게 태어났는지, 또 어떤 과정을 거쳐 지금에 이르렀는지를 정확히 아는 사람은 없어요. 다만 지층과 그 지층 속에 숨어 있는 화석으로 지구의 역사를 짐작할 뿐이에요.

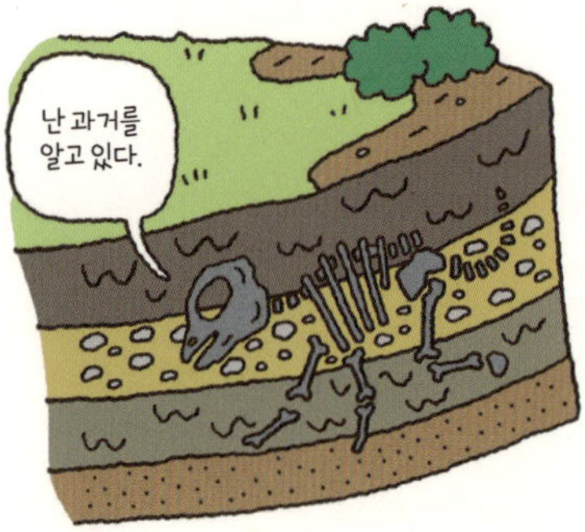

난 과거를 알고 있다.

지층은 퇴적물이 쌓여서 된 거예요.

지구 표면에는 비와 바람 등에 의해 모래, 흙, 자갈 등의 퇴적물들이 쌓여요. 암석이나 퇴적물이 쌓여서 만들어진 층을 지층이라고 해요. 먼저 쌓이는 지층은 아래에, 나중에 쌓이는 지층은 위에 쌓여 층을 이루지요.

죄송합니다.
왜 자꾸 위로 쌓여.

화석은 지구의 과거를 알려 주어요.

아주 오래 전에 살았던 동식물의 일부나 전체 또는 발자국과 같은 생활 모습의 흔적이 돌처럼 딱딱해지거나 돌과 같은 물질로 바뀐 것을 화석이라고 해요.

지층이 만들어진 시대를 알려주는 표준화석

난 고생대에만 살았다는 삼엽충이야

과거 어느 시기에만 살다가 멸종되어 사라진 생물의 화석은 지층이 어느 지질 시대에 만들어졌는지 알려 줘요. 이처럼 지질 시대를 알려 주는 화석을 표준화석이라고 해요.

난 습기 많고 그늘진 곳에 사는 고사리!
쟤들 덕분에 시대와 환경을 알 수 있군.

환경을 알려 주는 시상화석

고사리나 산호처럼 특정한 기후에서만 살거나, 바다 속 조개와 같이 특정 장소에서만 사는 생물의 화석은 과거의 환경을 알 수 있게 해 줘요. 예를 들어 고사리 화석이 발견되는 곳은 예전에 습기가 많고 따뜻한 곳일 가능성이 높아요. 이처럼 과거의 자연과 기후를 알려 주는 화석을 시상화석이라고 해요.

한눈에 보는 46억 년 지구의 역사

선캄브리아 시대는 생명이 탄생한 지질 시대예요. 초기에는 자외선 때문에 육지에는 생물이 살기 힘들었어요. 하지만 바다 속 미생물이 광합성을 하여 대기 중에 산소를 공급하면서 지구상에 다양한 생명체가 등장할 준비를 했어요.

생물이 지구 환경에 잘 적응하기 시작한 시기로, 생물의 수가 폭발적으로 늘어났어요. 어류가 번성했고 몸에 단단한 껍질이나 뼈를 가진 생물이 많이 등장했어요. 바다에서 육지로 올라오는 생물이 늘어났으며 고사리 같은 양치식물이 번성했어요.

새로운 생물이 번성하기 시작했어요. 바다에서는 암모나이트가 번성했고, 육지에는 거대한 몸집을 가진 공룡을 비롯하여 여러 종류의 파충류와 원시 포유류가 함께 살았지요.

공룡이 사라지고 포유류들이 많아지기 시작했어요. 인류가 출현했고 오늘날 볼 수 있는 대부분의 생물들이 등장했지요. 히말라야산맥과 같은 큰 산맥들이 지금의 모습을 갖추기 시작했어요.

날씨 이야기

날씨가 나타나려면 무엇이 필요할까요?
우선 태양이 있어야 해요. 태양열은 지구를 따뜻하게 해 주어요.
그러나 태양만 비춘다고 날씨 현상이 나타나지는 않아요. 수성에도 태양이 비추지만 공기가 없기 때문에 날씨 현상이 나타나지 않거든요.
그럼 태양과 공기만 있으면 날씨가 나타날까요? 아니요, 수증기도 필요해요.
수증기는 물, 얼음 등으로 모습을 바꾸면서 날씨 현상에 많은 영향을 미치지요.
바다에서 증발된 물은 수증기가 되어 공기 중으로 들어가 구름이 되기도 하고, 구름에서 비나 눈이 되어 다시 땅으로 내려와요. 이것을 물의 순환이라고 해요.

관련 단원

초등학교
5학년 2학기 날씨와 우리 생활

중학교
3학년 날씨와 기후변화
3학년 수권과 해수의 순환

18 햇빛과 날씨

햇빛은 지표면을 따뜻하게
데워 주어요.

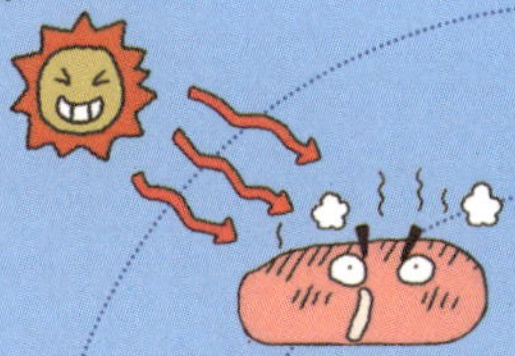

19 공기와 날씨

공기의 이동에 의해
열이 전달되고
바람이 불어요.

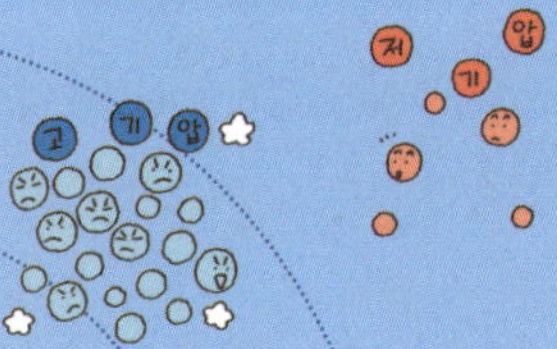

20 물의 순환과 날씨

물은 수증기가 되어 위로 올라가
구름을 만들고 비나 눈으로
땅에 내려와요.

21 기단과 전선

커다란 공기 덩어리인
기단의 성질에 따라 날씨가
달라져요.

22 일기도

일기도를 보면
현재 날씨와
앞으로의 날씨까지
알 수 있어요.

18 햇빛과 날씨

날씨는 대기의 상태를 말해요.

날씨는 춥거나 더운 정도, 습하거나 건조한 정도 등의 대기 상태를 의미해요. 기온, 기압, 습도, 풍향, 풍속, 강수량 등 여러 가지 요소가 종합적으로 영향을 미치기 때문에 끊임없이 변하지요.

햇빛은 지표면을, 지표면은 공기를 덥혀요.

공기의 온도, 즉 기온에 가장 큰 영향을 주는 것은 햇빛이에요. 그러나 햇빛이 공기를 직접 뜨겁게 하는 것은 아니에요. 햇빛이 지표면을 뜨겁게 달구면 뜨거워진 지표면이 공기를 덥히는 것이지요. 그래서 위로 올라갈수록 지표면에서 멀어지므로 추워져요.

오후 2시경이 가장 기온이 높아요.

햇빛이 가장 강한 시간은 해가 가장 높이 떠 있는 12시경이에요. 하지만 기온이 가장 높은 시간은 오후 2시경이지요. 지표면이 공기를 덥힐 시간이 필요하기 때문이에요.

위도에 따라 햇빛을 받는 양이 달라요.

지구는 둥글기 때문에 모든 곳이 햇빛을 똑같이 받지 못해요. 적도 부근이 극지방보다 햇빛을 받는 시간이 훨씬 길고, 받는 양도 더 많지요.

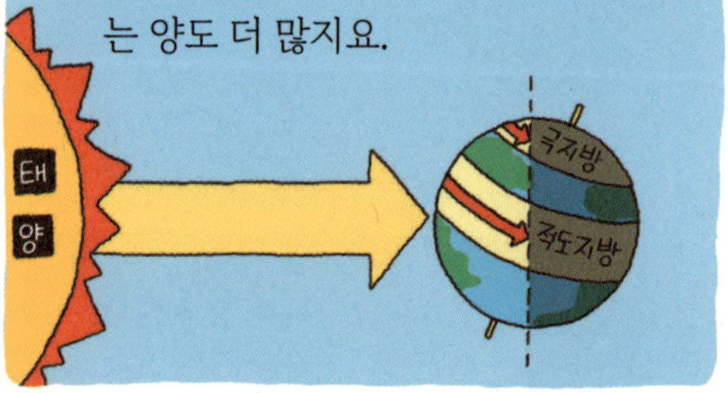

햇빛을 받는 장소에 따라 온도가 달라요.

같은 날, 같은 시간 동안, 햇빛을 받을 때 육지는 바다보다 빨리 뜨거워지고 빨리 식어요. 즉, 열을 간직하는 정도가 장소에 따라 다르기 때문에 기온도 장소마다 다르지요.

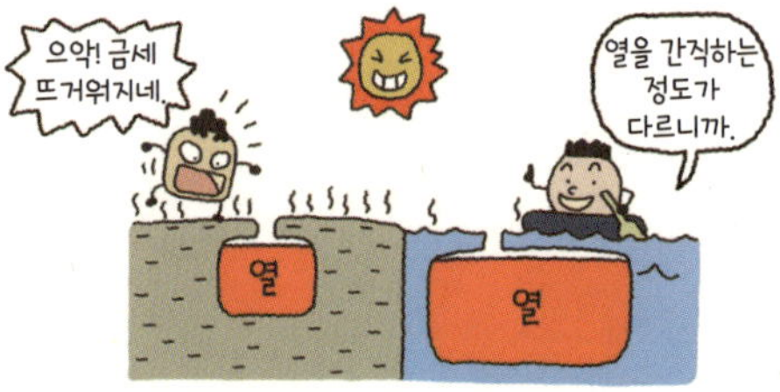

19 공기와 날씨

공기의 흐름을 바람이라고 해요.

나뭇잎이 흔들리는 것을 보고 바람이 부는 것을 알 수 있어요. 바람은 공기가 이동하는 거예요. 나뭇잎이 흔들리는 것은 공기가 이동하면서 나뭇잎에 부딪히기 때문이에요.

공기는 많은 곳에서 적은 곳으로 이동해요.

氣	壓
공기 기	누를 압

공기가 누르는 힘

공기가 많이 모여 있어서 공기가 누르는 힘이 큰 곳을 고기압이라 하고, 공기가 적어 공기가 누르는 힘이 작은 곳을 저기압이라고 해요. 공기는 많은 곳에서 적은 곳으로 이동해요.

찬 공기는 아래로, 더운 공기는 위로

더운 공기 속의 공기 알갱이들은 더워서 서로 멀리 떨어져 있으려고 하기 때문에 듬성듬성 있어요. 반대로 찬 공기 속의 공기 알갱이들은 추워서 모여 있지요. 때문에 더운 공기는 가볍고 찬 공기는 무거워요. 주위보다 가벼워진 더운 공기는 위로 올라가고 그 자리를 찬 공기가 차지하지요.

해륙풍

육지는 바다보다 더 빨리 데워지고 식어요. 낮에는 따뜻한 육지가 저기압이 되어 바다에서 바람이 불어와 해풍이 생기고, 밤에는 식은 육지가 고기압이 되어 바람이 바다로 불어가 육풍이 생겨요.

계절풍

우리나라의 북쪽에는 대륙이, 남쪽에는 바다가 있어요. 겨울에는 차가운 북쪽 대륙에서 오는 북서 계절풍이 불고, 여름에는 따뜻한 남쪽 바다에서 오는 남동 계절풍이 불어요.

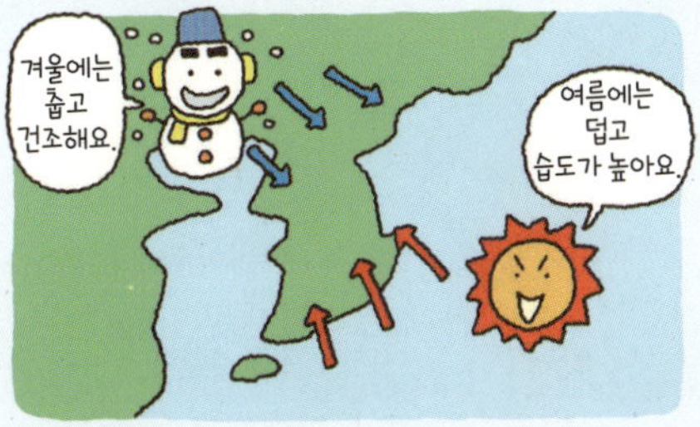

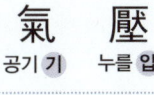

20 물의 순환과 날씨

물은 수증기가 되어 날아가요.

물이 수증기가 되어 날아가는 것을 증발이라고 해요. 바다와 호수, 강의 물은 수증기로 증발되고 있어요. 공기 중에 있는 수증기의 양은 날씨 현상에서 중요한 역할을 해요.

수증기는 비나 눈이 되어 땅으로 떨어져요.

대기 중에 있던 수증기는 온도가 낮아지면 물방울이나 얼음 알갱이로 뭉쳐 구름을 만들어요. 그러다 무거워지면 땅으로 떨어지지요. 이 현상을 물의 순환이라고 해요.

안개, 이슬, 서리

안개는 땅의 차가운 기온 때문에 생긴 물방울로 지표면 근처에 생기는 구름이라고 할 수 있어요.
이슬은 공기 중의 수증기가 차가워진 풀잎 등에 닿아 물방울로 변한 것이지요.
서리는 온도가 빨리 내려갈 때 기체 상태의 수증기가 바로 얼어 물체의 표면에 달라붙는 거예요.

이슬
서리
안개

안개와 구름은 생기는 원리는 같지만 안개는 지표면 근처에, 구름은 높은 곳에 생긴다는 점이 다르죠.
안 개

구름은 공기가 위로 올라가면서 만들어요.

올라가다 보니 구름이 되었네.
저기압

저기압이 있으면 주변에서 공기가 몰려들어서 공기가 위로 올라가다가 구름이 생겨요.

덜 덜
난 등산하다 추워서 생긴 구름

산을 타고 올라가다가 추워서 구름이 생겨요.

나는 따뜻한 공기 구름

지표면이 뜨거워지면 따뜻한 공기가 올라가다 구름이 생겨요.

난 따뜻한 공기와 찬공기가 만났을 때 생기는 구름
따뜻한 공기
찬 공기

따뜻한 공기를 찬 공기가 밀어 올리면 구름이 생겨요.

구름은 높이와 모양에 따라 여러 가지 이름을 가지고 있어요.

구름의 이름을 보면 '적, 층, 난(란), 고, 권'이라는 글자가 들어가 있어요. 이 글자만 봐도 구름의 모양이나 위치를 알 수 있지요.

위로 쌓여 솟는 구름에 날 붙여!
아주 높은 곳에 있는 구름엔 날 붙이고!
卷
힘쓸 권
권운, 권층운, 권적운
중간 높이의 구름엔 날 붙이면 돼!
高
높을 고
고층운, 고적운
난 옆으로 퍼진 구름에 붙이는 이름이고!
층운, 층적운
積
쌓을 적
적운, 적란운
層
계단 층
亂
어지러울 란
난층운
난 비를 내리는 구름에 붙이는 이름이지!

21 기단과 전선

기단 때문에 날씨 변화가 심해요.

성질이 일정한 거대 공기 덩어리를 기단이라고 해요. 기단은 이동하면서 날씨에 큰 영향을 미쳐요.

氣	團
공기 기	모일 단

기체 (공기)의 모임

계절에 따라 다른 기단이 와요.

우리나라 주변에는 시베리아 기단, 양쯔강 기단, 오호츠크해 기단, 북태평양 기단 등이 있어요. 이 중에서 어떤 기단의 힘이 가장 센가에 따라 우리나라의 날씨는 크게 달라지지요.

시베리아 기단 - 겨울
대륙에서 발달하는 춥고 건조한 대륙성 기단

양쯔강 기단 - 봄·가을
온난 건조한 대륙성 기단

오호츠크해 기단 - 초여름
차고 습기가 많은 해양성 기단

북태평양 기단 - 여름
기온이 매우 높고 습기가 많은 해양성 기단

기단이 고향을 떠나 다른 곳으로 이동하면 성질이 바뀌어요.

기단은 이동하면서 성질이 바뀌고 이동한 곳의 날씨를 변화시켜요. 예를 들어 찬 기단이 따뜻한 곳을 지나면 아랫부분부터 가열되면서 더워진 공기 덩어리가 위로 올라가 위아래로 긴 적란운이 생겨요. 반대로 더운 기단이 추운 곳을 지나면 아랫부분이 차가워져요. 그러면 아래는 무거운 찬 공기가, 위는 더운 공기가 있으므로 안정하여 옆으로 퍼지는 층운이 생겨요.

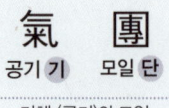

기단과 기단이 만나는 곳에 전선이 형성돼요.

성질이 다른 기단이 만나면 서로 잘 섞이지 않고 버티게 돼요.
이때 두 기단의 경계면을 전선면이라 하고 전선면이 지표면과 만나는 경계선을 전선이라고 하지요. 전선을 경계로 날씨가 달라져요.

한랭전선

무겁고 찬 공기가 가볍고 더운 공기 밑을 파고들면서 따뜻한 공기 쪽으로 이동하는 전선이에요. 좁은 지역에 천둥, 번개를 동반한 소나기가 내리고, 지나간 후에는 기온이 뚝 떨어져요.

온난전선

가볍고 따뜻한 공기가 무겁고 찬 공기 위로 타고 올라가면서 완만한 경사를 가진 온난전선을 만들어요. 넓은 지역에 가랑비가 오랫동안 내리고, 지나간 후에는 날씨가 따뜻해져요.

폐색전선

한랭전선은 온난전선보다 이동하는 속도가 빨라요. 그래서 온난전선이 앞서가도 언젠가는 한랭전선과 만나게 되지요. 그러면 찬 공기가 따뜻한 공기를 위로 밀어 올려 구름을 만들고 이때 비나 눈, 우박이 내리지요.

정체전선

따뜻한 공기와 찬 공기의 힘이 비슷하여 전선이 이동하지 않고 한곳에 오랜 시간 동안 머물러 있는 전선이에요. 우리나라에 장마를 가져다 주는 장마전선이 대표적이지요.

22 일기도

날씨를 예상하는 것은 아주 중요해요.

'러시아에는 믿을 만한 장군이 둘 있는데, 바로 1월 장군과 2월 장군이다.' 이 말은 러시아의 황제 니콜라이 1세가 한 말이에요. 러시아는 수 세기 동안 수많은 외부의 침략을 받았지만 날씨를 잘 이용한 덕분에 승리했어요. 이렇게 날씨를 정확하게 예측하면 나라를 지킬 수도 있어요. 오늘날에도 스포츠, 마케팅 등 날씨에 영향을 받는 일들은 아주 많아요. 그렇기에 정확한 일기예보는 아주 중요해요.

일기도를 보면 날씨를 알 수 있어요.

기온, 기압, 구름의 양, 풍향, 풍속, 강수량 등을 지도 위에 표시한 것이 일기도예요. 일기, 즉 날씨를 나타내는 지도라는 뜻이지요.

날씨 기호로 표현해요.

❶ 구름의 양을 원 안에 칠하여 나타내요.

❷ 원을 화살표의 화살촉이라고 생각하고 바람이 불어오는 방향을 표시해요.

❸ 바람의 속도를 꼬리에 나타내요. 꼬리가 많을수록 바람의 속도가 빨라요.

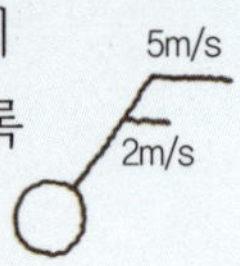

그 외의 날씨 기호

일기					한랭 전선	온난 전선	정체 전선	폐색 전선
비	소나기	눈	안개	뇌우				

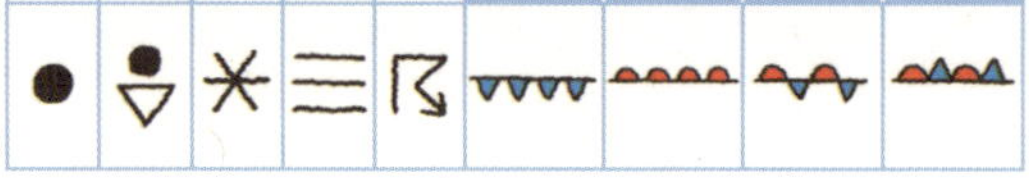

일기도 읽기

기압을 선으로 나타낸 등압선

등압선을 그려서 주변보다 중심의 기압이 낮으면 저기압의 **저**, 기압이 높으면 고기압의 **고**를 써 넣어요.

한자와 함께 보는 날씨 용어

氣 (공기 기)가 들어간 용어

氣團 (공기 기, 덩어리 단): 공기가 한곳에 오래 머물러서 기온, 습도 등의 성질이 비슷하게 된 공기 덩어리

氣壓 (공기 기, 누를 압): 공기가 누르는 힘

氣溫 (공기 기, 따뜻할 온): 공기의 따뜻한 정도

氣象 (공기 기, 상태 상): 공기의 상태

日氣 (해 일, 공기 기): 짧은 기간 그 지역의 날씨

氣候 (공기 기, 기후 후): 오랜 기간 그 지역의 평균 날씨

水 (물 수)가 들어간 용어

水蒸氣 (물 수, 무덥다 증, 공기 기): 물이 상태 변화하여 기체가 된 상태

降水量 (내릴 강, 물 수, 헤아릴 량): 비, 눈, 우박 등 땅에 떨어진 물의 양

風 (바람 풍)이 들어간 용어

風向 (바람 풍, 향할 향): 바람의 방향

風速 (바람 풍, 빠를 속): 바람의 속도

暴風 (사나울 폭, 바람 풍): 매우 세게 부는 바람

颱風 (태풍 태, 바람 풍): 중심 최대 풍속이 17m/s이상의 폭풍우를 동반하는 열대 저기압

지구과학의 역사를 쓴 과학자

에라토스테네스 (BC.276-BC.194)

에라토스테네스는 하짓날 정오에 시에네와 알렉산드리아의 태양 그림자가 다르다는 것을 발견했어요. 이를 통해 지구가 둥글다고 가정하고 그림자의 길이와 두 지역 사이의 거리를 측정하여 최초로 지구의 둘레를 알아냈어요.

코페르니쿠스 (1473-1543)

코페르니쿠스는 우주의 중심이 지구가 아닌 태양이며 지구도 태양 주위를 돌고 있다는 지동설을 주장했어요. 죽기 직전 이 생각을 담은 책을 출간했고, 이 책은 당시의 우주관을 바꾼 혁명적인 책이 되었답니다.

갈릴레이 (1564-1642)

갈릴레이는 망원경으로 천체를 관측하여 코페르니쿠스의 지동설을 뒷받침하는 증거들을 발견하고 지동설을 지지했어요. 이로 인해 그는 종교계로부터 많은 비난과 핍박을 받았어요.

모호로비치치 (1857-1936)

모호로비치치는 지각 구조의 연구에 최초로 지진파를 이용했어요. 그는 1909년 10월, 발칸반도에서 발생한 지진을 조사하던 중 지진파가 갑자기 빨라지는 것을 통해 지각과 맨틀 사이에 불연속면이 있음을 발견했지요. 이 불연속면을 '모호로비치치 불연속면' 또는 '모호면'이라고 해요.

베게너 (1880-1930)

베게너는 대륙이 이동한다는 '대륙 이동설'을 주장했어요. 남아메리카와 아프리카 대륙의 해안선이 일치하고 양쪽 대륙에서 발견되는 화석과 암석이 서로 비슷하며, 산맥들이 대서양을 사이에 두고 연결되어 있는 것 등을 그 증거로 제시했지요. 이후 대륙 이동설은 '판 구조론'으로 발전되었어요.

02 물리학

힘과 운동

과학의 세계에서는 우리가 평소에 알고 있는 것과 그 뜻이 조금 다르게 쓰이는 단어들이 있어요.
우선 힘. 과학에서는 물체의 모양이 변하거나 움직였을 때에만 힘이 작용했다고 해요.
커다란 바위를 10명이 모여 땀 뻘뻘 흘리며 밀어도 바위가 깨지거나 움직이지 않았다면
바위는 힘을 받지 않은 거예요. 사람들 입장에서는 조금 억울한 일이지만요.
우리가 평소에 말하는 '힘 쓴다'와는 다르죠?
그리고 운동. 우리는 달리기, 농구, 야구 같은 스포츠만을 운동이라고 생각하기 쉽지만
지구 주위를 돌고 있는 달, 수도꼭지에서 떨어지는 물도 운동을 하고 있어요.
그리고 이런 운동이 일어나기 위해서는 힘이 필요하지요.
운동이 일어날 수 있게 하는 힘에는, 매일 우리에게 힘을 미치고 있지만
우리는 잘 느끼지 못하는 중력, 팬티가 흘러내리지 않게 해 주는 탄성력 그리고 마찰력,
전기력, 자기력 등 여러 가지가 있어요.

관련 단원

초등학교
3학년 1학기 힘과 우리 생활
5학년 2학기 물체의 운동

중학교
1학년 힘의 작용
3학년 운동과 에너지

23 탄성력과 마찰력

서로 접촉하고 있을 때 생기며 힘을 준 방향과 반대 방향으로 작용해요.

24 자기력과 전기력

자석 사이에는 자기력이 작용해요. 전기력은 전자의 이동에 의해 생겨요.

25 중력

지구 중심 쪽으로 물체를 잡아당겨요.

26 과학에서의 힘

움직이거나 모양이 바뀌어야 힘이 작용한 것이에요.

27 운동의 표현

위치와 거리, 속력으로 물체의 운동을 표현할 수 있어요.

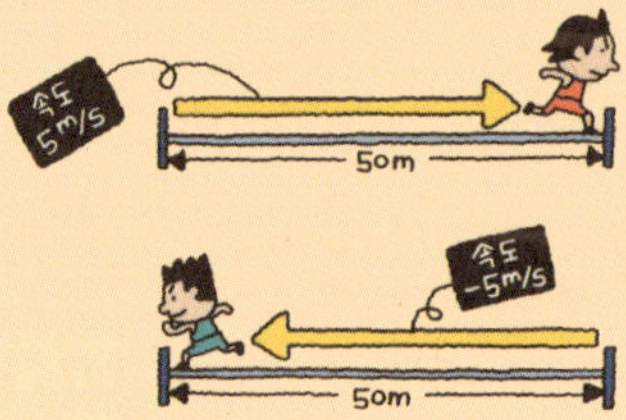

28 힘을 받지 않는 물체의 운동

힘이 작용하지 않으면 멈춰 있는 물체는 계속 멈춰 있고, 움직이는 물체는 계속 같은 속력으로 움직여요.

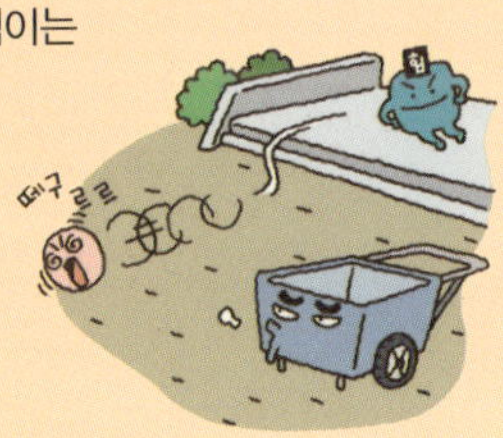

29 힘을 받는 물체의 운동

힘을 받으면 속력이 점점 빨라지거나 느려져요.

30 뉴턴의 운동 법칙

뉴턴은 운동에 대해 관성의 법칙, 가속도의 법칙, 작용 · 반작용의 법칙으로 정리했어요.

23 탄성력과 마찰력

탄성력은 변형된 물체가 원래의 상태로 되돌아가려는 힘이에요.

彈 性 力
튀길 탄 성품 성 힘 력
물체의 튀기는 성질로 생기는 힘

고무줄이나 용수철을 당겼다 놓으면 늘어났다 다시 원상태로 돌아가요. 이처럼 물체를 변형시키면 원래의 상태로 되돌아가려는 성질을 탄성이라고 해요. 그리고 이때 작용하는 힘을 탄성력이라고 하지요.
원상태로 돌아가려는 힘이 탄성력이므로 탄성력은 변형이 일어난 방향과 반대 방향으로 작용해요.

탄성력을 이용한 도구

우리 주위에는 탄성력을 이용한 것들이 아주 많아요. 용수철을 사용하는 볼펜, 양손으로 구부리는 운동 기구 등이 모두 탄성력을 이용한 도구랍니다. 번지점프와 트램펄린도 탄성력을 이용한 놀이 기구이지요.

탄성력의 크기는 변형이 심할수록 커져요.

탄성력은 외부에서 더 많은 힘을 주어 물체가 많이 변형될수록 커져요. 예를 들어 트램펄린은 세게 뛸 때 더 높이 올라가지요. 하지만 너무 세게 뛰어 트램펄린이 최대한 변형될 수 있는 범위를 넘으면 트램펄린은 원래의 모양으로 돌아가지 못하고 망가져요. 즉 탄성력은 물체가 변형될 수 있는 최대한의 범위인 탄성 한계 안에서만 작용할 수 있어요.

마찰력은 서로 닿아 있는 물체의 운동을 방해하는 힘이에요.

서로 닿아 있는 두 물체가 움직이려고 할 때는 항상 그 운동을 방해하는 힘인 마찰력이 작용해요. 힘을 준 방향과 반대 방향으로 말이지요. 이런 마찰력이 없으면 우리의 생활은 힘들어져요. 사람이 걷는 것도, 자동차나 자전거가 앞으로 나아가는 것도 모두 마찰력 덕분이거든요.

摩	擦	力
갈 마	비빌 찰	힘 력

갈고 비빌 때의 힘

마찰력은 물체가 무거울수록, 접촉면이 울퉁불퉁할수록 커져요.

무거운 사람을 밀 때 더 힘들어요.

가벼운 사람을 밀 때보다 무거운 사람을 밀 때 힘이 더 들어요. 무거운 사람은 무거운 만큼 마찰력이 크기 때문이에요. 그러나 마찰력은 접촉 면적과는 관계가 없어요. 접촉 면적이 적어도 무게는 달라지지 않으니까요.

매끈한 곳은 미끄러지기 쉬워요.

물체의 표면에 울퉁불퉁함이 없으면 마찰력이 작아 미끄러지기 쉬워요. 얼음판이 모래판보다 미끄러운 것도, 매끈한 타이어가 더 잘 미끄러지는 것도 이 때문이에요.

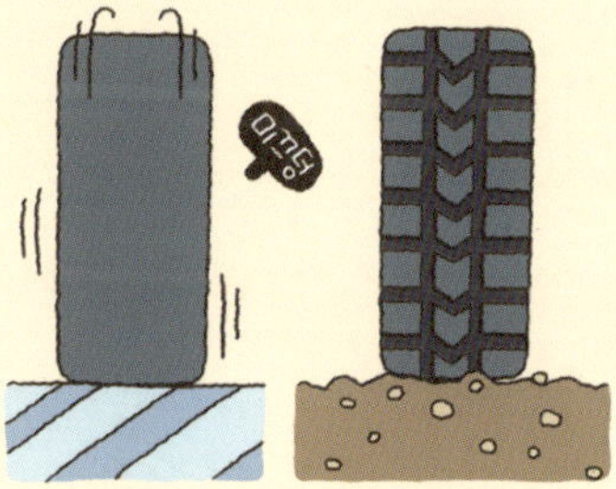

탄성력과 마찰력은 서로 접촉하고 있을 때 생기고 힘을 준 방향과 반대 방향으로 힘이 작용한다는 공통점이 있어요.
탄성력
마찰력

24 자기력과 전기력

자석에 관한 이야기

자석은 철을 당기는 성질과 함께 방향을 나타내는 성질을 가지고 있어요. 실에 자석을 매달아 두면 자석의 N극은 북쪽을, S극은 남쪽을 가리켜요. 그래서 오래 전 중국에서는 자석을 항해할 때 사용했어요.

자석의 성질

철을 당긴다.

쪼개도 N극과 S극을 가진다.

자기력은 자성을 가진 물체 사이에서 작용하는 힘이에요.

자석의 같은 극(N극과 N극 또는 S극과 S극) 사이에는 서로 밀어내는 척력이 작용하고, 다른 극(N극과 S극) 사이에는 서로 끌어당기는 인력이 작용해요. 이것이 자기력이에요. 자기력은 자석 사이의 거리가 가까울수록, 자석의 세기가 셀수록 크지요.

자기부상열차는 자기력을 이용한 교통수단이에요.

자기부상열차는 레일과 열차 사이에 자석의 척력이 작용하도록 하여 차량을 공중에 띄운 후, 이동시키는 거예요.

나침반은 지구의 자기력을 이용한 도구예요.

지구는 거대한 막대자석이에요. 지구의 북극은 S극을, 남극은 N극을 띠지요.

호박을 닦다가 발견한 전기력

기원전 600년, 탈레스는 호박을 닦다가 고양이 털이 호박에 달라 붙는 것을 보았어요. 이것으로 탈레스는 물체를 마찰시키면 물체 사이에는 서로 끌어당기는 힘이 작용한다는 사실을 깨달았답니다. 이것이 바로 전기력이에요. 전기를 영어로 일렉트리시티(electricity)라고 하는데, 이 단어는 그리스어로 호박을 뜻하는 일렉트론(elektron)에서 왔어요.

두 물체를 마찰시키면 마찰 전기가 발생해요.

문을 열거나 친구의 손을 잡다가 순간적으로 전기가 찌릿 통하는 경험을 한 적 있나요? 서로 다른 물체를 마찰할 때 발생하지요.

마찰 전기는 전자가 이동하기 때문에 생겨요.

물체는 원자라는 작은 입자로 되어 있어요. 원자의 중심에는 (+)전하를 띠는 원자핵, 그 주위에는 (-)전하를 띠는 전자가 있어요. 그런데 두 물체를 마찰하면 전자는 자기를 더 강하게 끌어당기는 쪽으로 이동해요. 예를 들어 풍선과 헝겊을 문지르면 헝겊의 전자가 풍선 쪽으로 이동해요. 그러면 전자를 잃은 헝겊은 (+)전기를, 전자를 얻은 풍선은 (-)전기를 띠게 되지요.

전기력은 전기를 띤 물체 사이에 작용하는 힘이에요.

전기를 띤 물체 사이에는 전기력이 작용해요. (+)전기와 (+)전기, 그리고 (-)전기와 (-)전기처럼 같은 전기 사이에는 서로 밀어내는 힘이 작용하고 (+)전기와 (-)전기 사이에는 서로 끌어당기는 힘이 작용하지요.

25 중력

重 力
무거울 **중** 힘 **력**
무게가 있는 물체에 작용하는 힘

중력은 질량을 가진 물체 사이에 작용하는 힘이에요.

질량을 가진 물체 사이에는 중력이 작용해요. 물론 지구가 질량을 가진 물체를 끌어당기는 힘도 중력이지요. 사과가 떨어지는 것도 사과와 지구가 서로 끌어당기는 중력이 있기 때문이에요.

퓽~

중력은 지구 중심을 향해요.

지구는 물체를 지구 중심 쪽으로 잡아당겨요. 그래서 지구상에 있는 모든 물체는 우주로 떨어지지 않고 서 있을 수 있어요.

중력
우리에게 고마워 하라고!

중력은 지구 중심으로부터 멀수록 작아져요.

체중계에 올라가면 자신의 몸무게를 알 수 있어요. 무게는 지구가 나를 당기는 힘인데, 같은 물체라도 장소에 따라 무게가 달라요. 평지보다 높은 산꼭대기에서 잰 무게가 더 작지요.

산 위에서 재면 몸무게가 작게 측정된다지?
에베레스트
헉
헉
산에서 내려올 때면 살은 빠져 있겠다!
쯧쯧

중력과 만유인력은 같은 말이에요.

과학 교과서에서는 질량을 가진 두 물체 사이에 작용하는 힘을 중력 또는 만유인력이라는 용어로 표현하고 있어요.
글자가 다르니 뜻도 다를 거 같지만 둘 다 같은 힘을 의미하는 용어예요.

무게와 질량은 달라요.

무게와 질량은 비슷해 보이지만, 사실 달라요. 무게는 중력이 물체를 끌어당기는 힘의 크기로, 장소에 따라 그 값이 달라져요. 하지만 질량은 물질의 양을 나타내는 고유한 성질이어서 어디에서 측정하든 달라지지 않아요. 다만 같은 장소에서는 무게가 무거운 물체가 질량도 크지요.

무게는 장소에 따라 달라져요.

달에서 몸무게를 재면 지구에서보다 몸무게가 작게 측정돼요. 달의 중력이 지구의 중력의 약 $\frac{1}{6}$배 정도이기 때문이지요. 목성은 지구보다 중력이 크므로 몸무게가 더 크게 측정돼요.

질량은 어디에서나 변하지 않아요.

질량은 윗접시 저울이나 양팔 저울로 측정해요. 지구와 달 위에서 각각 질량을 측정한다고 생각해 보세요. 저울의 왼쪽에는 내가 올라서고 오른쪽에는 나와 수평이 될 때까지 추를 올려놓는 것이지요. 그러면 지구에서나 달에서나 나와 수평을 이루는 추의 개수는 같아요.

무게 = 질량 × 중력 가속도

무게는 물체를 잡아당기는 중력의 크기이므로 장소에 따라 달라지지만, 질량은 그 물체의 고유한 양으로 장소에 상관없이 같아요. 질량에 중력 가속도를 곱하면 무게가 나온답니다.

26 과학에서의 힘

힘이 작용하면 움직이거나 모양이 바뀌어요.

과학에서의 힘은 생활 속에서 말하는 힘과는 조금 달라요. 과학에서 힘은 물체의 모양이나 운동 상태를 바꾸는 원인이에요. 사람이 힘껏 밀어도 움직이지 않는 바위, 하늘을 도는 달, 달리는 차에 부서진 담벼락. 그중 과학적으로 힘을 받은 것은 달과 담벼락이에요. 달은 지구 둘레를 돌고 있고, 담벼락은 모양이 바뀌었기 때문이에요. 하지만 바위는 움직이지도 않고 모양도 안 바뀌었으니, 힘을 받지 않은 셈이지요.

힘의 3요소

힘의 크기

힘의 크기가 커지면 힘을 받은 물체의 모양이 바뀌거나 움직이는 빠르기가 커져요.

힘의 방향

같은 크기의 힘이라도 어느 쪽으로 힘을 주느냐에 따라 움직이는 방향이 달라져요.

힘의 작용점

같은 크기의 힘이라도 힘을 어느 곳에 주느냐에 따라 물체가 다르게 움직여요.

힘을 화살표로 나타낼 수 있어요.

힘을 나타내는 단위 N

힘의 단위 N은 뉴턴이라고 읽어요. 과학자 뉴턴을 기념하기 위해서 붙인 이름으로, 모든 힘의 단위이지요. 그런데 중력의 영향을 받는 힘의 크기는 kgf(킬로그램힘)라는 단위를 쓰기도 해요.

힘은 더하거나 뺄 수 있어요.

같은 방향으로 작용하는 힘은 더하기

혼자서는 끌기 어려운 무거운 수레가 있어요. 그런데 이때 누가 뒤에서 밀어주면 쉽게 움직여요. 같은 방향으로 힘을 주면 힘이 더해지기 때문이지요.

반대 방향으로 작용하는 힘은 빼기

앞에서 열심히 끌고 있는 수레를 뒤로 끌어당겨 보세요. 그러면 수레가 잘 움직이지 않게 될 거예요. 반대 방향으로 힘을 주면 힘은 빼지기 때문이지요.

힘의 평형
반대 방향으로 같은 힘이 작용하면 힘은 평형을 이루어요.
두 힘이 평형을 이루려면
우선 두 힘의 크기가 같고
상대가 안되는군!
힘내자, 힘!!
힘의 방향이 반대이며
어느 쪽으로 밀어?
두 힘이 일직선상에서 작용해야 해요.
우린 위로!
우린 힘을 밑으로!

나란하지 않은 힘의 합력은 평행사변형을 그려서 구할 수 있어요.

두 힘을 이웃하는 변으로 하는 평행사변형을 그린 후에, 평행사변형의 대각선을 구하면 이것이 바로 합력이지요. 합력은 여러 힘을 하나로 합친 힘이에요.

합력의 크기는 각도에 따라 달라져요.

두 힘이 작용하는 방향의 사이 각이 클수록 합력은 작고, 각이 작을수록 합력은 커져요.

27 운동의 표현

운동하는 물체는 위치가 달라져요.

우리 주위에는 많은 운동이 일어나고 있어요. 그네가 왔다 갔다 하는 운동, 높은 곳에 있는 물이 아래로 떨어지는 운동, 비행기가 날아가는 운동 등등. 이러한 운동이 일어나기 위해서는 힘이 필요해요. 어떤 힘이, 어느 방향으로 작용하는가에 따라 운동의 상태가 달라지며 물체의 위치가 달라져요.

물체의 위치 나타내기

물체의 위치를 나타낼 때는 기준점으로부터의 거리와 방향을 함께 나타내요. 따라서 기준점이 달라지면 위치도 달라져요. 예를 들어 집이 학교 동쪽으로 100m, 학원 서쪽으로 100m 떨어져 있다면, 기준점이 학교인지 학원인지에 따라 집의 위치 표현도 달라져요.

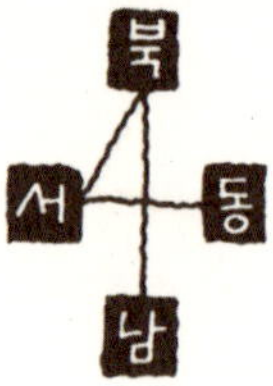

물체의 이동 거리와 위치 변화

이동 거리는 실제 이동한 거리를 나타내요. 반면 위치 변화는 기준점으로부터의 거리, 방향을 함께 나타내지요. 예를 들어 집에서 학교에 갔다가 집으로 돌아와서 다시 학원에 갔다면 이동 거리는 실제 이동한 거리의 합인 300m이지만, 위치 변화는 집을 기준으로 서쪽으로 100m 지점이에요.

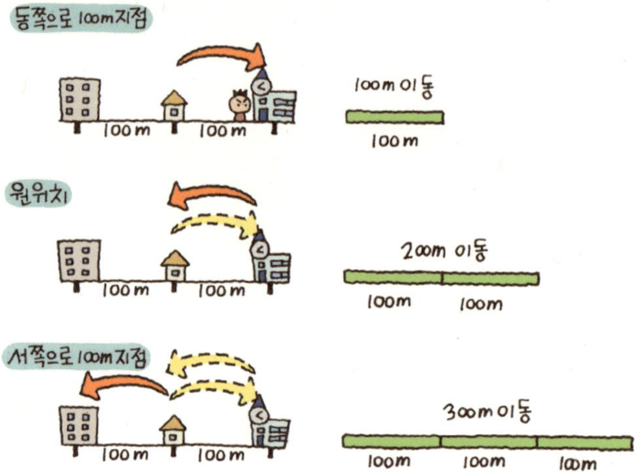

위치 변화 이동 거리

물체의 운동 상태는 속력과 운동 방향으로 표현해요.

물체의 운동 상태를 표현할 때에는 속력과 운동 방향을 함께 말해야 해요.
운동하는 물체의 위치는 시간에 따라 달라지므로 물체의 위치가 시간에 따라 어떻게 변하는지 알면 물체의 빠르기를 알 수 있어요.

빠르기를 나타내는 속력

속력은 운동한 시간에 따른 이동 거리예요. 같은 거리를 이동하는 데 걸리는 시간이 짧을수록, 같은 시간에 이동한 거리가 길수록 속력이 빠른 것이에요.
속력의 단위로는 m/s, km/h를 사용해요. m/s는 1초(second)에 몇 m를 이동했는지, km/h는 1시간(hour)에 몇 km를 이동했는지를 나타내는 단위예요.

순간 속력과 평균 속력

순간 속력은 어느 한 순간 측정한 물체의 속력을 말해요. 예를 들어 고속도로에서 과속 운전을 해서 벌금을 내는 것은 순간 속력을 측정한 결과예요.
반면에 물체의 속력이 계속 변할 때, 중간의 속력 변화는 무시하고, 전체 이동 거리를 걸린 시간으로 나눈 것을 평균 속력이라고 해요.

$$\text{평균 속력} = \frac{\text{이동 거리}}{\text{걸린 시간}}$$

속력과 속도는 달라요.

물체의 빠르기를 나타내는 용어에는 속력과 속도가 있어요. 속도는 속력의 개념에 방향을 포함시켜요. 즉, 속력이 같아도 움직인 방향이 다르면 속도가 다르지요. 그래서 속력과 달리 속도에는 (-)값이 있을 수 있어요. 동쪽 방향으로 움직이는 것이 기준일 때 서쪽 방향으로 움직이면 (-)값을 붙여야 해요.

28 힘을 받지 않는 물체의 운동

힘이 작용하지 않으면 물체는 처음의 운동 상태를 유지해요.

마찰력이 없는 곳에 공을 굴리면 공은 끝없이 한 방향으로, 같은 속력으로 굴러갈 거예요. 또 멈춰 있는 물체는 영원히 멈춰 있겠죠. 이처럼 힘이 작용하지 않으면 물체는 처음의 운동 상태를 그대로 유지해요.

- **잠깐** 굴러가던 공이 아무 힘도 주지 않았는데 저절로 멈췄다고요? 실제 일상생활 속에서는 마찰력이 작용하지 않는 곳이 없기 때문에 움직이던 물체는 언젠가 멈추게 되어요.

원래의 운동을 유지하려는 성질을 관성이라고 해요.

멈춰 있던 물체는 계속 멈춰 있으려 하고, 움직이던 물체는 계속 움직이려는 성질을 관성이라고 해요.

버스가 갑자기 출발하거나 멈출 때

앞으로 가던 버스가 갑자기 멈추면 차 안의 사람은 계속 앞으로 가려하기 때문에 몸이 앞으로 쏠려요.

반대로 멈춰 있던 버스가 갑자기 앞으로 출발하면 차 안의 사람은 계속 멈춰 있으려는 관성 때문에 몸이 뒤로 쏠려요.

엘리베이터가 올라가고 내려가는 순간

멈춰 있던 엘리베이터가 올라갈 때, 나는 그대로 있으려 하지만 엘리베이터가 올라가며 아래로 눌리는 느낌이 들고 몸무게도 더 무겁게 측정돼요. 반대로 내려갈 때는 나는 그대로 있으려 하지만 엘리베이터가 내려가며 붕 뜨는 느낌이 들고 몸무게는 더 가볍게 측정돼요.

관성의 크기는 질량에 비례해요.

무거운 물체일수록 움직이거나 멈출 때 더 큰 힘이 필요해요. 질량이 클수록 원래의 운동을 유지하려는 성질, 즉 관성이 크기 때문이죠.

29 힘을 받는 물체의 운동

힘은 물체의 속력을 바꿔요.

운동 방향과 나란한 힘이 작용하면 물체의 속력이 빨라지거나 느려져요.

힘의 방향과 운동 방향이 같을 때

자동차를 운전할 때 엑셀을 밟으면 연료 공급량이 많아지므로 폭발력이 세어져요. 그러면 자동차의 속력이 점점 커지지요. 자동차가 움직이는 방향으로 힘을 주었기 때문에 속력이 점점 빨라지는 거예요.

힘의 방향과 운동 방향이 반대일 때

움직이는 자동차에서 브레이크를 밟으면 자동차는 속력이 점점 줄어들다가 정지하게 돼요. 브레이크를 밟으면 자동차가 움직이던 방향과 반대 방향으로 힘이 작용하기 때문에 속력이 느려지는 거예요.

힘은 물체의 운동 방향을 바꿔요.

힘이 운동 방향과 나란하지 않게 작용하면 운동 방향이 바뀌어요. 큰 힘이 작용할수록 운동 방향이 많이 바뀌지요. 그러나 무겁거나 빨리 움직이는 물체는 운동 방향이 잘 바뀌지 않아요.

힘은 물체의 속력과 운동 방향을 모두 바꾸기도 해요.

진자 운동은 속력과 운동 방향이 모두 바뀌어요. 진자는 실에 추를 매달아 추가 왕복 운동을 할 수 있게 만든 장치예요. 놀이동산의 바이킹은 왕복 운동을 하니 방향이 바뀌고, 위에서 아래로 내려올수록 빨라지니 속력도 바뀌지요.

30 뉴턴의 운동 법칙

운동에 대한 뉴턴의 생각

뉴턴은 나무에서 사과가 떨어지는 것을 보며 사과와 지구 사이에 서로 잡아당기는 힘이 있다는 것을 알게 되었고, 그 힘을 만유인력(중력)이라고 불렀어요. 이후 뉴턴은 물체가 움직이는 원리를 '뉴턴의 법칙'으로 설명했어요.

운동 제 1법칙 – 관성의 법칙

뉴턴은 지구가 수십 억 년 동안 변함없이 자전하는 일이나 태양 둘레를 공전하는 일이 모두 관성 때문이라고 설명했어요. 원래의 운동 상태를 유지하려는 성질 때문에 태양계가 생길 때부터 시작한 자전과 공전이 아직도 유지되고 있는 것이지요.

운동 제 2법칙 – 가속도의 법칙

뉴턴은 물체에 힘이 작용하면 운동 상태, 즉 속도가 변한다고 했어요. 그리고 이를 가속도의 법칙이라고 불렀지요. 속도의 변화, 즉 가속도는 힘이 클수록, 질량이 작을수록 커져요.

운동 제 3법칙 – 작용·반작용의 법칙

누가 나에게 힘을 쓰면(작용) 나도 그 사람에게 똑같은 힘을 반대 방향으로 써요(반작용). 선착장의 줄을 잡아당기면 배가 끌려오고, 연료 가스를 내뿜는 로켓이 발사되는 것 모두 작용·반작용의 법칙이에요.

그래프 이해하기

과학에서는 어떤 현상을 표현할 때 그래프를 많이 이용해요. 그래프를 보면 두 가지 값이 어떤 관계가 있는지 알 수 있지요.

한 값이 커져도 다른 값은 일정한 그래프

가로축의 시간이 증가해도 세로축의 속력은 전혀 변화가 없어요. 이런 모양의 그래프는 속력이 일정한 등속도 운동을 나타내요. 즉, 시간이 아무리 지나도 속력이 일정하다는 것을 의미하지요.

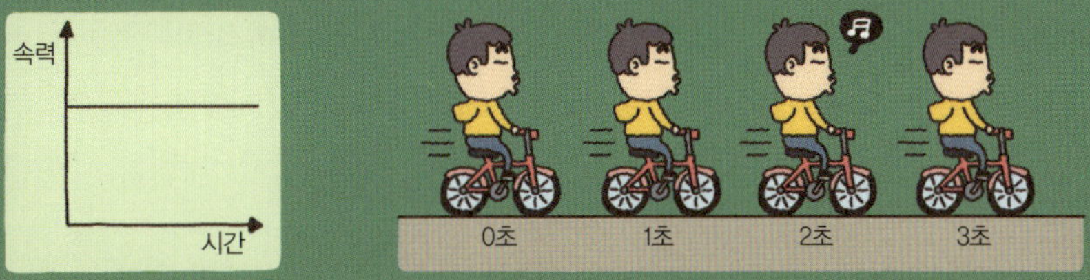

한 값이 커지면 다른 값도 일정하게 커지는 그래프

한쪽이 커지면 다른 쪽도 따라서 커지는 관계를 뜻해요. 이런 모양의 그래프는 시간에 따라 속력이 일정하게 빨라지는 운동에서 볼 수 있어요.

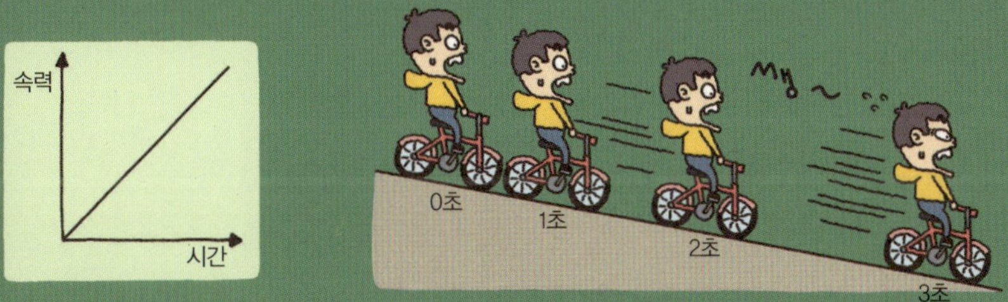

한 값이 커지면 다른 값은 일정하게 작아지는 그래프

한쪽이 커지면 다른 쪽은 줄어드는 관계를 뜻해요. 시간에 따라 속력이 일정하게 느려지는 운동에서 이런 그래프를 볼 수 있어요.

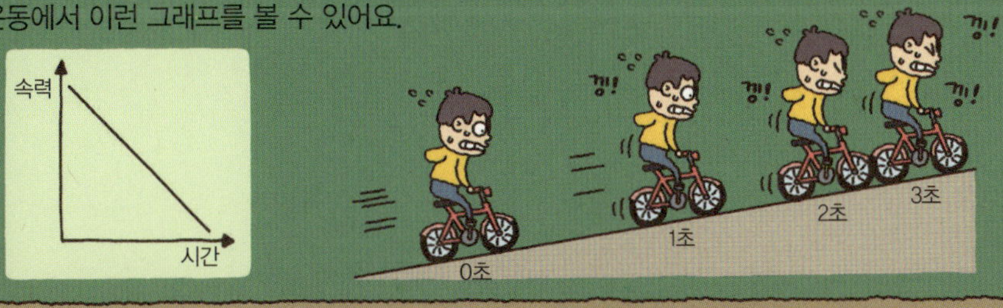

일과 에너지

'일하느라 힘이 들었다.'

이 말을 과학의 입장에서는 '일을 하느라 에너지를 소모했다.'라고 표현할 수 있어요.

에너지는 일을 할 수 있는 능력이거든요. 그런데 힘을 쓰면 모두 일을 한 것일까요?

과학에서는 힘을 준 방향으로 물체가 움직였을 때만 일을 했다고 해요. 아무리 커다란 돌을 들고 서 있어도, 아무리 열심히 공부를 해도 과학에서는 일이라고 인정해 주지 않아요.

힘을 준 방향으로 움직이지 않았기 때문이죠.

그럼 어떻게 하면 과학에게 인정받으면서 힘을 덜 들이고 일을 할 수 있을까요?

방법은 있어요. 도구를 이용하는 것이죠.

관련 단원

초등학교

3학년 1학기 힘과 우리 생활
6학년 2학기 자원과 에너지

중학교

3학년 운동과 에너지

31 과학에서의 일과 일률

같은 시간에 더 많이 일을 할수록
같은 일을 더 짧은 시간 안에 할수록
일률이 높아요.

32 일의 원리

지레, 도르래, 빗면을 이용하면
힘을 덜 들이고도 일을 할 수 있어요.

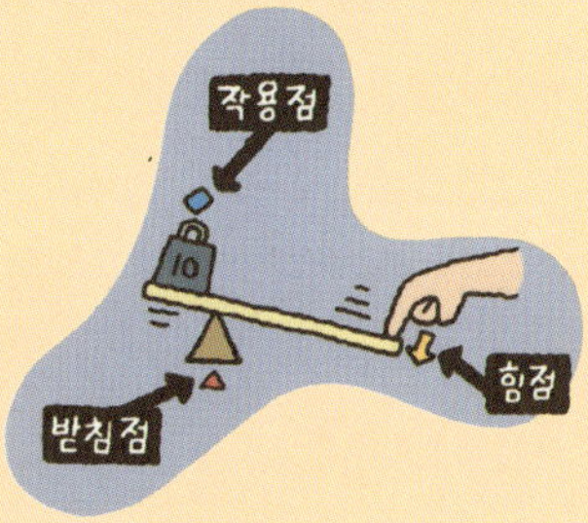

33 위치 에너지

물체가 무거울수록,
높이 있을수록
위치 에너지가 커져요.

34 운동 에너지

움직이는 물체가 무거울수록, 빠를수록
운동 에너지가 커져요.

35 역학적 에너지의 전환과 보존

위치 에너지가 운동 에너지로,
또는 그 반대로 바뀔 수 있지만
위치 에너지와 운동 에너지의 합은
일정해요.

31 과학에서의 일과 일률

힘의 방향으로 물체가 이동해야 '일을 했다'라고 해요.

어른들이 회사에서 하는 것도 일이고, 집에서 청소를 하는 것도, 또 우리가 학교에서 공부하는 것도 모두 일이라고 말해요. 하지만 과학에서는 물체에 힘을 준 방향으로 물체가 이동하는 경우에만 일을 했다고 해요.

과학에서 일로 인정받지 못하는 경우 ('일 = 0'인 경우)

힘을 주어도 물체가 이동하지 않았을 때

돼지를 밀어도 움직이지 않으면, 마찰력을 이기려는 힘은 있었지만 이동하지 않았으므로 한 일이 0이에요. 들어 올린 채 가만히 서 있어도 중력에 맞서 힘을 쓰고 있지만, 역시 움직이지 않으니 한 일은 0이에요.

힘을 준 방향과 다른 방향으로 이동했을 때

돼지를 들고 옆으로 이동한 경우, 힘은 중력에 대해 위쪽으로 주었지만 돼지는 옆으로 이동했어요. 사실상 힘을 준 방향으로는 이동하지 않아서 한 일은 0이 돼요.

일을 나타내는 단위는 줄(J)이에요.

일의 양을 나타낼 때는 줄(J)이라는 단위를 써요. 영국의 물리학자 줄(Joule)을 기념하여 만든 단위예요. 1줄(J)은 1뉴턴(N)의 힘으로 1미터(m)를 움직일 때 한 일의 양을 의미해요.

한 일의 양은 힘과 이동 거리의 곱과 같아요.

한 일의 양은 작용한 힘과 이동 거리가 클수록 많은데, 여기서 이동 거리란 작용한 힘의 방향으로 이동한 거리를 뜻해요. 물체가 어떻게 움직였는가에 따라 일의 양을 계산하는 방법이 달라요.

돼지를 끌어 옆으로 이동시켰을 때

10kg의 돼지를 10N의 힘으로 1m 끌고 갔다는 것은, 끌고 가지 못하도록 방해하는 마찰력을 이기기 위해 10N의 힘을 주어 1m를 이동시켰다는 뜻이에요.

일 = 물체에 작용한 힘 × 이동 거리

→ 10N × 1m = 10J

돼지를 위로 들어 올렸을 때

10kg의 돼지를 1m 높이로 들어 올린다는 것은 중력이 물체를 끌어당기는 힘의 크기, 즉 무게를 이기고 1m 들어 올렸다는 뜻이에요. 무게는 물체의 질량에 중력가속도 9.8을 곱한 것이므로 한 일의 양은 다음과 같아요.

일 = 물체의 무게 × 들어 올린 높이

= 9. 8 × 물체의 질량 × 들어 올린 높이

→ 9. 8 × 10kg × 1m = 98J

일률은 일을 얼마나 빠르게 했는지를 나타내요.

일률은 한 일의 양을 일을 하는 데 걸린 시간으로 나누면 구할 수 있어요. 일률의 단위로는 와트(W)를 사용하는데 1W는 1초 동안에 1J의 일을 할 때의 일률이에요.

32 일의 원리

도구를 이용하면 힘은 작게 들지만 한 일의 양은 같아요.

도구나 기계를 사용하면 작은 힘으로도 큰 힘을 쓴 것과 같은 효과를 낼 수 있어요. 도구로는 지레, 도르래, 빗면 등이 있어요. 그러나 도구를 사용해도 도구를 사용하지 않았을 때와 한 일의 양은 같아요. 힘이 작게 든 대신 이동해야 하는 거리가 더 커지거든요. 이것이 일의 원리이지요.

아르키메데스는 지레를 이용해 지구도 혼자 들 수 있다고 했어요.

고대 그리스의 과학자 아르키메데스는 '나에게 지구 밖 어딘가에 발붙일 곳과 충분한 길이의 지렛대, 그리고 지렛대를 버틸 지렛목만 준다면 지구를 들어 보이겠다.'라고 했어요. 이것이 가능한 이야기일까요?

지레는 힘점, 작용점, 받침점을 가지고 있어요.

지레는 힘을 주는 지점인 힘점, 힘이 작용하는 작용점, 지렛대를 받쳐 주는 받침점으로 구성되어 있어요. 지레의 모양과 종류는 다양하여 힘점, 작용점, 받침점의 순서는 서로 다르지만 이 3가지를 가지고 있다는 것과 힘을 덜 들이고 물체를 들 수 있다는 원리는 같아요.

받침점이 작용점에 가까울수록 힘이 적게 들어요.

작은 힘으로 무거운 물체를 움직이려면, 받침점을 작용점 가까이에 두고, 힘점은 멀리 둬야 해요. 이때 힘은 줄지만, 더 멀리 움직여야 하므로 결국 한 일의 양은 같아요.

도르래

도르래는 바퀴에 줄을 감아 돌려서 힘을 전달하는 도구예요. 바퀴가 고정되어 있는 고정도르래와 고정되어 있지 않고 물체와 함께 움직이는 움직도르래가 있어요.

고정도르래는 힘의 방향을 바꿔 줘요.

물체에 대해 위로 힘을 주어 들어 올리는 것보다 아래로 힘을 주어 끌어내리는 것이 더 쉬워요. 중력이 지구 중심, 즉 아래 방향으로 작용하기 때문에 중력과 같은 방향으로 힘을 주면 더 쉬운 것이지요.

고정도르래는 힘의 방향을 바꾸어 주어 일을 쉽게 할 수 있게 해 주는 도구예요. 하지만 고정도르래를 사용해도 일이 작아지지는 않아요.

움직도르래를 사용하면 힘이 적게 들어요.

움직도르래는 도르래의 중심에 물체를 연결해요. 그러면 도르래 양쪽 2개의 줄이 물체를 나누어 들게 돼요. 따라서 그냥 물체를 들 때 필요한 힘의 반만 있으면 물체를 들 수 있지요.

그러나 물체를 움직이기 위해 당겨야 하는 줄의 길이는 두 배가 돼요. 즉 힘은 작아지지만 이동 거리가 길어지므로 한 일의 양은 변함이 없어요.

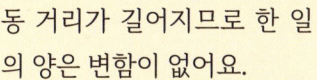

복합도르래는 고정도르래와 움직도르래를 모두 사용해요.

복합도르래는 편한 방향으로 물체를 들 수 있고 힘도 적게 들어요.

빗면

오래 전 이집트인들은 피라미드를 짓기 위해 무거운 돌을 어떻게 운반했을까요? 비탈길을 이용했을 거라는 추측이 가장 많아요. 경사면을 이용하면 돌을 이동시키는 거리는 길어지지만 힘은 훨씬 덜 드니까요. 높은 곳에 올라갈 때 계단을 이용하는 것이나 산길이 꼬불꼬불하게 굽어져 있는 것도 같은 원리예요.

33 위치 에너지

에너지는 일을 할 수 있는 능력이에요.

일을 하려면 에너지가 필요해요. 그래서 물체가 일을 하면 에너지가 소비되지요. 반면 일을 받은 물체는 에너지가 늘어나요. 에너지에는 위치 에너지, 운동 에너지, 화학 에너지, 전기 에너지, 빛 에너지 등 여러 종류가 있으며 수시로 그 모습을 바꿔요.

위치 에너지

위치 에너지는 영어로 퍼텐셜 에너지(Potential Energy)라고 해요. 숨어 있는 에너지라는 뜻으로 아무리 높은 위치에 있더라도 물체가 밑으로 떨어지지 않으면 드러나지 않기 때문이에요.

위치 에너지를 이용하면 일을 할 수 있어요.

높은 곳에 있어 위치 에너지를 가진 물체는 중력에 의해 밑으로 떨어지면서 일을 할 수 있는 능력을 가져요. 높은 곳에 있는 무거운 추가 떨어지면서 못을 땅 깊이 박을 수 있는 것도 위치 에너지 덕분이지요.

위치 에너지는 높이와 질량에 비례해요.

수력 발전소에서는 물이 떨어지는 높이가 높을수록 많은 전기 에너지를 생산해요. 위치 에너지는 높은 곳에 있을수록 크기 때문이지요. 또 덩치가 큰 사람과 작은 사람이 같은 높이에서 뛰어 내리면 바닥이 받는 충격은 덩치 큰 사람이 뛰어 내릴 때가 더 커요. 위치 에너지가 질량이 클수록 커지기 때문이지요.

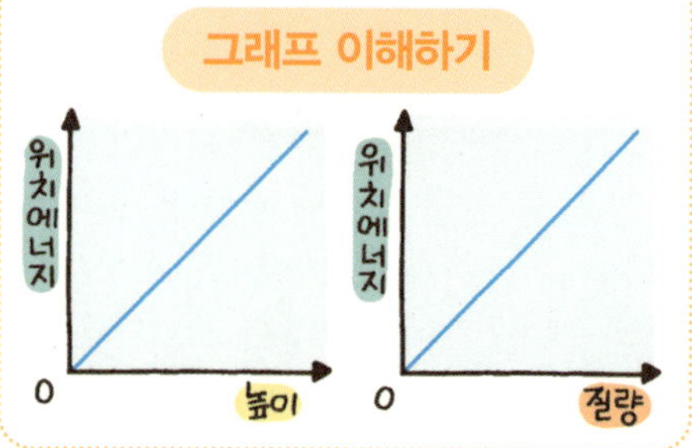

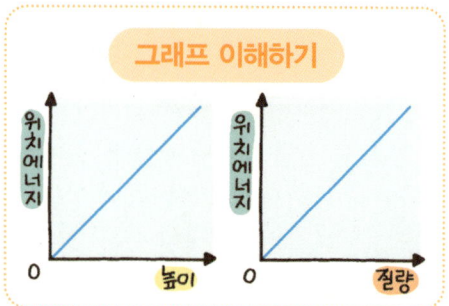

34 운동 에너지

움직이는 물체는 운동 에너지를 가져요.

바다에서 부는 바람은 요트를 움직이고 바닷가의 풍차를 돌려요. 또 강을 따라 흐르는 물은 뗏목을 이동시키지요. 이와 같이 운동하는 물체는 일을 할 수 있는 능력, 즉 에너지를 가지고 있고 이 에너지를 운동 에너지라고 해요.

운동 에너지는 물체의 질량과 속력의 제곱에 비례해요.

승용차와 짐을 가득 실은 트럭이 같은 속력으로 달리다 벽에 부딪히면 트럭이 부딪힌 쪽의 벽이 더 크게 부서져요. 질량이 큰 트럭의 운동 에너지가 더 크기 때문이죠. 또한 운동 에너지는 속력의 제곱에 비례해요. 그러니까 운동 에너지는 질량보다 속력의 영향을 더 많이 받는 거지요.

그래프 이해하기

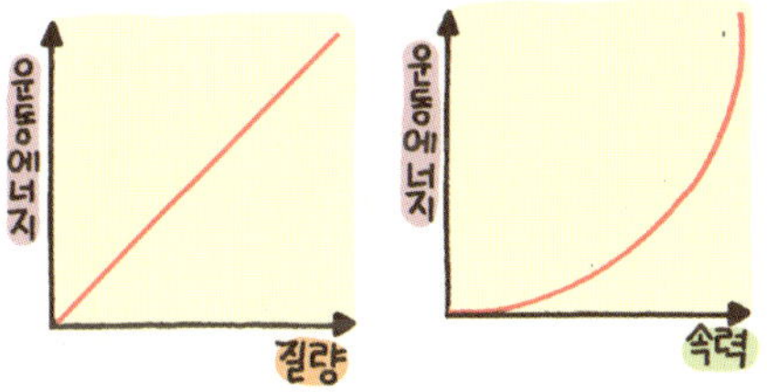

잠깐 속력의 제곱에 비례한다는 것은 속력이 2배가 되면 운동 에너지는 4배가 된다는 뜻이에요. 따라서 운동 에너지와 속력의 관계는 곡선 형태의 그래프로 나타낼 수 있어요.

빠른 자동차는 운동 에너지가 커서 멈추기 힘들어요.

움직이는 자동차는 브레이크를 밟아도 바로 멈추지 않고 조금 더 미끄러진 뒤에야 멈춰요. 이때 브레이크를 밟은 후 멈출 때까지의 거리를 '제동 거리'라고 해요. 속력이 2배가 되면 제동 거리는 4배로 길어져요. 그래서 속도가 빠를수록 멈추기 더 어려워요.

35 역학적 에너지의 전환과 보존

위치 에너지와 운동 에너지를 묶어 역학적 에너지라고 해요.

위치 에너지는 운동 에너지로 언제든지 바뀔 수 있어요. 높은 곳에서 떨어지는 순간 물체가 가진 위치 에너지는 점점 운동 에너지로 바뀌다가, 바닥에 닿는 순간 모두 운동 에너지로 바뀌어요. 반대로 물체를 위로 던지면 운동 에너지는 위치 에너지로 바뀌지요.

역학적 에너지는 보존돼요.

위치 에너지와 운동 에너지는 서로 에너지를 주고받아 한쪽이 커지면 다른 쪽이 작아지는데, 두 에너지의 합은 그대로 보존돼요.

롤러코스터에서 볼 수 있는 역학적 에너지 보존

롤러코스터가 내려갈 때는 위치 에너지가 감소하면서 운동 에너지가 증가하여 속력이 점점 빨라져요. 처음 출발할 때 가지고 있던 위치 에너지가 운동 에너지로 바뀌기 때문이지요.

반대로 롤러코스터가 올라갈 때는 속도가 점점 느려지므로 운동 에너지는 감소하고, 위치 에너지가 증가해요. 하지만 두 에너지의 합, 즉 역학적 에너지의 크기는 언제나 같아요.

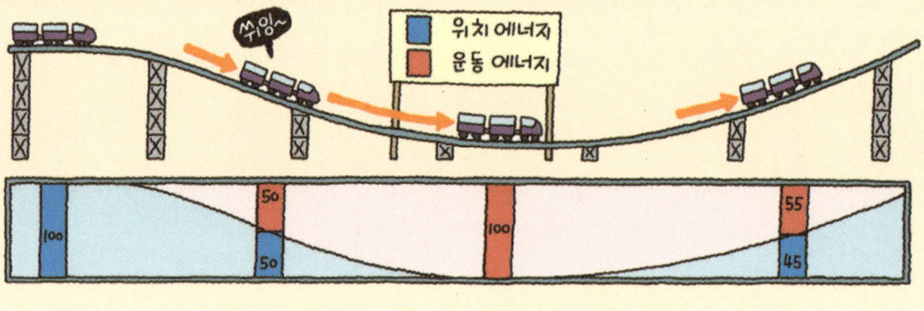

생활 속에서는 역학적 에너지가 보존되지 않아요.

공기의 저항과 마찰이 있어서 역학적 에너지가 완벽하게 보존되지 못해요.

에너지의 여러 가지 모습

빛 에너지

태양 에너지나 전기 에너지에서 얻을 수 있는 에너지예요. 태양의 빛 에너지는 식물이 광합성을 하여 양분을 만들게 하고, 전기의 빛 에너지는 어둠을 밝혀 주지요.

전기 에너지

전기 에너지는 전기가 흐르면서 생기는 에너지예요. 전기 에너지는 다른 에너지로 쉽게 바뀔 수 있고 공해가 적다는 장점을 가지고 있어요.

광
합
성

화학 에너지

화학 에너지는 물질 안에 들어 있는 에너지예요. 음식이나 연료, 식물이 광합성으로 만든 녹말처럼, 다른 에너지로 바뀔 수 있는 힘이 물질 속에 들어 있어요.

냠
냠
석탄
석유

열에너지

열에너지는 물체를 따뜻하게 만들거나 상태를 바꾸는 에너지예요. 예를 들어, 물을 끓이면 안의 분자들이 더 빠르게 움직여 온도가 올라가요. 발전소에서 화석 연료를 태워 생긴 열에너지는 전기를 만드는 데 쓰이기도 해요.

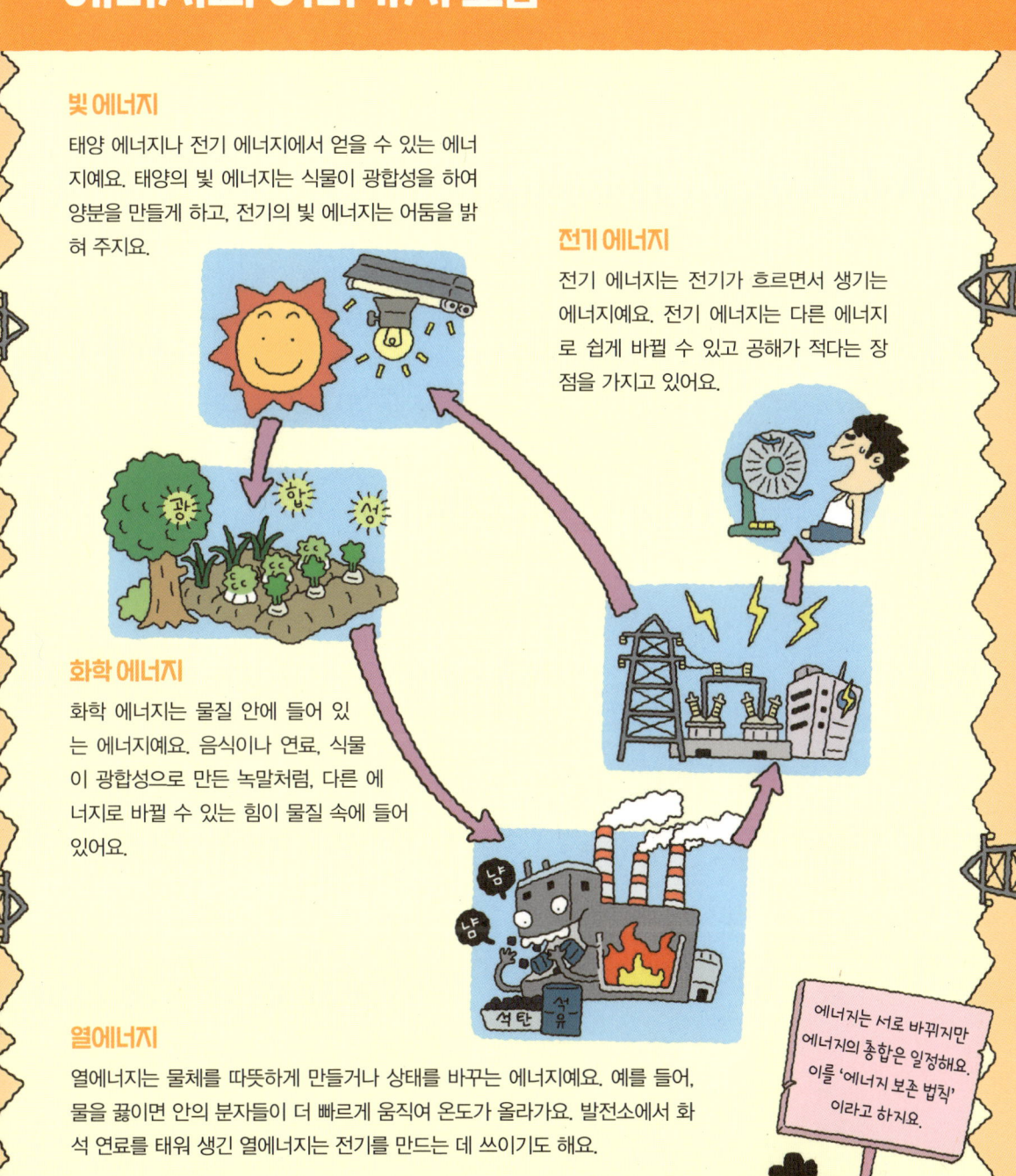

에너지는 서로 바뀌지만
에너지의 총합은 일정해요.
이를 '에너지 보존 법칙'
이라고 하지요.

전기와 자기

(+)전하와 (−)전하를 가진 전기와 N극과 S극을 가진 자기는 서로 같은 것끼리는 밀어내고 다른 것을 만나면 끌어당기는 공통점을 가지고 있어요. 그리고 전기는 자기를, 자기는 전기를 만들어 낼 수 있지요. 이런 전기와 자기를 합쳐서 전자기라고 불러요. 전기와 자기의 관계를 밝혀낸 후 세상은 엄청나게 바뀌었어요. 발전기를 통해 전기를 생활에서 이용하게 되었고 교통 카드, 금속 탐지기, TV, 핸드폰 같은 전자기로 만든 제품들도 이용하게 되었지요. 놀이공원의 놀이 기구에도 전자기의 원리가 들어가 있어요. 이를 활용하면 더 많은 발명품을 만들어 낼 수 있을 거예요.

관련 단원

초등학교

4학년 1학기 자석의 이용
6학년 2학기 전기의 이용

중학교

2학년 전기와 자기

36 전류

전자의 흐름을 전류라고 해요.

37 전압과 저항

전압이 클수록, 저항이 작을수록
전류가 잘 흘러요.

38 전기 회로

전기 회로가
중간에 끊어지면
전류가 흐르지
않아요.

39 전류의 작용과 전력

전기 기구가 소비하는
전기 에너지가 전력이에요.

40 전기가 만드는 자석

전류가 흐르면
자기장이
만들어져요.

41 자석이 만드는 전기

자석으로 전기를 만들 수 있어요.

36 전류

전류는 전자의 흐름이에요.

電	流
전기 전	흐를 류

전기의 흐름

물질을 이루는 원자 속에는 원자핵과 전자가 들어 있어요.

자세한 내용은 63쪽에

(+)전하를 띤 원자핵은 무거워서 쉽게 움직이지 못하지만 (-)전하를 띤 전자는 가벼워서 잘 돌아다닐 수 있어요. 전자들이 무리를 지어 흘러가는 것을 전류라고 해요.

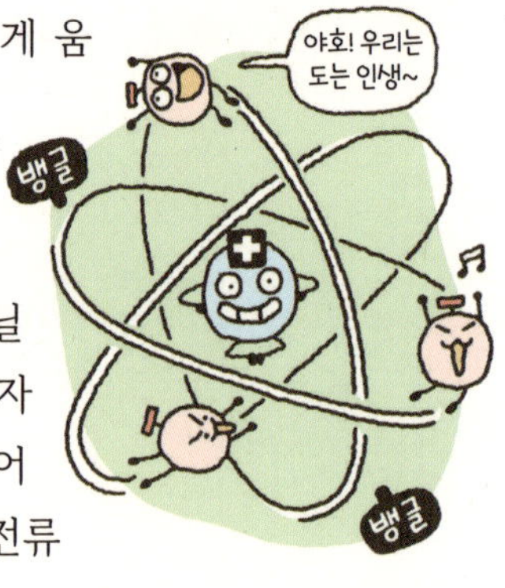

전지는 전자의 탈출을 도와요.

전류가 흐르는 도선은 구리와 같은 금속 원자로 이루어져 있어요. 다른 원자들처럼 전자가 원자핵 주위를 돌고 있지요. 그런데 여기에 전지나 콘센트 같은 전원 장치를 연결하면 전자들이 원자핵에서 떨어져 나와 이동하면서 전류가 흘러요.

전자는 (-)극에서 (+)극 쪽으로 이동해요.

전지를 연결하면 전자는 (-)극에서 (+)극으로 이동해요. (-)극이 (+)극보다 전기 에너지가 높기 때문이에요.

전류는 (+)극에서 (-)극으로 흘러요.

전류는 전자의 이동 때문에 생기므로 전류의 방향과 전자의 이동 방향은 같아야 하지만, 전류는 (+)극에서 (-)극으로 흐른다고 표현해요. 전자의 이동과 반대 방향이지요. 전류가 전자의 이동으로 생기는 것인지 몰랐던 옛날에 이렇게 정해 두었는데 아직까지 고치지 않고 있어요.

아무 것에나 전원 장치를 연결한다고 전류가 흐르지는 않아요.

철이나 구리 같은 금속은 전자가 느슨하게 묶여 있어, 약간의 에너지만 주어도 쉽게 떨어져 나와 전류를 흐르게 해요. 이런 전자를 자유 전자라고 해요. 반면 플라스틱은 자유 전자가 거의 없어 전류가 잘 흐르지 않아요. 전류가 잘 흐르는 물질은 도체, 잘 흐르지 않는 물질은 부도체라고 해요.

전류는 도선의 단면적과 길이에 따라 흐르는 양이 달라져요.

길이가 같을 때는
단면적이 넓을수록 전류가 잘 흘러요.

단면적이 같을 때는
길이가 짧을수록 전류가 잘 흘러요.

전류의 단위는 암페어(A)예요.

전류의 세기는 도선의 단면을 지나가는 전자의 개수에 따라 결정돼요.

연필심은 전기가 통한다고?

흑연으로 만든 연필심은 금속은 아니지만 전기가 통해요. 연필심이 진할수록, 심이 굵을수록, 길이가 짧을수록 전기가 잘 통해요.

37 전압과 저항

전압은 전자의 위치 에너지 차이예요.

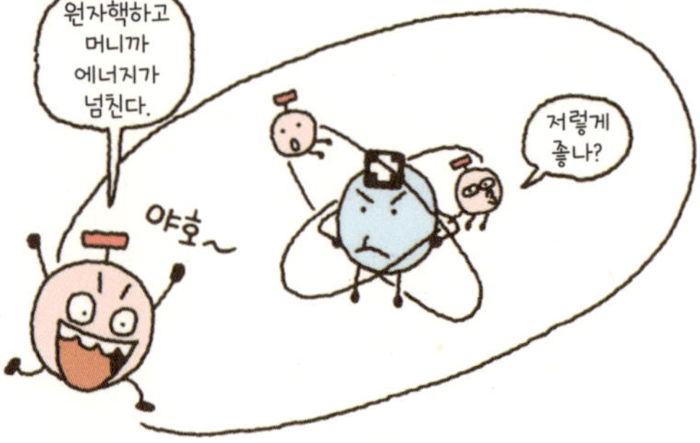

높은 곳에 있을수록 위치 에너지가 커지는 것처럼, 전자도 원자핵에서 멀리 있을수록 전기적인 위치 에너지가 커요. 서로 다른 두 지점 사이의 전기적인 위치 에너지의 차이를 전압이라고 해요. 전압이 크다는 것은 두 지점 사이의 전기적인 위치 에너지의 차이가 크다는 뜻이에요.

전압이 클수록 전류가 잘 흘러요.

전자는 전기적인 위치 에너지의 차이, 즉 전압이 클수록 잘 이동해요. 그러므로 전압이 클수록 전류의 세기도 커지지요. 전류가 커지면 전구의 불도 밝게 켜져요.

전압의 단위 볼트(V)

전압의 단위는 볼트(V)예요.

저항은 전자의 이동을 방해하는 거예요.

버스 안에 사람이 많으면 사람들과 부딪혀 쉽게 이동할 수 없어요. 도선 속을 이동하는 전자도 마찬가지예요. 버스를 도선, 버스 안에 있는 사람들을 원자핵, 이동하려는 사람을 전자라고 생각해 보세요. 전자는 원자핵들과 부딪혀 이동하는 데 방해를 받겠죠? 이러한 방해를 저항이라고 해요.

저항이 커지면 전류가 작아져요.

저항이 커지면 전류의 흐름을 방해하기 때문에 전류는 잘 흐를 수가 없어요.

38 전기 회로

전류가 흐르려면 전기 회로가 닫혀 있어야 해요.

전기 회로는 전류가 흐를 수 있도록 전기 기구를 도선으로 전원과 연결한 것을 말해요. 회로가 중간에 끊어지거나 잘못 연결되면 전류가 흐르지 않아요.

전기 회로도

전기 회로를 구성하는 전구, 전지, 스위치, 저항 등을 기호를 사용해서 간편하게 표현한 것이 전기 회로도예요.

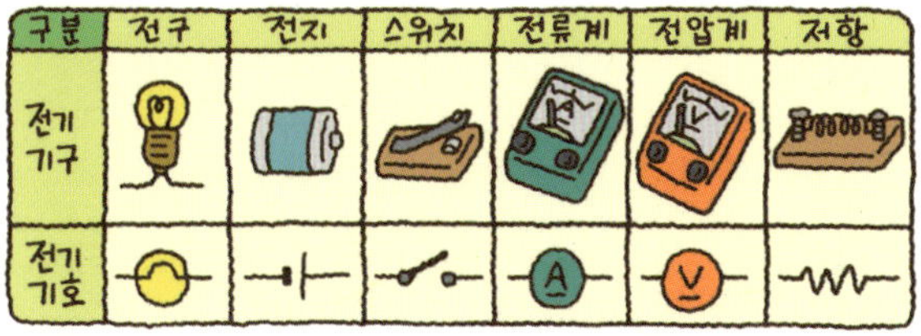

전지의 직렬 연결과 병렬 연결

전지를 여러 개 연결하여 회로를 구성할 때, 직렬 연결은 전류가 흐르는 길이 한 개이고 병렬 연결은 전류가 흐르는 길이 여러 개예요.

전지의 직렬 연결

전지의 (+)극과 다른 전지의 (-)극을 일렬로 연결한 것이 직렬 연결이에요. 전지를 여러 개 직렬로 연결하면 그만큼 전압이 커지고 전류의 세기도 커지지요. 대신 전지는 빨리 닳아요.

전지의 병렬 연결

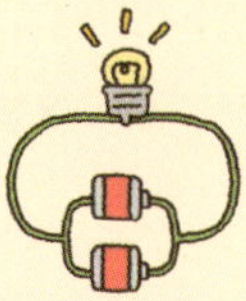

전지를 나란히 두고 (+)극끼리, (-)극끼리 연결한 것이 병렬 연결이에요. 여러 개를 병렬로 연결해도 전압은 전지 한 개일 때와 같아 전류가 세지진 않지만, 전기를 더 오래 사용할 수 있어요.

저항의 직렬 연결과 병렬 연결

저항의 직렬 연결

저항을 직렬로 연결하면 전류가 흐르는 통로는 하나이면서 방해를 받으며 지나야 하는 길이 길어지는 거예요. 따라서 전체 저항이 커져 전류는 줄어들어요.

저항의 병렬 연결

저항을 병렬로 연결하면 전류가 흐를 수 있는 통로가 더 생기는 거예요. 그래서 방해를 덜 받아 전체 저항이 작아지고, 전류는 많아져요.

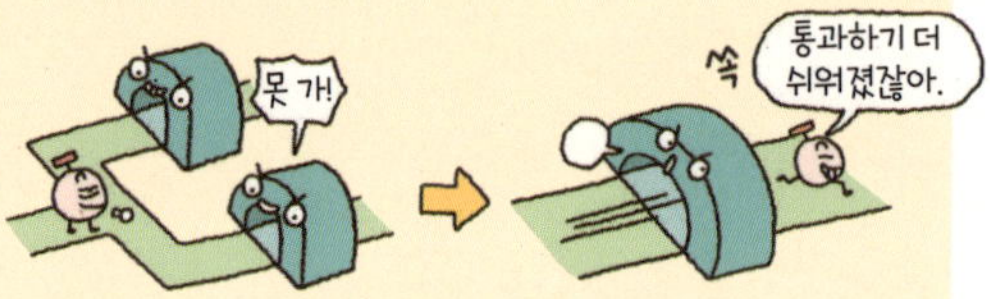

전구의 직렬 연결과 병렬 연결

전기 회로를 타고 흐르던 전류는 전구를 만나면 불을 켜는 일을 해요. 그런데 전류가 전구에 일을 하면 전류의 흐름에는 방해를 받아요. 그러니 전구는 전류의 흐름을 막는 저항이라고 볼 수 있죠.

전구의 직렬 연결

전지에서 나온 전류가 전구 두 개를 연달아 밝혀요. 전류가 일을 많이 하는 거지요. 따라서 전류의 세기가 줄어들고 전구의 빛은 약해져요.

저항의 병렬 연결

전지에서 나온 전류는 전구가 병렬로 연결된 길을 따라 나뉘어 흐르면서 각 길에서 전구 하나씩 켜면 돼요. 따라서 전구의 밝기는 한 개만 연결했을 때처럼 밝지요.

병렬 연결은 전구 하나가 꺼져도 전체 회로에는 영향을 주지 않아요.

직렬 연결은 전류가 흐르는 길이 하나예요. 전구 한 개가 망가지면 회로가 끊어진 것과 같아 나머지 전구에도 불이 들어오지 않아요. 하지만 병렬 연결은 전구 한 개가 망가져도 다른 길의 전구에는 불이 들어와요.

39 전류의 작용과 전력

전류가 흐를 때 도선에서 열이 발생해요.

전자는 도선을 따라 이동하면서 자신을 가로막는 원자핵과 수없이 충돌해요. 그러면서 열을 내지요. 전기 에너지가 열에너지로 바뀌는 거예요.

전류가 흐를 때 열이 발생하는 것을 이용해 발명된 전구

1879년 에디슨은 백열전등의 필라멘트를 발명했어요. 필라멘트는 전류가 흐를 때 밝은 빛을 내며 타는 가느다란 선이에요.

전기 에너지는 다른 에너지로 바뀌기 쉬워요.

전기 에너지는 다른 에너지로 바뀌기 쉬워요. 형광등이나 전등 같은 조명 기구에서는 빛 에너지로, 전기 난로와 전기 밥솥에서는 열에너지로, 라디오에서는 소리 에너지로, 선풍기나 자동차에서는 운동 에너지로 바뀌지요.

전기 에너지는 전압, 전류, 시간의 곱으로 나타내요.

전기 에너지(J) = 전압(V) × 전류(A) × 시간(s)

전기 에너지의 단위는 J(줄)을 사용해요.

전기 기구가 소비하는 전기 에너지를 전력이라고 해요.

집에 있는 전기 기구들은 전기 에너지를 소비하고 있어요. 누가 더 많은 전기 에너지를 쓰는지 알아보려면 이들이 같은 시간에 소비하는 전기 에너지의 양을 비교하면 돼요. 이것이 바로 전력이에요. 전력의 단위는 와트(W)인데, 1W는 1V의 전압으로 1A의 전류가 1초 동안 흐를 때 공급되는 전기 에너지예요.

전기 요금은 어떻게 계산할까요?

전기 요금을 낼 때 기준이 되는 것은 집 입구에 설치되어 있는 전력량계에 나타난 숫자예요. 전력량계는 일정한 기간 동안 가정에서 전력을 얼마나 사용했는가를 측정하는 기계예요.
전력량의 단위는 전력의 단위인 와트(W)에 시간(h)을 붙인 와트시(Wh)예요.

전력이 크면 단위 시간에 소비하는 전기 에너지도 많아요.

전력이 크다는 것은 한꺼번에 많은 에너지를 낼 수 있다는 뜻이에요. 예를 들어 60W짜리 전구는 30W짜리 전구보다 전기 에너지를 2배 많이 소비하므로 내는 에너지도 2배예요. 그래서 60W짜리 전구가 더 밝지요.

대부분의 가정용 전기 기구는 220V의 전압을 사용해요.

예전에는 110V를 사용했지만 지금은 2배 큰 220V 전압을 사용하고 있어요. 높은 전압을 사용하는 이유는 발전소에서 생산한 전기가 집으로 오는 과정에서 새어 나가는 걸 줄이기 위해서예요. 새어 나가는 전기를 줄이려면 저항을 줄여야 해요. 즉, 단면적이 굵은 전선을 사용하거나, 전기가 전달되는 거리를 짧게 해야 하죠. 하지만 이런 방법들은 기술적으로 어려움이 많아요. 그래서 대신 전압을 높여 전기를 보내게 된 거예요.

40 전기가 만드는 자석

전기와 자기의 닮은 점과 다른 점

전류가 흐르는 현상인 전기와 자석에 쇠붙이가 붙는 자기는 닮은 점이 있어요. 모두 두 개의 극을 가지고 있고, 같은 극끼리는 서로 밀어내지만 다른 극끼리는 서로 끌어당긴다는 점이에요. 하지만 전기의 극은 (+)전기와 (-)전기로 나눌 수 있는 것에 반해, 자기는 N극과 S극을 나눌 수 없어요.

자기력이 미치는 공간을 자기장이라고 해요.

자기장의 방향은 자석의 N극에서 나와 S극으로 들어가요. 자기장 내에 나침반을 놓았을 때 나침반 바늘의 N극이 가리키는 방향이 자기장의 방향이에요.

전류가 자기장을 만들 수 있어요.

덴마크의 과학자 외르스테드는 전류에 관한 여러 실험을 하다가 전류가 흐르는 도선 근처에 둔 나침반이 움직이는 것을 발견했어요. 이것을 통해 전류가 자석처럼 자기장을 만들어낸다는 사실을 알아냈지요.

전자석과 막대자석의 닮은 점과 다른 점

코일은 전선을 돌돌 감아 만든 장치예요. 코일을 쇠못에 감고 전류를 흐르게 하면 나침반 바늘이 자석 옆에 있을 때처럼 돌아가요. 전기로 자석을 만든 거예요. 이게 바로 전자석이지요.

전자석은 자석의 성질을 모두 가지고 있지만 막대자석과 다른 점도 있어요. 막대자석의 극이 바뀌지 않지만, 전자석은 전류의 방향을 바꾸면 자기장의 방향도 바뀌어요. 또 코일을 많이 감거나 전류를 세게 하면 전자석의 힘이 세지고, 전류가 끊기면 자석의 성질도 사라져요.

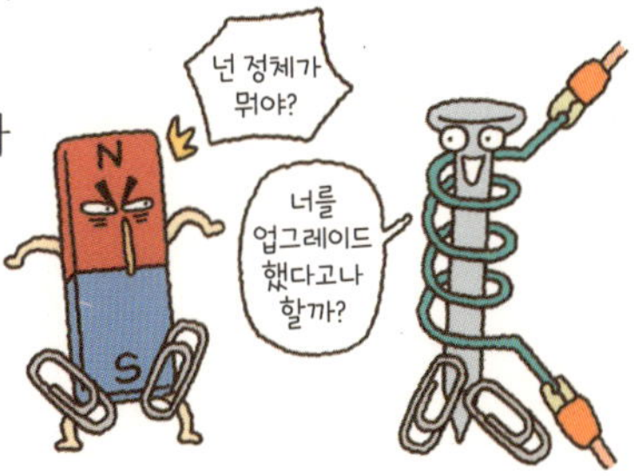

원형의 자기장

전류가 흐르는 직선 도선 주위에 나침반을 놓고 N극이 가리키는 방향을 따라 선을 이으면 원이 그려져요. 이 선이 바로 직선 전류가 만드는 자기장을 나타내는 자기력선이에요.

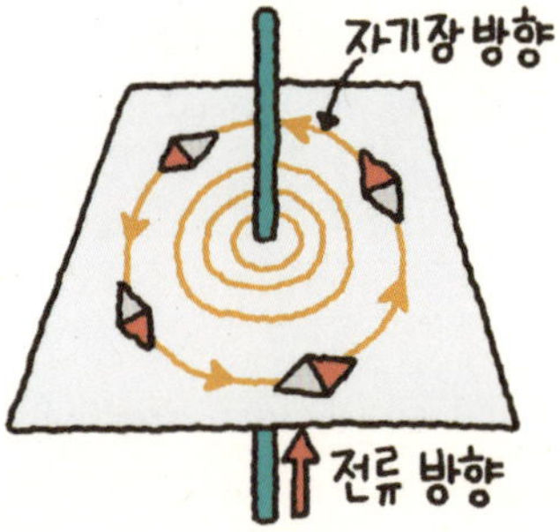

도선을 여러 번 감으면 더 강한 자기장이 만들어져요.

도선을 원통으로 여러 번 감아 코일처럼 만든 솔레노이드에 전류를 흘리면 직선 도선보다 더 강한 자기장이 생겨요. 자기장의 방향은 막대자석 주변에 생기는 자기장의 방향과 같고요.

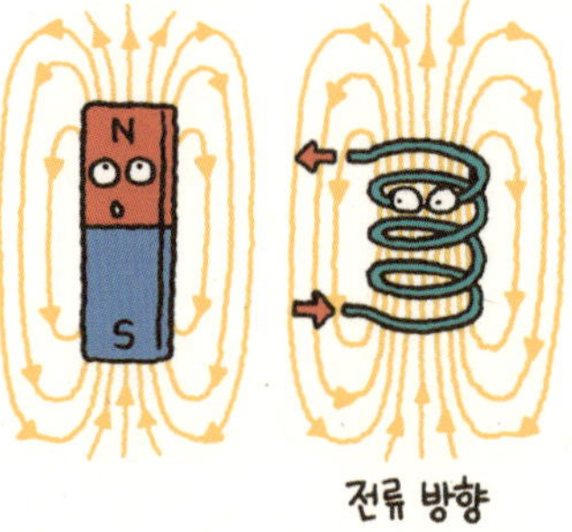

전류의 방향과 자기장의 방향

전류가 만드는 자기장의 방향은 전류의 방향에 따라 달라져요. 그래서 전류의 방향을 알면 자기장의 방향을 예상할 수 있지요.

직선 도선 주변의 자기장의 방향

오른손의 엄지손가락을 전류의 방향으로 향하게 해요.(전류의 방향은 (+)극에서 (-)극을 향해요.) 나머지 네 손가락으로 직선 도선을 감아쥐어요. 그러면 네 손가락의 방향이 자기장의 방향이에요.

원형 도선 주변의 자기장의 방향

오른손의 네 손가락의 끝이 전류의 방향을 향하도록 코일을 감아쥐어요. 이 때 엄지손가락을 뻗으면 엄지손가락이 가리키는 방향이 자기장의 방향이에요.

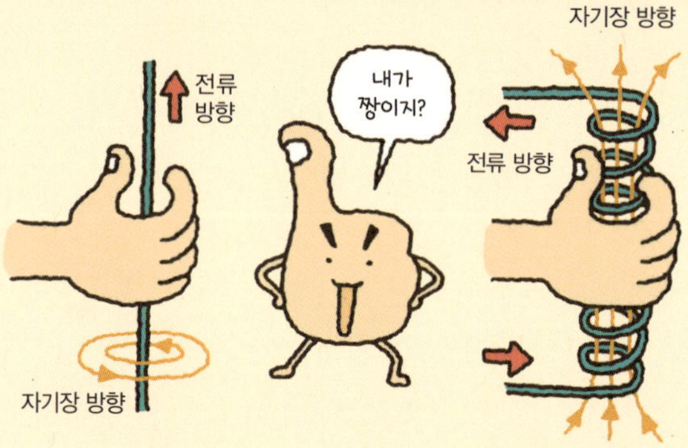

41 자석이 만드는 전기

자기로 전기 만들기

외르스테드가 전기가 자기를 만든다는 것을 알아낸 이후, 많은 과학자들이 이와 반대로 자기가 전기를 만들 수는 없을지 고민했어요. 자석 주위에 도선을 가져다 놓고 도선에 전류가 흐르기를 기대했지요.

하지만 이 실험은 실패를 거듭했어요.

자기에서 전기를 만든 패러데이

도선 주위에 자석을 가만히 두고 전류가 흐르기를 기다린 다른 과학자들과 달리 영국의 과학자 패러데이는 도선을 감은 코일에 자석을 넣었다 뺐다 했어요. 자석을 그대로 두어 자기장이 변하지 않을 때에는 전기가 생기지 않지만, 자석을 움직여 자기장의 변화가 생길 때에는 도선에 전류가 흐르거든요.

이를 '전자기 유도'라고 해요.

전자기 유도 현상을 이용해 발전기를 만들었어요.

자석을 움직이거나 자석을 양쪽에 두고 도선을 빠르게 회전시키면 전기를 만들 수 있어요. 도선을 회전시키기 위해 무엇을 사용하는지에 따라서 수력 발전, 화력 발전, 풍력 발전 등으로 나뉘어요.

빛과 소리

우리가 주변을 볼 수 있는 것은 빛 덕분이에요. 빛이 없으면 아무것도 볼 수가 없지요.
빛은 빠른 속도로 곧게 나아가지만 장애물이 나타나면 반사하거나 굴절해요.
빛의 이런 특징들이 잘 나타나는 것으로 거울과 렌즈가 있어요.
거울을 보면 자신의 모습을 보게 되는데 그것은 거울이 빛을 반사하기 때문이에요.
반면, 렌즈를 통해 보면 렌즈 너머에 있는 물체가 실제보다 크거나 작게 보이는데
그것은 렌즈가 빛을 굴절시키기 때문이지요.
소리도 빛처럼 반사와 굴절을 해요. 하지만 소리는 공기나 물처럼
소리를 전달해 줄 물질이 없으면 들을 수 없어요.

관련 단원

초등학교
3학년 2학기 소리의 성질
6학년 1학기 빛의 성질

중학교
2학년 빛과 파동

A

42 빛의 성질

빛은 곧게 앞으로 나아가다가
장애물을 만나면 꺾이기도 하고
반사되기도 해요.

43 거울과 렌즈

거울은 빛의 반사를,
렌즈는 빛의 굴절을 이용해 만들었어요.

44 소리

공기나 물처럼 전달해 주는 물질이
있어야 소리를 들을 수 있어요.

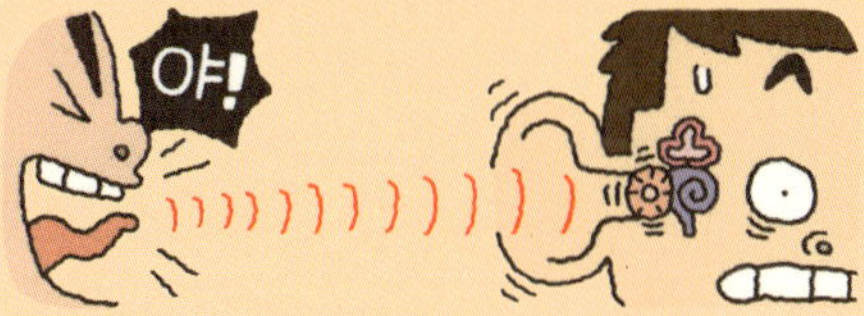

42 빛의 성질

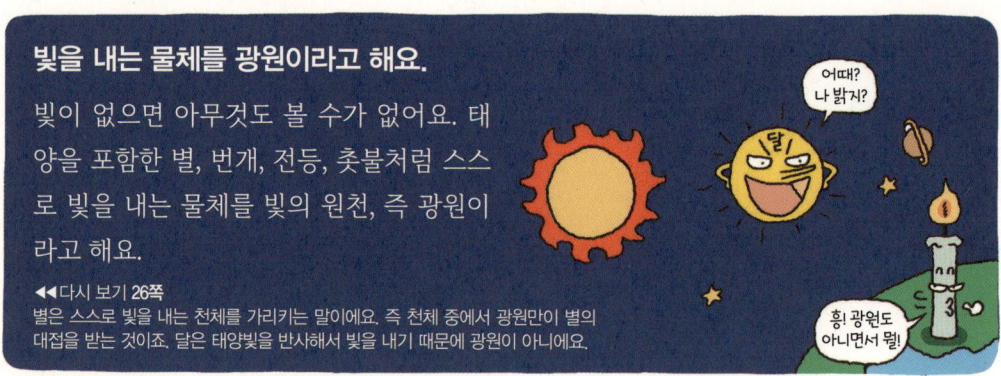

빛을 내는 물체를 광원이라고 해요.

빛이 없으면 아무것도 볼 수가 없어요. 태양을 포함한 별, 번개, 전등, 촛불처럼 스스로 빛을 내는 물체를 빛의 원천, 즉 광원이라고 해요.

◀◀다시 보기 26쪽
별은 스스로 빛을 내는 천체를 가리키는 말이에요. 즉 천체 중에서 광원만이 별의 대접을 받는 것이죠. 달은 태양빛을 반사해서 빛을 내기 때문에 광원이 아니에요.

빛은 빠른 속도로 곧게 나가요. – 빛의 직진

빛은 광원에서 나와 아주 빠른 속도로 곧게 나가요. 아무것도 없는 공간 속에서는 1초에 30만 km나 똑바로 이동하죠. 그리고 직진하다가 통과할 수 없는 물체를 만나면 빛이 도달하지 못하는 부분이 생기는데, 이것이 바로 그림자예요.

빛은 튕겨요. – 빛의 반사

빛이 통과하지 못하는 물체에 닿고 되돌아오는 걸 반사라고 해요. 물체를 향해 가는 빛을 입사 광선, 물체에서 반사되어 나오는 빛을 반사 광선이라고 해요. 이들이 수직선과 이루는 입사각과 반사각은 항상 같아요.

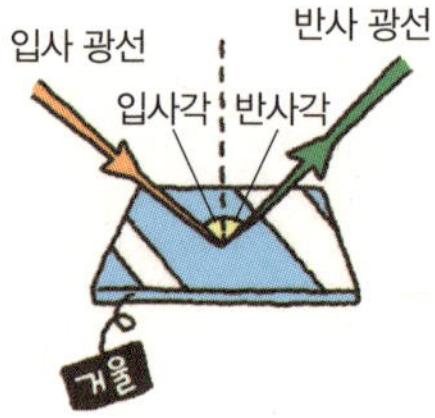

정반사와 난반사

거울 면과 같이 매끄러운 표면에 평행하게 들어온 빛은 반사할 때도 평행하게 나가요. 이를 정반사라고 하지요.
반면, 물체의 표면이 울퉁불퉁한 곳에 평행하게 들어온 빛은 여러 방향으로 반사돼요. 이것을 난반사라고 해요.

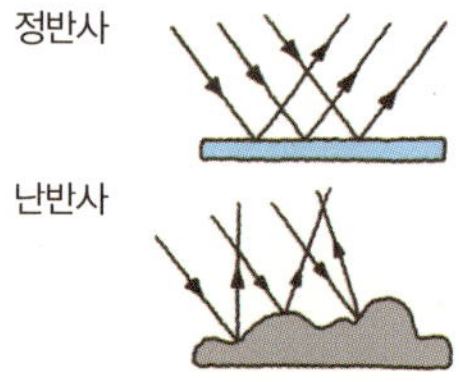

빛은 꺾여요. – 빛의 굴절

물이 들어 있는 유리컵에 빨대를 꽂으면 빨대가 꺾인 것처럼 보여요. 이는 빛이 다른 물체를 지날 때 꺾이기 때문이에요. 즉 빛이 공기에서 물속으로 들어가거나, 물속에서 공기로 나올 때 꺾이는 것이죠. 이를 빛의 굴절이라고 해요.

빛의 나누기와 섞기

빛은 나누어져요. - 빛의 분산

빛은 색이 없는 것처럼 보이지만 여러 가지 색이 혼합되어 있어요. 빛을 프리즘에 통과시키면 색마다 굴절하는 정도가 달라 여러 색으로 나뉘는데, 이를 빛의 분산이라고 해요. 무지개가 나타나는 것도 공기 중의 물방울이 프리즘의 역할을 하기 때문이에요.

빛은 섞으면 더욱 밝아져요. - 빛의 합성

여러 색깔의 빛을 합치는 것을 빛의 합성이라고 해요. 물감의 색을 섞으면 다른 색깔이 나오는 것처럼 빛도 색을 섞으면 다른 색의 빛이 돼요. 단, 물감은 색을 섞을수록 어두워지지만, 빛은 색을 섞을수록 오히려 밝아져요.

우리가 보는 물체의 색은 물체가 반사한 빛이에요.

우리가 빨간 장미꽃을 볼 수 있는 것은 장미가 빨간색의 빛만 반사하고 나머지는 모두 흡수하기 때문이에요.

43 거울과 렌즈

빛의 반사와 거울, 빛의 굴절과 렌즈

거울은 빛이 들어오면 통과시키지 않고 반사시켜요. 그래서 거울을 보면 거울로 반사되는 자신의 모습을 보게 되지요. 반면 빛이 렌즈로 들어오면 굴절 현상에 의해 렌즈 너머에 있는 물체가 크게 또는 작게 보여요.

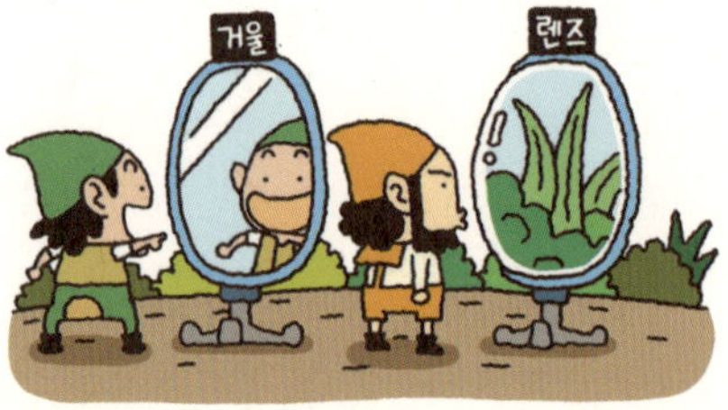

볼록한 모양과 오목한 모양

내가 비치는 거울면의 모양이 볼록하면 볼록거울, 오목하면 오목거울이에요. 렌즈는 옆에서 봤을 때 모양에 따라 볼록렌즈와 오목렌즈로 구분하지요.

볼록거울과 오목거울

볼록거울은 빛을 넓게 퍼뜨려요.

볼록거울을 향해 들어간 빛은 반사되어 여러 방향으로 퍼져 나가므로 평면거울보다 훨씬 넓은 범위를 볼 수 있게 해 줘요. 실제보다 크기는 작아 보이지만요. 그래서 마트의 한쪽에 볼록거울을 설치하면 매장 안을 한눈에 볼 수 있어 도난 사고를 방지할 수 있어요.

오목거울은 빛을 모아요.

오목거울을 향해 들어간 빛은 거울의 중심 쪽으로 반사되어 나오기 때문에 한곳으로 모여요. 그래서 손전등의 전구 뒤에 오목거울을 붙이면 전등에서 나온 빛이 퍼지지 않고 앞으로 향하게 되지요.

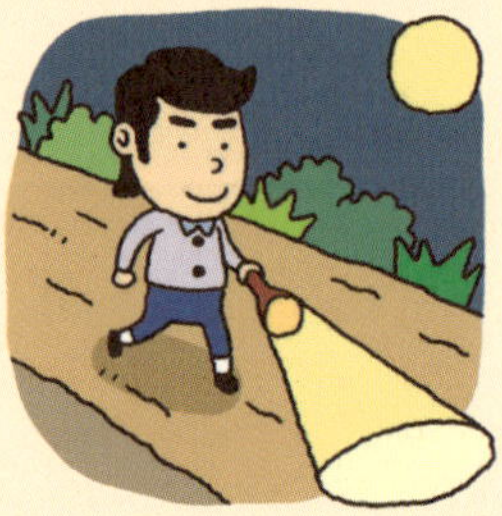

오목렌즈와 볼록렌즈

오목렌즈를 통과한 빛은 넓게 퍼져요.

오목렌즈는 빛을 퍼지게 하는 성질이 있어요. 그리고 오목렌즈를 통해 보면 물체가 작게 보여요.

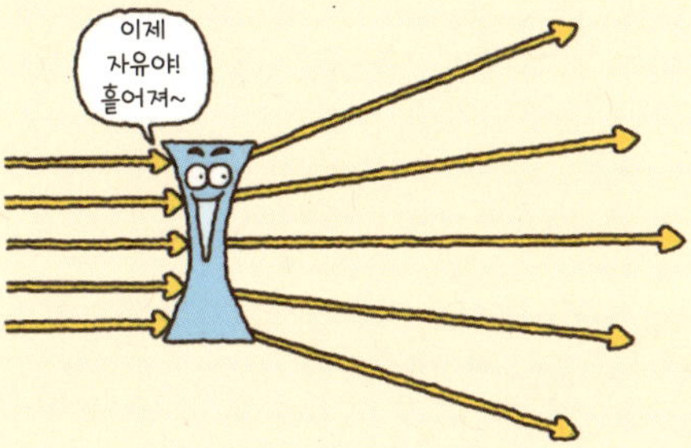

볼록렌즈를 통과한 빛은 한곳에 모여요.

볼록렌즈를 통과한 빛은 한곳(초점)으로 모여요. 또한 볼록렌즈를 통해 보면 물체가 커 보여요. 물체에서 너무 멀어지면 거꾸로 선 작은 상이 보이지만 말이에요.

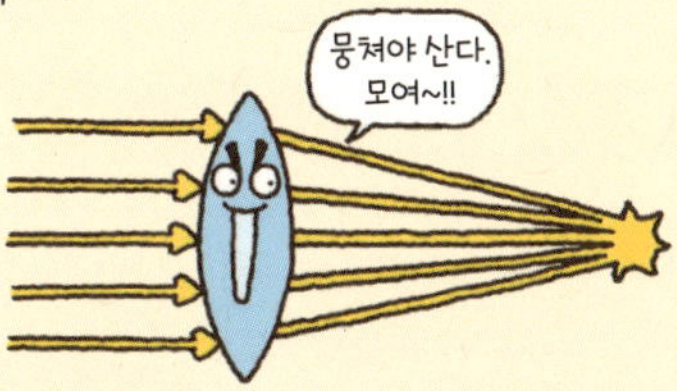

근시와 원시

우리 눈의 수정체는 렌즈의 역할을 해서 우리가 본 물체의 상이 망막에 맺히도록 해요. 그런데 수정체에 이상이 생기면 상이 망막에 맺히지 못해 잘 볼 수 없어요. 이때 렌즈를 사용한 안경을 쓰면 이를 교정할 수 있어요.

근시는 오목렌즈를 사용해요.

근시는 물체의 상이 망막 앞에 맺히기 때문에 가까운 것은 잘 보이지만 먼 물체는 잘 보이지 않아요. 오목렌즈 안경을 끼면 상을 뒤로 이동시켜 망막에 맺히게 도와줘요.

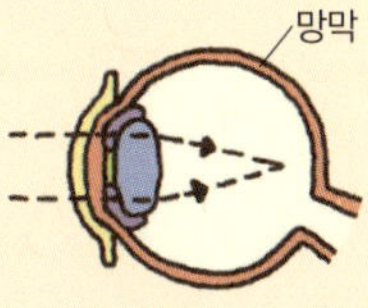

근시

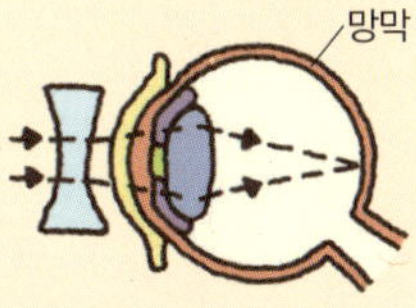

근시 교정

원시는 볼록렌즈를 사용해요.

원시는 망막보다 더 먼 곳에 상이 맺히기 때문에 먼 곳의 물체는 잘 보이지만 가까운 물체는 잘 보이지 않아요. 볼록렌즈 안경을 끼면 상이 앞으로 이동하여 망막에 제대로 맺히게 되지요.

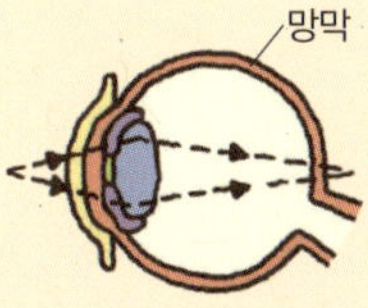

원시

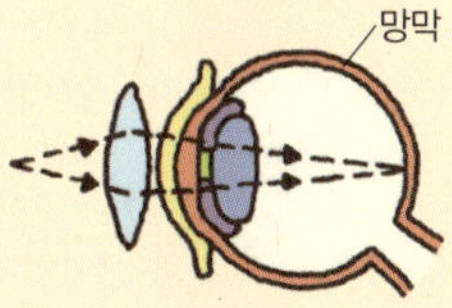

원시 교정

44 소리

소리를 듣는 것은 공기가 떨리는 것을 느끼는 거예요.

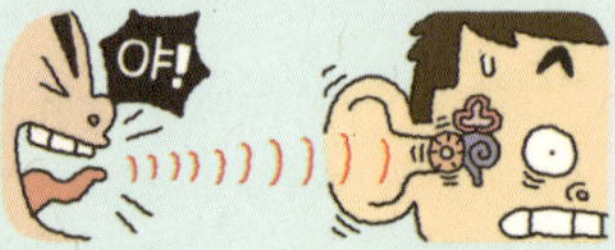
야!

소리는 물체의 떨림, 즉 진동에서 시작돼요. 이 진동이 공기를 진동시키고, 공기의 진동이 귀의 고막을 진동시켜 소리를 들을 수 있는 거예요. 이렇게 진동이 퍼져 나가는 현상을 파동이라고 하지요.

소리는 전달해 주는 것이 있어야 해요.

달에서는 소리를 들을 수 없어요. 소리를 전달해 주는 공기가 없기 때문이지요. 소리는 공기뿐 아니라 액체나 고체를 통해서도 전달돼요. 다만 재질이나 상황에 따라 잘 안 들릴 수도 있어요.

달아, 여기 좀 봐~
귀 먹었냐?
멀뚱
멀뚱

소리는 빛보다 속력이 느려요.

빛은 1초에 30만 km를 가는데 소리는 공기 중에서 1초에 약 340m를 가요. 이렇게 소리가 빛보다 느리기 때문에 번개가 먼저 치고 천둥소리가 나중에 들리지요.

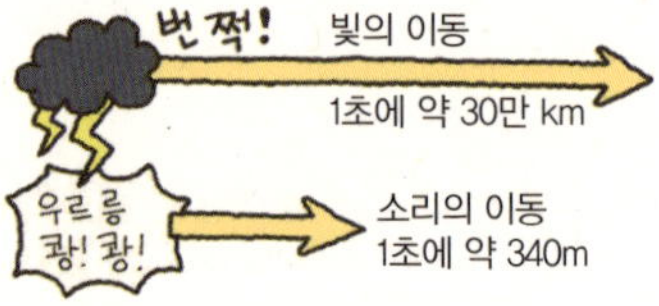
번쩍!
빛의 이동
1초에 약 30만 km
우르릉 쾅! 쾅!
소리의 이동
1초에 약 340m

소리도 빛처럼 반사하고 굴절해요.

소리가 반사되어 들리는 메아리

소리는 딱딱한 곳에 부딪히면 반사돼요. 그래서 메아리가 생기죠. 박쥐는 짧고 높은 소리(초음파)를 내고, 그 소리가 반사되어 돌아오는 것을 듣고 장애물의 위치를 알아내요.

2m 앞에 벽이 있군.

낮말은 새가 듣고 밤말은 쥐가 들어요.

소리는 공기 알갱이가 촘촘하게 모여 있는 쪽으로 굴절해요. 따뜻한 곳의 공기는 알갱이가 듬성듬성 있고, 찬 곳의 공기는 알갱이가 촘촘히 모여 있어요. 낮에는 지표면이 뜨겁고 위로 올라갈수록 차가워서 소리가 위쪽으로 굴절하고, 밤에는 아래쪽으로 굴절하지요.

소리의 3요소 높이, 세기, 맵시

소리의 높낮이는 진동수가 결정해요.

진동수는 소리가 만드는 파동이 1초 동안에 떨리는 횟수를 말해요. 진동수가 크면 높은 소리(고음)가 나오고, 진동수가 작으면 낮은 소리(저음)가 나오지요.

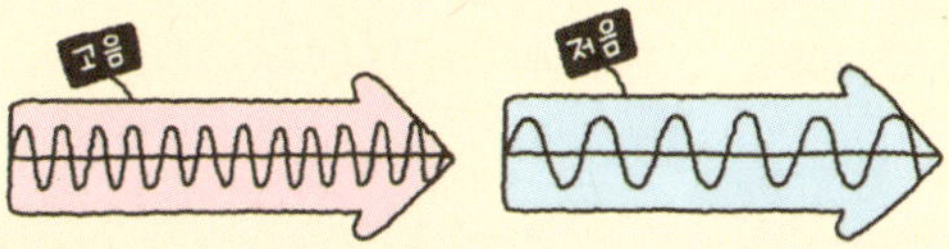

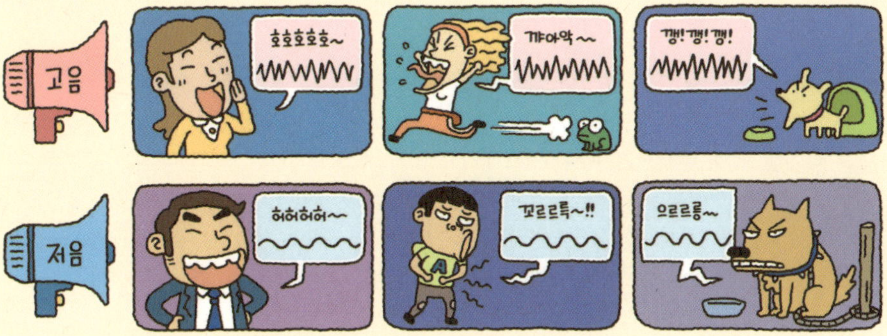

소리의 세기는 진폭이 결정해요.

진폭이란 소리가 진동하는 폭을 말해요. 큰북과 작은북 위에 좁쌀을 올려놓고 힘껏 두드리면 큰북 위에 놓인 좁쌀이 작은북 위에 놓인 좁쌀보다 더 높이 튀어요. 이때 좁쌀이 튀는 높이가 바로 진폭이에요. 큰북의 진폭이 작은북의 진폭보다 크므로 큰북이 작은북보다 큰 소리를 내지요.

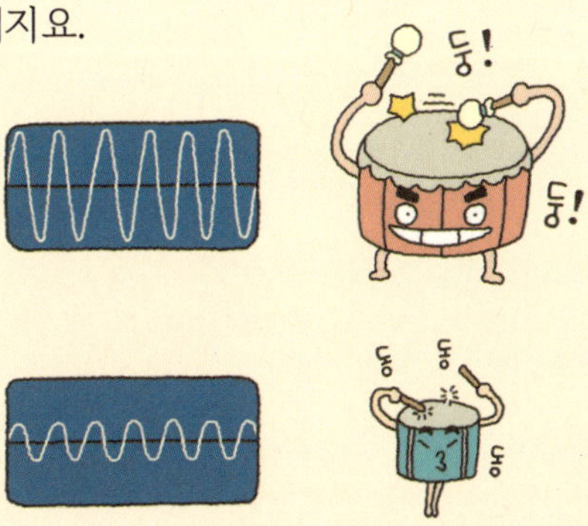

소리의 맵시는 파동의 모양이 결정해요.

소리의 높낮이와 세기가 같아도 소리가 다르게 들리는 경우가 있어요. 파동의 모양이 다르기 때문이지요. 즉, 같은 음인 '도'를 호른과 바이올린으로 연주하면 다르게 들려요. 이처럼 파동의 모양이 달라 다른 소리로 들리는 것을 소리의 맵시가 다르다고 해요.

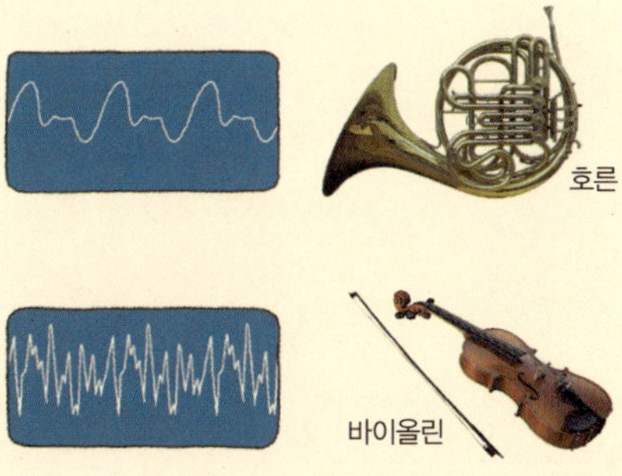

물리학의 역사를 쓴 과학자

뉴턴 (1642-1727)

뉴턴은 '사과는 왜 아래 방향으로만 떨어질까?'를 고민하다가 지구가 사과를 끌어당기기 때문일 것이라는 결론을 얻었어요. 그리고 지구가 사과를 끌어당기듯이 달도 끌어당길 거라고 생각했어요. 그 생각을 태양과 행성, 나아가 저 멀리 빛나는 별들에게도 적용시켜 만유인력을 발견하게 되었어요.

볼타 (1745-1827)

볼타는 우연히 영국의 화학자 프리스틀리가 쓴 전기에 관한 책을 읽고, 전기에 흥미를 느껴 화학과 물리학을 공부하게 되었어요. 1800년, 볼타는 두 개의 다른 금속을 소금물 같은 액체에 담아 연결하면 전기가 흐른다는 걸 알아내어 최초의 전지를 발명했어요. '볼타 전지'라고 불리는 이 전지 덕분에 오늘날 우리가 전기를 편하게 쓸 수 있게 되었어요.

앙페르 (1775-1836)

어릴 때부터 천재성을 보였던 앙페르는 1820년 오른손의 엄지손가락을 펴고 나머지 네 손가락으로 직선 도체를 감쌀 때 엄지손가락을 전류의 방향으로 향하게 하면 나머지 네 손가락이 가리키는 방향이 자기장의 방향이 되는 것을 알아냈어요. 이것을 '앙페르의 오른나사 법칙'이라 해요.

패러데이 (1791-1867)

학문에 대한 열정은 강했지만 가난해서 공부할 엄두를 못 내던 패러데이는 화학자 데이비의 실험 조수가 되는 것을 계기로 과학자의 길을 가게 되었어요. 1831년, 패러데이는 자석을 코일 근처에서 움직이면 코일 주위에 자기장의 변화가 생겨서 코일에 전류가 흐르게 되는 것을 발견했어요. 이것을 자기로 전기를 유도해 낸다는 뜻에서 '전자기 유도'라고 부르지요.

03 화학

물질의 구성

우리가 학교에서 사용하는 책상은 나무와 금속으로 만들어 졌어요.
또 창문은 유리로 만들어 졌지요.
그럼 나무, 금속, 유리는 무엇으로 만들까요?
아주 오래전부터 사람들은 세상 만물이 무엇으로 만들어 졌는지 궁금해 했어요.
그리스의 철학자 탈레스는 만물의 근원이 물이라고 주장했어요. 그는 물을 끓이면 기체가 되어 날아가 공기로 바뀌고, 오랫동안 놓아두면 그 속에 작은 벌레가 생긴다고 주장했지요. 그 후 엠페도클레스, 아리스토텔레스 등의 철학자들이 만물의 근원에 대한 새로운 주장을 펴기도 했어요. 데모크리토스라는 철학자는 모든 물질은 원자라는 작은 알갱이로 이루어져 있다고 했어요. 이는 현대 과학자들이 생각하는 답에 가까운 것이지요. 하지만 그의 생각은 오랫동안 받아들여지지 못하다가, 19세기 초에야 영국의 과학자 돌턴에 의해 사실로 밝혀졌어요. 현재도 과학자들은 원자에 대한 연구를 계속하고 있어요.

관련 단원

초등학교
3학년 2학기 물체와 물질
6학년 2학기 물질의 연소

중학교
1학년 물질의 상태 변화
2학년 물질의 특성

45 물질의 근원이란?

물질을 이루는 기본 성분은
원소예요. 원소는 한 가지
성분으로 이루어져 있어요.

46 원자와 분자

원자는 물질을 이루는
가장 작은 입자예요.
원자가 모이면 분자가 돼요.

47 물질의 변화

물질의 변화에는
물리 변화와 화학 변화가 있어요.

48 연소

연소는 물질이 빛과
열을 내면서 타는
화학 변화예요.

45 물질의 근원이란?

세상을 이루는 물질은 무엇일까?

아주 오래전부터 사람들은 세상을 이루는 물질에 대해 관심이 많았어요. 고대 그리스의 철학자 탈레스는 만물의 근원은 물이라고 했으며 아낙시메네스는 공기, 크세노피아네스는 흙, 헤라클레이토스는 불이라고 주장했지요. 그리고 엠페도클레스는 만물이 물, 공기, 흙, 불의 4가지 원소로 만들어졌다고 주장했어요.

아리스토텔레스의 4원소설

아리스토텔레스는 엠페도클레스가 말한 4원소가 각각 두 가지 성질을 가지고 있다고 생각했어요. 즉, 흙은 건조함과 차가움, 물은 축축함과 차가움, 불은 건조함과 따뜻함, 공기는 축축함과 따뜻함의 성질을 가지고 있다는 것이지요. 그리고 어떤 성질끼리 섞이느냐에 따라 물질이 변할 수 있다고 했어요. 이 생각은 원소를 섞는 비율에 따라 금도 만들 수 있다는 믿음을 주어 연금술을 탄생시켰어요.

연금술사에 의해 새로운 원소가 많이 발견되었어요.

연금술은 값싼 물질로부터 금과 같은 귀금속을 만들어 내려 한 학문이에요. 금을 만드는 방법만 알아내면 벼락 부자가 될 수 있다는 생각에 연금술사들은 금을 만드는 데 평생을 바쳤지요. 아무도 연금술에 성공하지 못했지만, 연금술사들의 노력 덕분에 여러 원소가 발견되고 물질의 성질이 확인되었어요. 결국 연금술이 근대 화학의 밑거름이 된 셈이에요. 사실 화학을 뜻하는 'Chemistry'는 연금술을 뜻하는 'Alchemy'에서 나온 거예요.

보일의 실험
4원소설은 틀렸다!
4원소설에서 공기를 만물의 근원이라 했다지?
내가 틀렸다는 걸 밝히지.
유리 공에 초와 시계를 넣고 밀폐시키면
째깍째깍
잠시 후 촛불은 꺼져.
치~
그렇지만 시계 소리는 계속 들리지.
째깍째깍
그러나 유리 공 안의 공기를 모두 빼면,
슉~
어때, 소리가 안 들리지?
...
그래서 뭐요?
?
공기는 촛불을 유지시키는 물질과
소리 전달 물질 + 촛불 유지 물질 공기
소리를 전달하는 물질의 혼합물이야.
여러 물질로 이루어진 공기를 원소라고 한 4원소설은 틀렸다고!
아하~
근데 원소가 뭐죠?
그건 라부아지에가 말해 줄 거야.
난 이만...

원소는 물질을 이루는 기본 성분으로, 더 이상 분해되지 않아요.

내가 좀 똑똑했지.

아리스토텔레스는 물, 불, 공기, 흙을 물질을 이루는 기본 성분인 원소로 생각했어요. 하지만 물은 수소와 산소라는 원소로 이루어져 있고, 불을 만드는 석유는 수소, 산소, 탄소로 이루어졌지요. 이렇게 수소, 산소처럼 물질을 이루는 기본 성분을 원소라고 해요. 원소의 개념을 세운 사람은 프랑스의 화학자 라부아지에였어요.

원소는 원소 기호로 나타내요.

지금까지 알려진 원소는 100개가 넘어요. 지금도 더 발견되고 있고요. 원소는 이름에서 알파벳의 첫 글자, 또는 첫 글자와 중간 글자를 함께 따서 기호로 나타내요.

대표적인 원소 이름과 원소 기호

원소 이름	원소 기호	원소 이름	원소 기호
수소	H	산소	O
질소	N	규소	Si
염소	Cl	알루미늄	Al
구리	Cu	철	Fe
아연	Zn	칼슘	Ca
금	Au	나트륨	Na
은	Ag	칼륨	K
헬륨	He	마그네슘	Mg
네온	Ne	황	S
아르곤	Ar	수은	Hg

46 원자와 분자

처음으로 원자를 생각한 데모크리토스

그리스의 철학자 데모크리토스는 물질을 쪼개다 보면 더 이상 나눌 수 없는 알갱이에 도달한다고 생각했어요. 그리고 이 입자를 원자(atom)라고 불렀어요. 그러나 원자론은 당시에는 인정받지 못했어요. 후에 돌턴이 그의 원자론을 보완하여 발표하면서 다시 등장했지요.

원자론이 새롭게 다시 탄생했습니다.
돌턴의 원자설

원소와 원자가 다르다고요?

원소와 원자는 이름도 비슷하고 물질의 기본이라는 점도 비슷하지만, 사실 둘 사이에는 큰 차이가 있어요. 원소가 물질을 이루는 기본 성분이라면, 원자는 물질을 이루는 가장 작은 입자예요. 예를 들어 한 바구니에 담긴 포도와 사과는 그 성질에 따라 포도 와 사과로 나누어 담을 수 있어요. 그러나 나누어진 포도는 한 종류만 남아서 더 이상 나눌 수 없지요. 이것이 원소예요. 그리고 이때 포도알 하나하나는 포도 원소의 성질을 띤 원자라고 할 수 있어요.

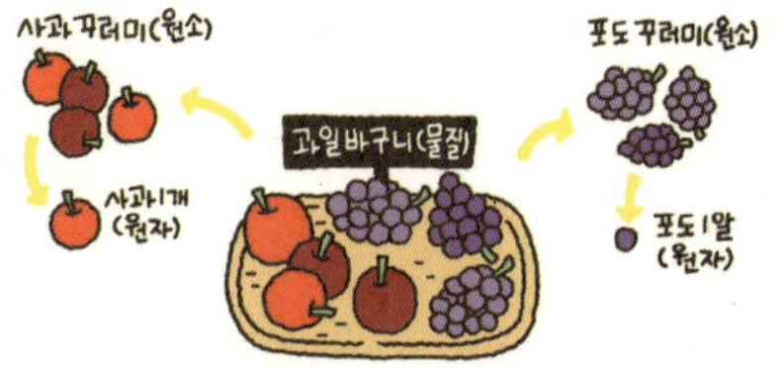

돌턴의 원자설

19세기 초 영국의 과학자 돌턴은 물질이 원자로 이루어져 있다는 '돌턴의 원자설'을 발표했어요.

1. 원자는 더 이상 쪼갤 수 없어요.

2. 같은 종류의 원자는 크기와 질량이 같고, 다른 종류의 원자는 크기와 질량이 서로 달라요.

3. 한 원소의 원자는 다른 원소의 원자로 바뀌지 않으며, 없어지거나 새로 생겨나지도 않아요.

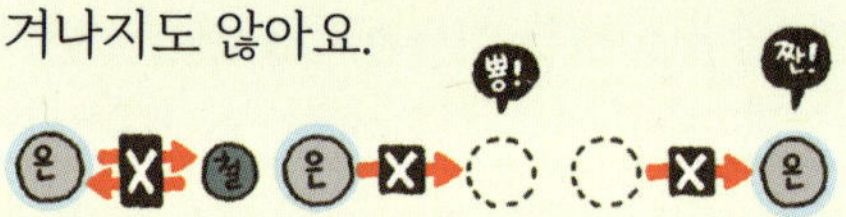

4. 화합물은 한 원자와 다른 원자가 일정한 비율로 결합하며 만들어 져요.

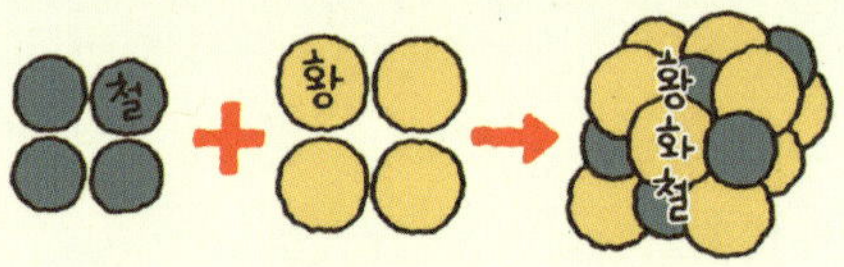

돌턴의 원자설은 몇 가지 틀린 점이 발견되어 훗날 수정된답니다.
원자

원자는 물질을 이루는 가장 작은 입자예요.

원자의 크기는 매우 작아요. 원자 100만 개를 한 줄로 늘어놓아도 이 문장 맨끝의 마침표 크기 정도 밖에 안 되지요.

原	子
근원 **원**	아들 **자**

근원이 되는 알갱이

원자가 모여서 분자가 돼요.

원자는 혼자 있는 것을 싫어하고, 짝꿍을 만들어 함께 있으려고 해요. 그래서 원자와 원자가 만나서 함께 있는 것을 분자라고 해요. 분자는 물질의 특성을 나타내는 가장 작은 알갱이이지요.

分	子
나눌 **분**	아들 **자**

특성이 있는 알갱이

원자는 쪼개질 수 있어요.

돌턴은 원자를 쪼갤 수 없다고 했지만 핵분열로 쪼갤 수 있다는 것이 나중에 밝혀졌어요. 원자는 중심에 양성자와 중성자가 모인 원자핵이 있고 전자가 그 주위를 돌고 있어요.

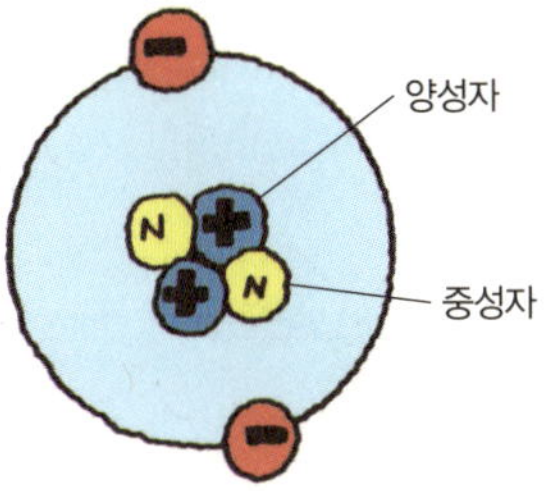

분자를 이루는 원자의 종류와 개수가 다르면 다른 물질이 돼요.

여러 개의 원자가 결합되어 분자가 돼요. 어떤 원자가 몇 개씩 모여 결합하는가에 따라 물질이 달라지지요. 예를 들어 물(H_2O)과 과산화수소(H_2O_2)는 모두 수소와 산소 원자의 결합이지만, 분자를 이루는 산소 원자의 수가 달라서 전혀 다른 물질이 돼요.

47 물질의 변화

물리적인 변화와 화학적인 변화

쇠못을 구부리거나 자르면 모양과 크기는 달라지지만, 자석에 붙는 쇠의 성질이 달라지지는 않아요. 이처럼 물질의 성질은 변하지 않고 겉모습이나 상태만 변화하는 것을 물리 변화라고 해요.

반면 불에 탄 종이나 썩은 음식은 다시 원래 상태로 되돌릴 수 없어요. 이것은 물질이 본래의 성질과는 전혀 다른 새로운 물질로 변화했기 때문이에요. 이런 변화를 화학 변화라고 해요.

화학 변화가 일어나면 이전과는 다른 새로운 물질이 생겨요.

설탕이 물에 녹아 설탕물이 되는 것은 물리 변화이고, 설탕이 불에 타는 것은 화학 변화예요. 설탕물은 다시 설탕과 물로 돌아갈 수 있는 혼합물이지만, 불에 탄 설탕을 다시 타기 전의 모습으로 되돌릴 수는 없으니까요.

화학 변화에는 분해, 화합, 치환이 있어요.

분해 한 물질이 두 가지 또는 그 이상의 다른 물질로 나누어지는 거예요.

화합 두 개 이상의 물질이 하나로 합쳐지는 거예요.

치환 두 화합물이 화학 변화를 일으켜서 각자를 이루는 구성 성분을 서로 바꾸는 거예요.

48 연소

연소는 물질이 빛과 열을 내면서 타는 화학 변화예요.

우리 주위에는 수많은 화학 변화가 일어나고 있어요. 옛날 사람들도 나무로 불을 피워 화학 변화를 이용했어요. 나무가 타서 재로 변하는 연소 반응도 대표적인 화학 변화거든요. 연소란 물질이 빛과 열을 내면서 타는 현상이지요.

연소가 일어나기 위해서는 탈 물질과 산소, 적절한 온도가 필요해요.

촛불을 켤 때 초만 있다고 촛불이 저절로 켜지지는 않아요. 탈 물질인 초와 연소가 일어날 수 있는 적절한 온도가 필요해요. 또한 산소가 있어야 연소가 일어나요.

연소가 일어나면 새로운 물질이 생겨요.

연소는 화학 변화이기 때문에 연소가 일어나면 이전에 없던 새로운 물질이 생겨요. 촛불을 켜면 초가 산소와 반응하여 이전에는 없던 물과 이산화탄소가 생겨요.

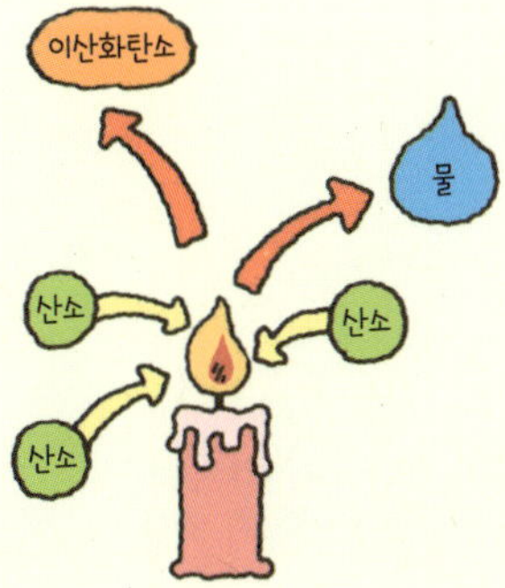

음식이 소화되는 과정도 화학 변화예요.

우리가 먹은 음식물이 소화되면서 영양소는 흡수하고 남은 찌꺼기는 몸 밖으로 내보내지는 것도 대부분 화학 변화를 거쳐서 일어나는 일이에요.

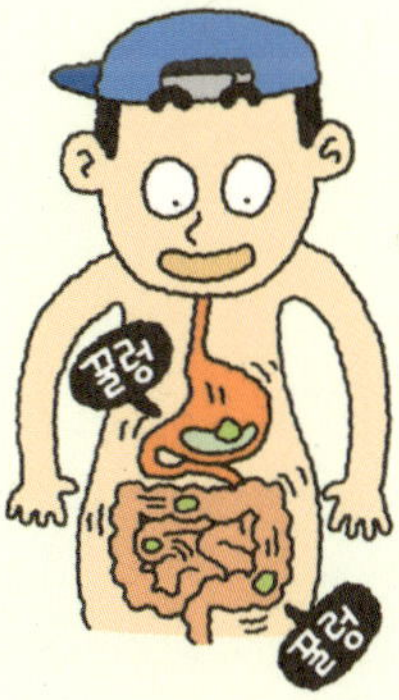

물질의 상태와 분자

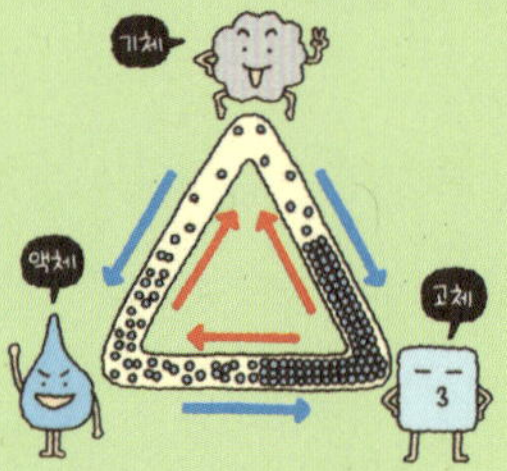

우리 주변의 물질들은 대부분 고체, 액체, 기체의 세 가지 상태로 되어 있어요.
물을 예로 들면, 눈이나 얼음은 물이 얼어 고체가 된 것이고, 안개나 구름을 만드는 수증기는 물이 증발한 기체예요. 그런데 고체, 액체, 기체는 어떻게 구분할까요?
고체는 일정한 부피와 모양이 있어서 손으로 직접 잡을 수 있어요. 이에 비해 액체는 흐르는 성질이 있어 손으로 잡으려면 빠져나가 버려요. 또 액체는 일정한 모양이 없어서 담는 그릇에 따라 모양이 달라져요.
기체는 손으로 잡으려고 해도 손에 닿는 느낌조차 들지 않아요. 그리고 풍선에 공기를 불어넣고 누르면 풍선이 납작해지며 부피도 줄어들지요.
우리가 쉽게 느낄 수 있는 이런 차이를 좀 더 과학적으로 표현해 볼까요?
고체, 액체, 기체는 물질을 이루는 '분자 배열 상태'가 달라요. 고체에서 액체, 기체로 갈수록 분자 배열이 불규칙하지요. 따라서 고체가 액체가 되면 모양이 일정하지 않고, 액체가 기체가 되면 부피가 일정하지 않은 거예요.

관련 단원

초등학교
4학년 2학기 여러 가지 기체

중학교
1학년 기체의 성질
1학년 물질의 상태 변화
2학년 물질의 특성

49 물질의 상태와 분자 배열

물질은 고체, 액체, 기체의
세 가지 상태를 가져요.
물질의 상태에 따라 분자 배열이
달라지지요.

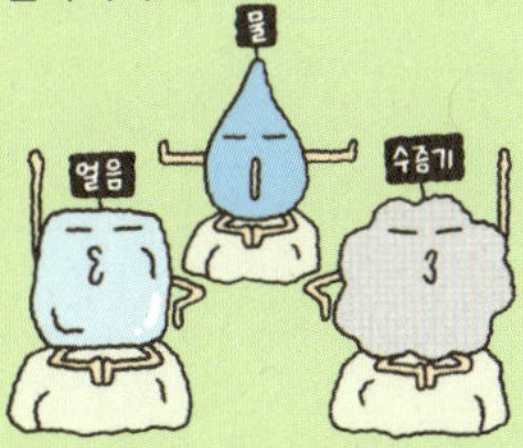

50 상태 변화와 열에너지

물질이 열에너지를
얻거나 잃으면 상태가 변해요.

51 분자 운동

냄새를 맡을 수 있는 것도,
빨래가 마르는 것도
분자 운동 덕분이에요.

52 기체의 부피 변화

압력과 온도가 달라지면
기체는 부피가 크게 달라져요.

49 물질의 상태와 분자 배열

우리 주변의 물질은 세 가지 상태 중 하나예요.

우리 주변의 물질은 고체, 액체, 기체 중 하나예요. 고체는 단단하고, 액체는 흐르고, 기체는 눈에 보이지 않아요. 이렇게 다른 상태를 물질의 세 가지 상태라고 하는데, 물질의 상태에 따라 분자의 배열도 달라져요.

고체는 단단해요.

固 體
단단할 고 물질 체
단단한 물질

고체 상태의 물질은 손으로 잡을 수 있고 일정한 부피와 모양을 가져요. 그래서 그릇에 담아도 그 모양이 달라지지 않지요. 또 손으로 눌러 압력을 주거나 온도가 조금 달라져도 모양이나 부피가 거의 변하지 않아요.

고체를 이루는 분자는 아주 규칙적으로 배열되어 있고, 분자 사이의 거리가 좁아요. 그래서 분자들은 이동하지 못하고 제자리에서 진동만 하고 있어요.

액체는 흘러요.

液 體
흐를 액 물질 체
흐르는 물질

액체 상태의 물질은 담는 그릇에 따라 모양이 달라져요. 부피가 일정해서 손으로 눌러도 부피가 거의 변하지 않아요. 하지만 흐르는 성질이 있어 손으로 잡을 수 없고 온도가 변하면 부피가 조금 변해요.

액체를 이루는 분자들은 고체보다 덜 규칙적으로 배열되어 움직일 수 있어요. 하지만 분자 사이의 거리가 멀지 않아 서로 끌어당기는 힘이 작용해요.

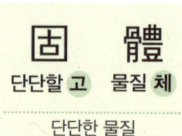

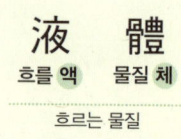

기체는 자유롭게 날아다녀요.

氣	體
기운 기	물질 체

가벼운 물질

기체 상태의 물질은 부피와 모양이 모두 일정하지 않아요. 담는 그릇에 따라 부피가 달라지고, 모양도 결정되지요. 기체는 온도나 압력의 변화에 따라 부피가 크게 변하는 성질이 있어요.

기체 분자는 자유롭게 움직일 수 있도록 흩어져 있어요. 분자 사이의 거리가 멀기 때문에 분자끼리 서로 끌어당기는 힘이 아주 약하지요.

물질에 열을 주거나 빼앗을 때 상태 변화가 일어나요.

물질의 상태는 온도와 압력을 변화시키면 변해요. 특히 온도의 영향을 많이 받지요. 물질에 열을 가해 온도를 높이거나, 열을 빼앗아 온도를 낮추면 물질의 상태가 변해요. 하지만 물질의 상태가 변해도 물질의 분자가 바뀌는 것은 아니므로 원래 가지고 있던 성질은 변하지 않아요.

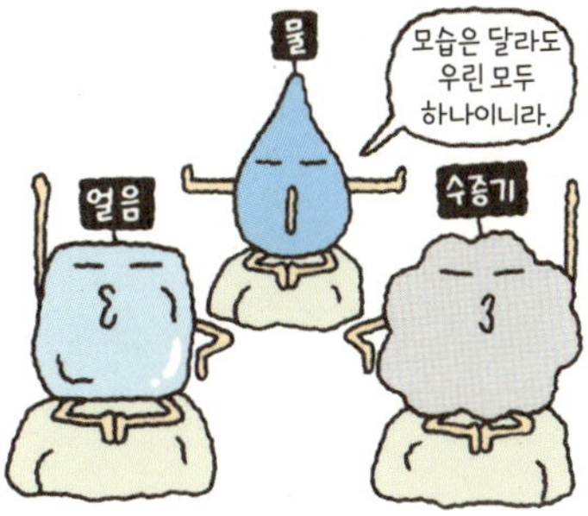

상태가 달라지면 부피는 변하지만 질량은 변하지 않아요.

물질의 상태가 변하면 분자 배열이 달라져 부피가 변해요. 그러나 물질의 상태가 변해도 분자 배열이 달라질 뿐 분자가 바뀌는 것은 아니므로 질량은 변하지 않아요.

물은 얼음이 되면 부피가 늘어나요.

액체가 고체가 되면 분자 사이의 거리가 가까워지므로 부피가 작아져야 하지만, 물은 얼리면 부피가 더 커져요. 이것은 물이 얼음이될 때, 물 분자들이 육각형 모양으로 배열하면서 가운데 빈 공간이 생기기 때문이에요.

50 상태 변화와 열에너지

물질이 열에너지를 얻거나 잃으면 상태가 변해요.

물질의 온도를 변화시키거나, 상태를 변화시키는 에너지는 열에너지예요. 고체가 열에너지를 얻으면 액체 또는 기체가 돼요. 반대로 기체가 열에너지를 잃으면 액체 또는 고체가 되지요. 그리고 액체가 열에너지를 얻으면 기체로, 열에너지를 잃으면 고체로 상태가 변해요.

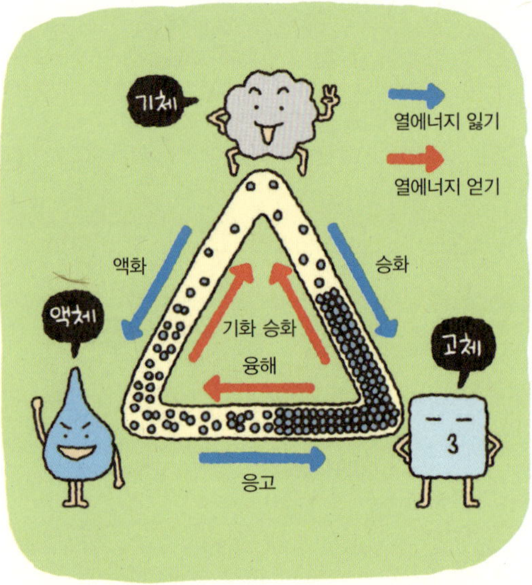

고체와 기체 사이의 상태 변화

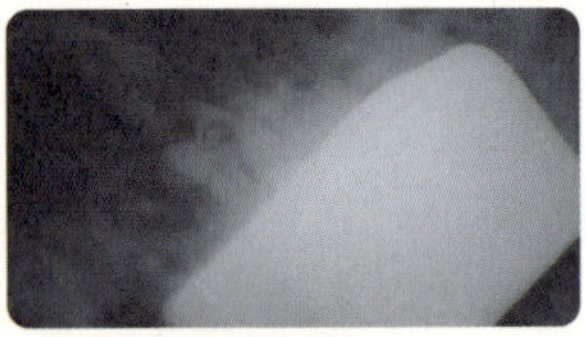

승화

대부분의 물질은 열에너지를 얻으면 고체에서 액체로, 액체에서 기체로 상태 변화를 해요. 열에너지를 잃으면 그 반대로 상태 변화를 하고요. 하지만 액체를 거치지 않고 상태 변화하는 물질도 있어요. 아이스크림을 운반할 때 녹지 않게 도와주는 고체인 드라이아이스는 액체 상태를 거치지 않고 바로 기체로 상태 변화해요. 이를 승화라 해요.

액체와 기체 사이의 상태 변화

액화

겨울날 실내의 수증기가 열에너지를 잃고 창문 표면에 물방울로 맺히는 것을 볼 수 있어요. 이것이 기체가 액체로 상태 변화하는 액화예요.

기화

젖은 빨래를 널어 말리면 건조돼요. 이는 액체인 물이 기체인 수증기로 기화되었기 때문이에요.

고체와 액체 사이의 상태 변화

응고

물을 얼리면 열에너지를 잃어 얼음이 돼요. 액체가 열에너지를 잃어 고체가 되는 것을 응고라고 하지요.

융해

아이스크림을 냉장고 밖에 두면 녹아 흘러요. 이처럼 고체가 열에너지를 얻어 액체가 되는 것을 융해라고 해요.

열에너지를 흡수하는 상태 변화

고체가 액체로, 액체가 기체로, 고체가 기체로 바뀔 때는 열에너지를 얻어요. 이때 얻는 열은 융해열, 기화열, 승화열이라 하고, 이 열은 주변에서 얻는 것이므로 주변은 시원해져요.

융해열 고체 + 열 = 액체

고체가 녹으려면 융해열이 필요해요. 따라서 융해가 일어나는 주변에서는 열을 빼앗기지요. 아이스박스는 융해열을 이용한 것이에요.

기화열 액체 + 열 = 기체

액체가 기화되려면 기화열이 필요해요. 수영장에 들어갔다 나오면 몸이 서늘해지는 것은 몸에 묻은 물이 수증기로 기화되면서 몸의 열을 빼앗기 때문이에요.

승화열 고체 + 열 = 기체

고체가 승화될 때는 승화열이 필요해요. 고체 드라이아이스는 기체로 승화되면서 주변의 열을 빼앗아서 같이 보관한 아이스크림은 녹지 않는 것이죠.

열에너지를 방출하는 상태 변화

액체가 고체로, 기체가 액체로, 기체가 고체로 바뀔 때는 열에너지를 잃어요. 이때 잃는 열은 응고열, 액화열, 승화열이고, 이 열은 주변으로 나가서 주변은 따뜻해져요.

응고열 액체 − 열 = 고체

액체가 고체로 얼 때는 응고열을 내놓아요. 그래서 응고가 일어나는 주변은 따뜻해지지요. 이글루 안쪽에 물을 뿌리면, 물이 얼며 내놓는 응고열 덕분에 따뜻해져요.

액화열 기체 − 열 = 액체

기체가 액체가 되면 액화열을 내놓기 때문에 주변의 온도는 높아져요. 목욕탕 안이 더운 것은 수증기가 작은 물방울로 액화되면서 액화열을 내놓기 때문이에요.

승화열 기체 − 열 = 고체

기체가 고체로 승화될 때는 승화열을 내놓아요. 추운 날에는 공기 중의 수증기가 찬 풀잎 위에서 얼어 서리가 되는 승화가 일어나는데, 이때 승화열을 내놓기 때문에 풀잎은 얼지 않아요.

51 분자 운동

분자는 스스로 불규칙하게 운동해요.

1827년 스코틀랜드의 식물학자 브라운은 물에 떠 있는 꽃가루를 관찰하다가 꽃가루가 마치 살아 있는 것처럼 저절로 움직이는 것을 발견했어요. 나중에 브라운은 꽃가루가 아니라 물 분자가 끊임없이 움직이면서 꽃가루와 충돌한다는 것을 알아냈어요. 이러한 분자의 불규칙적인 운동을 '브라운 운동'이라고 해요.

분자의 운동으로 냄새를 맡을 수 있어요.

擴	散
넓힐 확	흩어질 산

넓게 흩어짐

방귀 냄새가 퍼지는 건 방귀 냄새 기체 분자가 우리 코까지 운동해 왔기 때문이에요.
이와 같이 분자의 운동에 의해서 저절로 퍼져 나가는 현상을 확산이라고 해요.

빨래가 마르는 것도 분자의 운동이에요.

蒸	發
찔 증	떠날 발

말라서 흩어짐

날씨 좋은 날 빨래를 널면 빨래가 잘 말라요. 이것은 젖은 빨래 표면에서 액체인 물이 기체인 수증기가 되어 공기 중으로 날아가기 때문이에요. 이와 같이 액체 표면에서 일어나는 기화 현상을 증발이라고 해요.

태평양 바닷물의 짠맛과 서해 바닷물의 짠맛은 똑같아요.

바닷물에는 여러 가지 물질이 녹아 있어요. 바닷물에 녹아 있는 물질을 염류라고 하지요. 바닷물에 가장 많이 녹아 있는 염류는 염화나트륨이에요. 그 다음에 염화마그네슘, 황산마그네슘, 황산칼슘 순으로 녹아 있어요. 이들 염류는 분자 운동에 의해 확산되어 골고루 섞이기 때문에 어느 바다에서나 녹아 있는 염류의 비율이 거의 같아요. 이것을 '염분비 일정의 법칙'이라고 하지요.

기체 분자가 액체 분자보다 더 자유롭게 운동해요.

물에 잉크를 떨어뜨리면 천천히 잉크가 퍼져 나가요. 그러나 방귀 냄새는 순식간에 퍼지지요. 기체는 분자 사이의 거리가 멀어 자유롭게 움직일 수 있지만, 액체는 분자 사이의 거리가 좁아 분자가 움직이면서 다른 분자들과 많이 충돌하기 때문이에요.

열을 주면 분자 운동이 더 활발해져요.

뜨거운 물에서 확산이 더 잘 일어나요.

커피 가루는 차가운 물보다 뜨거운 물에서 더 빠르게 녹아요. 이것은 온도를 높이면 분자들의 운동이 더욱 활발해지기 때문이에요.

뜨거운 물은 탁구공을 펼 수 있어요.

찌그러진 탁구공을 뜨거운 물에 넣으면 부풀어 원래의 모습이 돼요. 온도가 높아지면서 탁구공 안의 기체 분자의 운동이 활발해져 부피가 커지는 것이지요.

52 기체의 부피 변화

기체의 부피는 압력과 온도에 따라 쉽게 변해요.

기체는 손으로 누르면 부피가 줄어들어요. 즉, 압력에 따라 부피가 변하지요. 또한 기체에 열을 가하면 기체 분자의 운동이 더욱 활발해져서 부피가 늘어나요. 반대로 기체를 차갑게 하면 기체 분자의 운동이 느려져 부피가 줄어들어요.

꾹!

압력이 커지면 기체의 부피는 줄어들어요. – 보일의 법칙

영국의 화학자 보일은 공기가 가득 찬, 한쪽 끝이 막힌 유리관에 수은을 넣어 그 압력으로 공기를 압축하는 실험을 했어요. 그리고 수은을 많이 넣어 유리관 속의 공기의 압력을 2배로 하면 공기의 부피가 반으로 줄어든다는 것을 알아냈지요. 기체의 온도와 양이 일정할 때 기체를 누르는 압력을 증가시키면 기체의 부피는 줄어드는데, 이것이 보일의 법칙이에요.

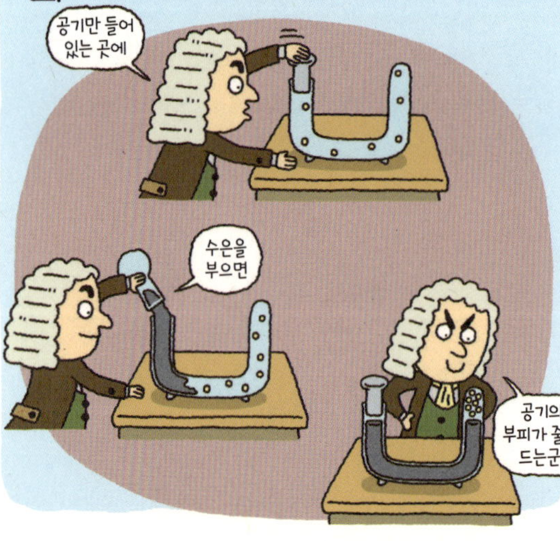
공기만 들어 있는 곳에
수은을 부으면
공기의 부피가 줄어 드는군!

생활 속 보일의 법칙

잠수부들이 숨을 쉴 때 내뿜는 공기 방울의 크기는 수면에서 가까울수록 크기가 커져요. 바다 깊은 곳은 공기 방울을 누르는 물의 양이 많아서 공기 방울에 작용하는 압력이 크기 때문에 공기 방울의 크기가 작아요. 반면, 수면 가까운 곳은 공기 방울에 작용하는 압력이 작기 때문에 공기 방울의 크기가 큰 것이지요.

뽀글
점점 커지네~
뽀글

온도가 높아지면 기체의 부피는 커져요. – 샤를의 법칙

온도가 높아지면 기체 분자의 운동이 활발해져요. 따라서 기체의 부피가 커지지요. 프랑스의 과학자 샤를은 기체의 압력과 양이 일정할 때, 온도가 높아지면 부피가 늘어난다는 사실을 알아냈어요. 이것이 샤를의 법칙이에요.
샤를은 이를 응용하여 열기구를 띄우기도 했지요.

생활 속 샤를의 법칙

계절에 따라 자동차 타이어에 넣는 공기의 양이 달라져요. 더운 여름에는 타이어 속 기체 분자들의 운동이 활발하므로 타이어가 겨울보다 빵빵해져요. 따라서 여름에는 타이어가 팽팽할 정도로 공기를 많이 넣지 않는 것이 좋아요.

압력과 온도가 일정할 때 기체의 양이 많아지면 기체의 부피는 커져요.

풍선에 공기를 불어 넣으면 풍선 안에 공기가 많아져요. 그러면 공기, 즉 기체 분자가 풍선의 안쪽 벽에 많이 부딪히게 되어 풍선이 커져요. 풍선은 점점 빵빵해지는데 이를 버티지 못하면 펑 하고 터져요.

하늘 높이 올라간 풍선은 어떻게 될까요?

풍선은 하늘로 올라갈수록 점점 크기가 커져요. 풍선 속에 공기가 더 들어간 건 아니고, 바깥 공기의 압력이 낮아지기 때문이에요. 위로 갈수록 공기의 양이 줄어들어 풍선 안의 압력이 상대적으로 더 세져요. 풍선이 부풀다가 결국 터지게 되지요.

물질의 특성과 혼합물의 분리

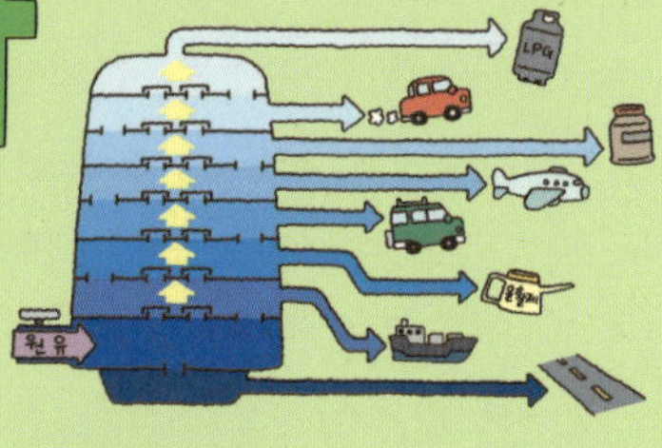

요리를 하다 보면 소금을 넣어야 할 때 겉모양이 비슷한 설탕을 넣어서 음식을 버리는 경우가 있어요. 겉으로 봐서는 구별할 수가 없기 때문이죠. 겉모습이 비슷한 물질들은 어떻게 구별할까요?

모든 물질은 변하지 않는 성질이 있는데, 이를 물질의 특성이라고 해요. 물질의 특성은 물질마다 서로 다르므로 이 특성을 이용하면 물질을 구별할 수 있어요. 물질의 특성에는 끓는점, 녹는점(어는점), 밀도, 용해도 등이 있어요.

물질의 특성을 이용하면 여러 물질이 섞인 혼합물에서 원하는 물질만 분리해 낼 수 있어요. 이런 일은 오늘날 아주 유용하게 이용되고 있어요. 원유를 정제하거나 바닷물에서 순수한 물만 분리하여 식수로 이용하는 데 물질의 특성을 이용한 혼합물의 분리 방법이 쓰여요.

관련 단원

초등학교
5학년 1학기 용해와 용액
5학년 1학기 혼합물의 분리

중학교
2학년 물질의 특성

53 물질의 성질

물질은 저마다
고유한 특성을
가지고 있어요.

54 밀도

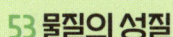

물질이 같은 부피일 때
가볍고 무거운 정도를
밀도라 해요.

55 녹는점, 어는점, 끓는점

물질의 녹는점, 어는점,
끓는점은 물질을 구별하는
특성이에요.

56 용해도

일정한 온도에서 용질이
용매에 녹는 정도를
용해도라 해요.

57 물질의 분류

물질은 한 종류로만
이루어진 순물질과
여러 종류로 이루어진
혼합물로 나뉘어요.

58 혼합물의 분리

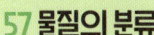

혼합물은 물질의 특성을
이용하여 각각의 순물질로
분리할 수 있어요.

53 물질의 성질

겉으로 볼 때 드러나는 성질을 겉보기 성질이라고 해요.

사람의 눈, 코, 입, 귀 그리고 피부를 통해 알 수 있는 물질의 성질을 겉보기 성질이라고 해요. 색깔, 냄새, 맛, 촉감, 굳기 등이 그것이죠.

겉보기 성질로는 구별할 수 없는 물질이 더 많아요.

실험실에서 알코올 램프에 사용하는 메탄올과 술을 만드는 데 쓰이는 에탄올은 둘 다 알코올이지만 서로 다른 물질이에요. 하지만 두 물질은 겉으로 보기에는 모두 투명하고 냄새도 비슷해요.

물질은 저마다 고유한 특성을 가지고 있어요.

각 물질은 다른 물질과는 구별되는 고유한 성질을 가지고 있어요. 이를 물질의 특성이라고 해요. 물질의 특성에는 밀도, 녹는점과 끓는점, 용해도 등이 있어요.

물질의 특성이 아닌 것

물질의 무게, 길이, 넓이, 온도 등은 물질의 특성이 될 수 없어요. 서로 다른 물질이라 해도 무게, 길이, 넓이, 온도는 얼마든지 같을 수 있기 때문이지요.

54 밀도

밀도는 같은 부피일 때 가볍고 무거운 정도를 나타내요.

부피가 같으면 질량도 같을 것 같지만 실은 그렇지 않아요. 쇠로 만든 공과 솜으로 만든 공은 부피가 같아도 질량은 아주 많이 차이가 나지요. 밀도가 다르기 때문이에요. 밀도는 일정 부피를 차지하는 물질의 질량으로, 물질의 종류에 따라 고유한 값을 가져요.

$$밀도 = \frac{질량}{부피}$$

물보다 밀도가 작으면 물에 뜨고, 크면 물속으로 가라앉아요.

물과 얼음은 같은 물질이지만 밀도는 달라요. 물이 얼면서 부피가 커지기 때문에 같은 부피이면 물보다 얼음이 가볍지요. 그래서 밀도가 작은 얼음은 항상 물 위에 떠요. 겨울철 호수에 얼음이 얼어도 물고기들이 죽지 않는 것은 얼음 아래에 얼지 않은 물이 있기 때문이에요.

55 녹는점, 어는점, 끓는점

녹는점과 어는점은 같아요.

얼음을 가열하면 온도가 점점 올라가다가 어느 순간 녹기 시작하면서 물이 돼요. 그리고 물을 차갑게 하면 온도가 점점 낮아지다가 어느 순간 얼기 시작하여 완전한 얼음이 되지요. 이처럼 고체가 액체로 녹는 온도를 녹는점, 액체가 고체로 어는 온도를 어는점이라고 하는데, 같은 물질의 경우 어는점과 녹는점은 같아요.

녹는점과 어는점은 물질의 양과 관계 없이 일정해요.

작은 얼음이나 큰 얼음이나 모두 0℃에서 녹아요. 그리고 물 한 방울이나 우물물이나 똑같이 0℃에서 얼지요. 그러나 물질의 양이 적으면 양이 많을 때보다 녹거나 어는데 걸리는 시간은 짧아져요.

상태 변화가 일어나는 순간에는 온도가 변하지 않아요.

상태 변화가 일어나는 순간에는 흡수하거나 방출한 열에너지가 물질의 온도를 변화시키는 데 사용되지 못하고 물질의 상태를 변화시키는 데 사용돼요. 그래서 상태 변화가 일어나는 동안에는 온도가 변하지 않지요.

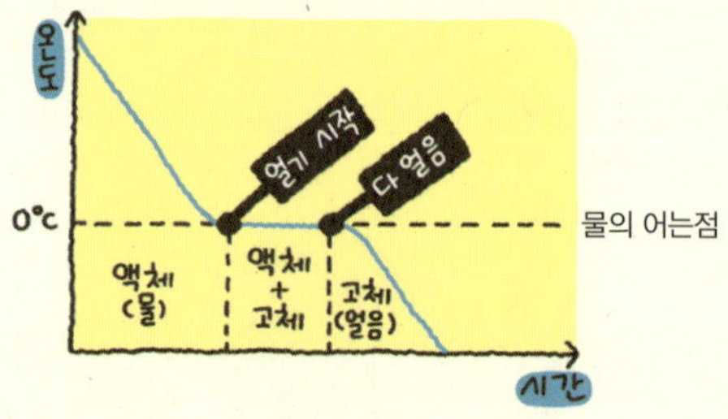

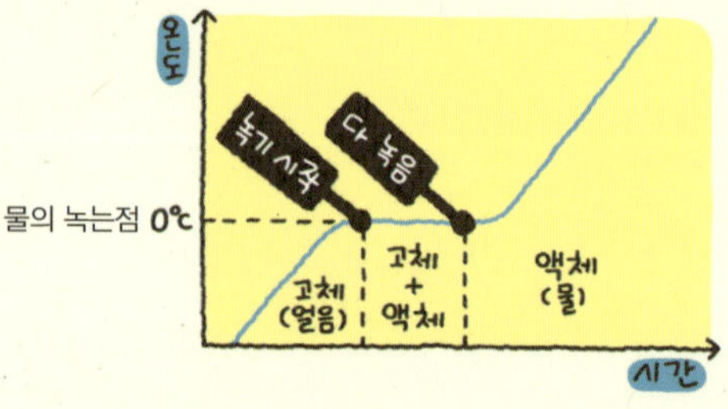

액체가 끓어 기체로 변하는 온도를 끓는점이라고 해요.

액체의 양이 다를 때는 모두 끓어 완전히 기체로 되는 데까지 걸리는 시간이 다를 수 있지만, 끓는 온도인 끓는점은 변하지 않아요.

분자마다 서로 잡아당기는 힘이 다르기 때문에 끓는점이 달라요.

물질을 이루는 분자 사이에는 서로 잡아당기는 힘, 즉 인력이 있어요. 이 힘이 작을수록 분자 배열이 달라지기 쉽고 상태가 변하기 쉬워요. 그래서 끓는점도 낮지요. 끓는점이 물질마다 다른 것은 분자들마다 인력이 다르기 때문이에요.

물질	끓는점(℃)
철	2862. 0
구리	2567. 0
수은	356. 6
물	100. 0
에탄올	78. 4
산소	−183. 0
수소	−252. 8

끓는점은 압력의 영향을 많이 받아요.

액체의 끓는점은 압력의 영향을 많이 받아요. 압력이 커질수록 끓는점은 높아지고, 압력이 작을수록 끓는점은 낮아지지요. 높은 산에서 밥을 하면 설익게 되는 것도 산 위가 평지보다 공기의 양이 적어 기압이 낮기 때문이에요. 기압이 낮으면 물의 끓는점도 낮아져 물이 100℃보다 낮은 온도에서 끓지요. 따라서 쌀이 익을 수 있는 온도에는 도달하지 못해 밥이 설익는 거예요.

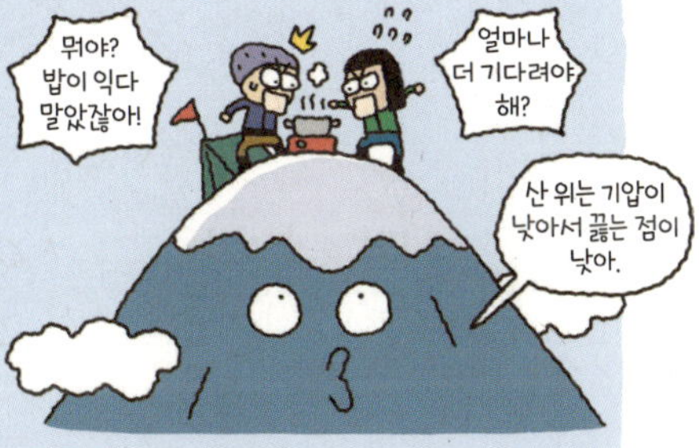

물질의 녹는점과 끓는점을 알면 지금 온도에서 물질이 어떤 상태인지 알 수 있어요.

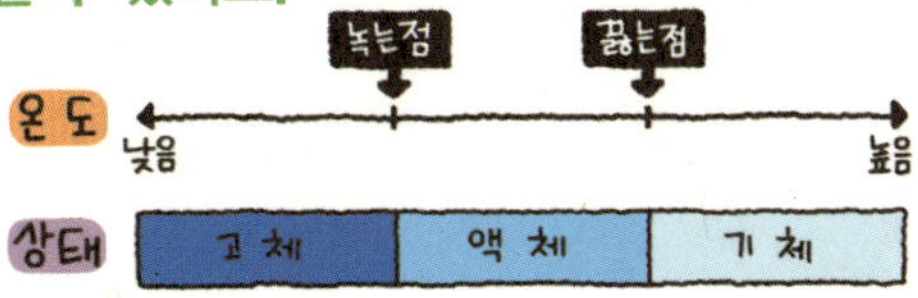

상온 25℃에서

56 용해도

'녹는다'의 두 가지 의미 – 융해와 용해

얼음이 물로 될 때 우리는 '얼음이 녹는다'라고 해요. 이 때 녹는다는 것은 고체가 액체로 상태 변화하는 것, 즉 융해 현상을 말해요. 그런데 설탕을 물에 넣었을 때도 '설탕이 물에 녹는다'라고 표현해요. 이 '녹는다'는 한 물질이 다른 물질에 섞이는 것을 말해요. 그리고 이 현상을 용해라고 하지요.

용질을 용매에 용해시키면 용액이 돼요.

설탕이 물에 녹으면 설탕물이 돼요. 설탕물은 설탕이 물에 고르게 섞여 들어간 균일 혼합물, 즉 용액이에요. 이때 물에 녹아 들어가는 설탕을 녹는 물질이라 하여 용질, 녹이는 물은 용매라고 해요.

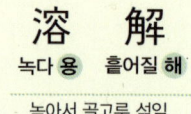

溶 解
녹다 **용** 흩어질 **해**
녹아서 골고루 섞임.

용해가 일어나도 질량은 변하지 않지만, 부피는 변해요.

알갱이의 수가 변하지 않으므로 질량은 일정해요.

용해가 일어날 때 용매와 용질을 이루는 알갱이, 즉 분자의 수에는 변화가 없어요. 그러니 용해 전과 후의 질량은 변하지 않지요.

용매의 질량 + 용질의 질량 = 용액의 질량

큰 알갱이 사이로 작은 알갱이가 들어가 부피는 감소해요.

용매와 용질은 알갱이의 크기가 달라요. 그래서 서로 섞이면, 큰 알갱이들 사이로 작은 알갱이들이 끼어 들어가 각각의 부피를 더한 것보다 부피가 작아지지요.

용매의 부피 + 용질의 부피 > 용액의 부피

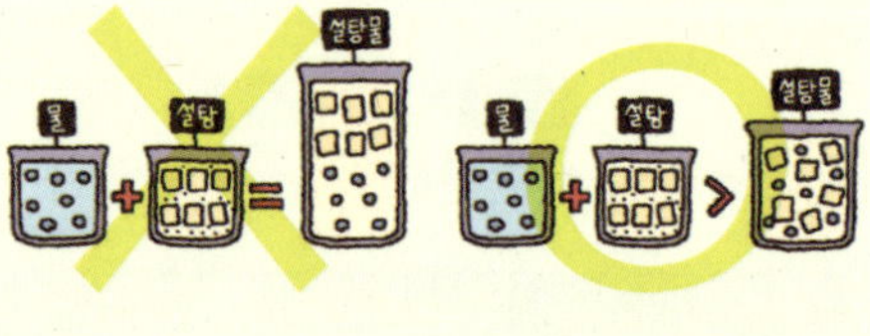

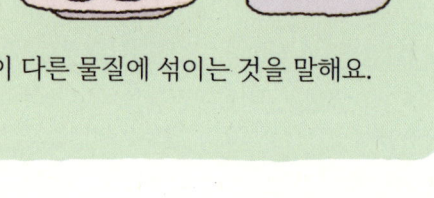

녹일 수 있는 양에는 한계가 있어요.

설탕을 물에 계속 넣으면 어느 순간 설탕이 더 이상 녹지 않고 가라앉아요.

이렇게 일정한 온도에서 일정한 양의 용매가 녹일 수 있는 용질의 양에는 한계가 있어요. 용질이 최대로 녹은 용액을 포화 용액이라고 해요.

용해도는 물질을 구분하는 특성이에요.

용해도는 일정한 온도에서 용매에 얼마나 많이 녹을 수 있는지를 나타내요. 용매의 종류와 온도에 따라 달라져요.

고체는 온도가 높을수록 용해도가 커져요.

고체 용질이 용해되려면 용질의 표면으로부터 분자들이 떨어져 나와야 해요. 이때 분자의 운동을 활발하게 만들어 줄 열에너지가 필요하지요. 그러므로 온도를 높이면 대부분의 고체는 더 많이 녹아요. 즉 용해도가 커져요.

기체는 온도가 낮을수록, 압력이 클수록 용해도가 커져요.

기체는 온도가 낮을수록 잘 녹아요.

온도가 올라가면 기체는 분자 운동이 활발해져요. 그래서 온도를 높여 주면 액체 속에 녹아 있던 기체 분자들은 운동이 활발해져 녹아 있지 못하고 용액 밖으로 튀어 나와요.

기체는 압력이 클수록 잘 녹지요.

기체를 녹일 때 압력을 크게 하면 용해도가 커져요.누르는 힘에 밀려 기체가 용액 속으로 녹아 들어가거든요.

사이다 병뚜껑을 딸 때 펑 소리가 나죠? 이것은 뚜껑이 열려 압력이 작아지자 녹아 있던 기체들이 튀어 나오면서 내는 소리예요.

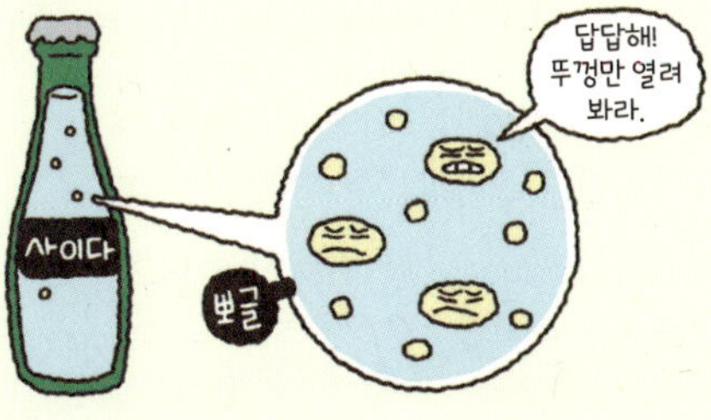

57 물질의 분류

물질에는 순물질과 혼합물이 있어요.

한 종류로만 이루어진 물질을 순물질이라고 해요. 산소나 질소, 증류수나 염화나트륨 등이 순물질이지요. 그리고 이런 순물질이 섞여 있는 물질을 혼합물이라고 해요. 소금물은 소금과 물의 혼합물이고, 공기도 혼합물이에요. 공기 속에는 질소, 산소, 이산화탄소 등 여러 기체들이 섞여 있거든요.

순물질 – 홑원소 물질, 화합물

순물질에는 철이나 연필심, 다이아몬드처럼 한 종류의 원자로만 되어 있는 홑원소 물질과 여러 가지 원소가 화학적으로 결합하여 만들어진 화합물이 있어요.

혼합물 – 균일 혼합물, 불균일 혼합물

혼합물은 고르게 섞여 있는 균일 혼합물과 그렇지 않은 불균일 혼합물로 나눌 수 있어요. 소금물 같은 균일 혼합물은 어느 부분이나 성질과 성분이 같아요. 반면 흙탕물 같은 불균일 혼합물은 각 성분 물질들이 고르게 섞여 있지 않아, 어떤 부분을 취하는지에 따라 성분이나 성질이 달라져요.

순물질은 어는점, 녹는점, 끓는점에서 온도가 일정하게 유지돼요.

순물질은 상태 변화가 일어나는 동안에 온도가 일정하게 유지돼요.

혼합물은 각 성분 물질의 성질을 그대로 가지고 있어요.

균일 혼합물인 소금물은 소금과 마찬가지로 맛이 짜요. 이것은 소금이 물과 혼합되어 소금물이라는 혼합물이 되었지만, 원래 소금이 가지는 성질을 그대로 가지고 있기 때문이지요. 이처럼 혼합물은 각 순물질이 가진 성질을 잃지 않고 단지 섞여만 있는 상태예요. 그래서 각 물질이 가진 성질의 차이를 이용하면 다시 각각의 물질로 분리할 수 있지요.

고체 혼합물은 어는점과 녹는점이 일정하지 않아요.

서로 다른 고체 물질이 혼합되어 있을 때에는 고체가 녹아 액체가 되는 동안에 일정한 온도를 유지하지 못해요. 또한, 두 물질의 섞는 비율을 달리하면 녹는점도 달라져요.

액체가 순물질인지 혼합물인지 알려면 끓여 보면 돼요.

혼합물은 끓는 동안 온도가 일정하게 유지되지 않아서, 순물질처럼 일정한 끓는점을 가지지 않아요.

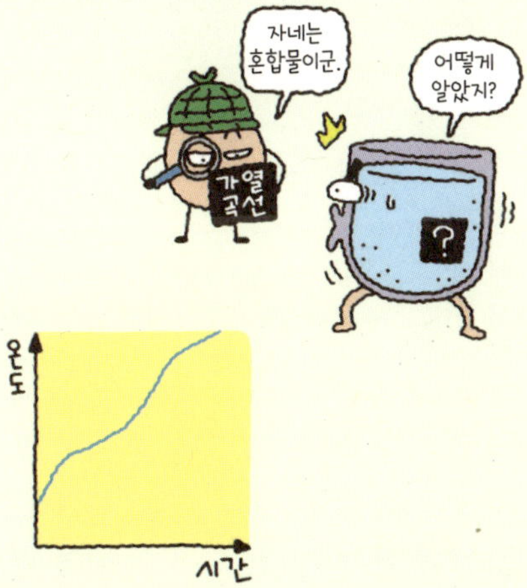

58 혼합물의 분리

밀도가 차이 나는 순물질의 혼합물

밀도가 크다는 것은 같은 부피를 가졌을 때 더 무겁다는 것을 의미해요. 무거운 물질과 가벼운 물질이 섞여 있으면 무거운 물질은 아래로, 가벼운 물질은 그 위에 있으려고 하지요.

볍씨와 쭉정이는 밀도 차를 이용해서 분리해요.

볍씨는 속이 꽉 찬 볍씨도 있고, 속이 빈 쭉정이도 있어요. 쭉정이는 골라내야 하지요. 볍씨들을 소금물에 넣으면, 쭉정이는 밀도가 작아서 물에 뜨고, 속이 꽉 찬 볍씨는 무거워서 밑으로 가라앉아요. 이처럼 밀도가 다른 고체 혼합물은 각 물질을 녹이지 않는 액체를 이용하면 쉽게 분리할 수 있어요.

곡식에 섞인 돌을 분리하는 데에도 밀도 차를 이용했어요.

옛날에는 추수한 곡식을 키에 담고 털어서 곡식에 붙은 먼지를 분리했어요. 키질을 하면 가벼운 먼지는 날아가거나 앞에 남고, 무거운 곡식은 뒤로 모여 분리할 수 있었어요.

섞이지 않는 액체를 분리할 때는 스포이트나 분별 깔때기를 사용해요.

물과 기름처럼 서로 섞이지 않는 액체 혼합물을 가만히 두면 밀도가 큰 액체는 아래층으로, 밀도가 작은 액체는 위층으로 분리돼요. 실험실에서는 분별 깔때기를 사용하여 분리하지만 그 양이 작을 때는 스포이트로 위층부터 뽑아내면 돼요.

잘 섞이는 액체 혼합물은 끓는점 차이를 이용해서 분리해요.

액체 혼합물을 끓이면 끓는점이 낮은 액체부터 끓어 기체가 되는데, 이 기체를 다시 차갑게 하면 순수한 액체를 얻을 수 있어요. 이 과정을 증류라고 하지요.

바닷물에서 순수한 물을 분리해 내는 가장 좋은 방법은 증류예요.

바닷물은 그냥 먹을 수 없지만, 증류시키면 순수한 물을 분리할 수 있어요. 즉, 바닷물을 끓이면 물부터 끓어 수증기가 되고, 이 수증기를 냉각시키면 순수한 물을 얻을 수 있지요.

옛날 우리 조상들은 증류를 이용해서 술을 만들었어요.

우리 조상들은 맑은 술을 만들 때 끓는점의 차이를 이용했어요. 발효된 술의 재료를 솥에 넣고, 소줏고리와 찬물을 담은 솥뚜껑을 솥 위에 올려놓고 끓여요. 그러면 끓는점이 낮은 알코올이 다른 재료보다 먼저 끓어 기체가 돼요. 끓어서 위로 올라온 알코올 기체는 찬 그릇을 만나 액화 되면서 소줏고리의 구멍을 통해 밖에 모여요.

원유를 분리할 때도 끓는점 차이를 이용해요.

땅속에서 막 뽑아 올린 석유를 원유라고 해요. 원유에는 가스레인지에 이용되는 LPG부터, 자동차의 연료로 사용되는 경유와 휘발유, 도로를 포장하는데 사용되는 아스팔트 등 여러 가지 성분이 들어 있어요.
이들은 각각 끓는점이 다르기 때문에 분별 증류법을 이용해요.
원유를 끓이면 끓는점이 낮은 LPG부터 끓어 증류탑의 위로 올라가 순서대로 나오게 돼요.

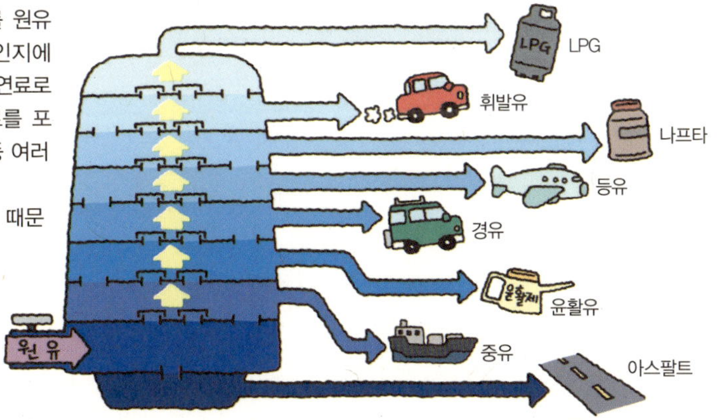

특정한 용매를 이용해서 물질을 분리할 수 있어요.

여러 가지 물질이 섞여 있는데 원하는 물질만 따로 분리하고 싶을 때는 다른 것은 녹이지 못하고 그 물질만 녹이는 용매를 이용하기도 해요. 용매를 이용해 그 물질만 녹인 후 다시 용매를 제거하는 것이죠.

깨끗한 소금을 얻기 위해 거름 장치를 이용했어요.

옛날에는 바닷물을 모아 햇빛으로 증발시켜서 소금을 얻었어요. 그런데 이 소금에는 흙이 섞여 있는 경우가 많았죠. 그래서 이 소금을 물에 녹인 후 거르는 과정을 거쳤어요. 그러면 물에 녹지 않는 흙은 걸러지고, 소금은 물에 녹은 채 거름 장치를 통과해요. 그런 후에 물만 증발시키면 깨끗한 소금을 얻을 수 있어요.

화장실 청소를 할 때 물만 많이 뿌려도 냄새가 어느 정도는 사라져요.

화장실 냄새는 사람의 배설물에 있는 '암모니아'가 공기 중으로 퍼지기 때문에 나요. 공기는 물에 거의 녹지 않지만 암모니아는 물에 잘 녹아요. 그래서 공기에 물을 뿌리면 암모니아는 물에 녹아서 없어져요.

사인펜의 색소도 혼합물이에요.

사인펜의 잉크도 순물질이 아니라 혼합물이에요. 물에 젖으면 색을 나타내는 성분 물질들이 물에 녹아 종이를 타고 이동하는데, 그 속도가 각각 다르기 때문에 여러 가지 색이 띠 모양으로 번지는 것이지요. 혼합물을 이루고 있는 각 물질이 용매에 녹아서 종이나 얇은 막을 따라 이동하는 속도가 다른 것을 이용해 혼합물을 분리하는 것을 '크로마토그래피'라고 해요.

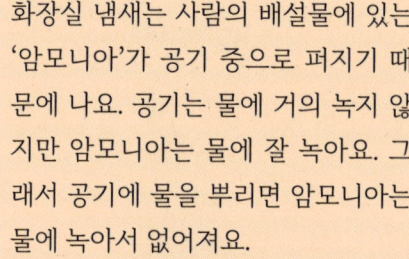

과학수사대, 혼합물을 분리하라!

첫째 혼합물인지 아닌지 확인한다.

물질을 가열하면서 온도를 재어 가열 곡선을 만들어 보아요. 상태 변화가 일어나면서 온도가 일정한 구간이 1곳만 나타나면 순물질, 2곳 이상 나타나거나 아예 나타나지 않으면 혼합물이지요.

순물질인지 혼합물인지 어서 말 해! 가열 곡선 보면 다 나와!
혼합물
앗 뜨 뜨 뜨~

둘째 혼합물의 상태를 확인한다.

고체인지 액체인지 기체인지 확인해요.

셋째 혼합물에 들어 있는 순물질들의 특성을 확인한다.

녹는점, 끓는점 등 물질의 특성 중 가장 차이가 나는 특성이 무엇인지 알아내요.

넷째 가장 차이가 나는 물질의 특성을 이용해 각각의 순물질로 분리한다.

	밀도 차이 이용	끓는점 차이 이용	용해도 차이 이용
고체 혼합물	좋은 볍씨 골라내기처럼 혼합물을 녹이지 않는 액체를 활용하여 분리함.	–	한 가지 물질만 녹이는 용매를 이용하여 녹인 후 용매를 제거함.
액체 혼합물	잠시 가만히 둔 후 분별 깔때기나 스포이트를 이용함.	증류 시킴.	
기체 혼합물	–	–	

화학의 역사를 쓴 과학자

아리스토텔레스 (BC 384-BC 322)

아리스토텔레스는 모든 물질은 물, 불, 흙, 공기의 네 가지 원소로 이루어졌고, 그 비율에 따라 물질의 성질이 달라진다고 생각했어요. 물질에 대한 그의 생각은 지금처럼 실험을 바탕으로 한 과학은 아니었지만, 오랫동안 사람들의 믿음으로 자리 잡았지요.

보일 (1627-1691)

보일은 어릴 때부터 신동으로 불렸어요. 그의 가장 유명한 업적은 보일의 법칙으로, 기체의 압력과 그 부피는 서로 반비례한다는 법칙이에요. 기체에 압력을 주면 부피가 줄어드는데 압력이 2배가 되면 부피는 $\frac{1}{2}$배가 된다는 것이지요. 이러한 보일의 법칙은 기체도 입자로 되어 있을 것이라는 생각으로 발전되었어요.

라부아지에 (1743-1794)

라부아지에는 부유한 집안 덕분에 당대 최고의 화학 실험실과 실험 기구를 가질 수 있어 정확성이 높은 실험을 하였어요. 라부아지에는 화학 변화가 일어나더라도 질량에는 아무런 변화가 없다는 질량 보존의 법칙을 발견했어요.

게이 뤼삭 (1778-1850)

어려서부터 영특했던 게이 뤼삭은 기체에 관한 여러 실험을 하던 중 같은 온도와 압력에서 기체들이 반응하거나 만들어질 때, 그 부피가 서로 일정한 비율로 정해진다는 사실을 발견했어요. 이를 정리하여 1808년 '기체 반응의 법칙'을 발표하였어요.

아보가드로 (1776-1856)

아보가드로는 기체도 분자로 이루어져 있다고 처음 주장한 과학자예요. 그는 같은 온도, 같은 압력, 같은 부피의 기체는 종류에 상관없이 같은 수의 분자를 가진다고 설명했어요. 하지만 당시에는 그의 말을 믿는 사람이 거의 없었고, 논문도 주목 받지 못했어요. 그러나 50여 년 뒤 그의 주장이 증명되며, 이 내용은 '아보가드로의 법칙'으로 불리게 되었어요.

04 생명과학

생물의 구성

고대 그리스의 철학자 엠페도클레스와 아리스토텔레스는 이 세상의 모든 물질이 물, 불, 공기, 흙의 4원소로 이루어져 있다고 주장했어요.
하지만 오늘날 사람들은 생물이 세포로 되어 있다는 것을 알고 있어요.
세포는 살아 있는 모든 생명의 기본이며, 모든 생물은 하나의 세포에서 시작되지요.
우리가 소리를 듣고 빛을 보고 운동을 하고 밥을 먹는 모든 일들이 바로 이 세포의 활동 덕분이에요.

관련 단원

초등학교

4학년 1학기 다양한 생물과 우리 생활
4학년 2학기 생물과 환경
6학년 1학기 식물의 구조와 기능

중학교

1학년 생물의 구성과 다양성

59 세포

모든 생물은
세포를 가지고 있어요.

60 세포의 관찰

세포 속에는 다양한
세포 소기관들이 들어 있어요.

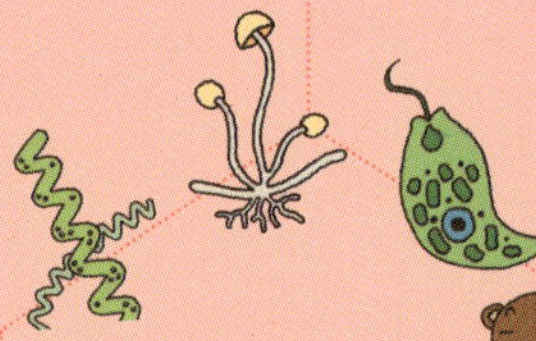

61 생물의 분류

생물은 동물, 식물, 균,
원핵생물, 원생생물로
나눌 수 있어요.

59 세포

생물은 특별해요.

사람처럼 개, 곤충도 생물이고 이동하지 못하는 나무나 풀도 생물이에요. 생물은 자신의 생명을 유지하기 위해 스스로 양분을 만들거나 다른 생물을 먹고, 몸에서 필요 없는 것은 내보내요. 또한 자라면서 몸이 커지고 모습이 바뀌기도 하지요. 그리고 언젠가 자신을 닮은 자손을 만들어요. 하지만 자동차는 생물이 아니에요. 이동할 수는 있지만 자라지도, 자손을 만들지도 못하니까요.

모든 생물은 세포를 가지고 있어요.

생물은 모두 세포를 가지고 있어요. 벽돌로 건물을 만들 듯 생물은 세포가 모여 하나의 몸을 이루지요.

세포를 최초로 발견한 로버트 훅

1665년, 영국의 과학자 로버트 훅은 현미경으로 코르크를 관찰하다가 신기한 것을 발견했어요. 현미경을 통해 본 코르크는 여러 개의 방이 모여 있는 것처럼 규칙적으로 이루어져 있었지요. 그래서 작은 방(cell)이란 의미로 세포라고 이름을 붙였어요. 이것이 최초로 본 세포의 모습이에요.

세포 수는 생물마다 달라요.

박테리아, 바이러스 같은 미생물들은 대부분 한 개의 세포로 되어 있어요. 이를 단세포 생물이라고 하지요. 하지만 대부분의 생물은 여러 개의 세포가 모여서 몸을 이루는 다세포 생물이에요. 사람의 경우 어른 한 명의 몸을 구성하는 전체 세포 수는 약 37조 개나 돼요.

세포의 모양은 여러 가지예요.

세포의 모양은 생물에 따라 다르며, 같은 생물 안에서도 하는 일에 따라 달라요.

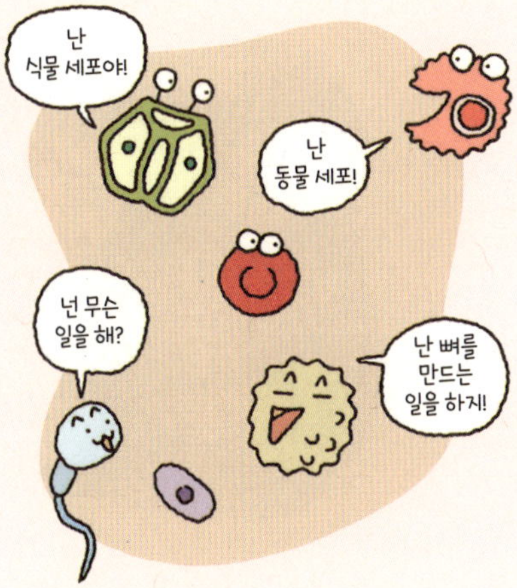

세포의 크기도 여러 가지예요.

대부분의 세포는 눈으로 볼 수 없을 정도로 작아요. 하지만 달걀도 1개의 세포예요. 이처럼 세포 1개의 크기는 우리 눈에 보이지 않는 아주 작은 것부터 달걀처럼 눈에 보이는 큰 것까지 다양해요.

개미와 코끼리의 세포 크기는 비슷해요.

몸집이 크다고 그에 비례해서 세포의 크기가 큰 것은 아니에요. 세포의 수가 많아지는 거지요. 개미와 코끼리는 세포의 크기는 비슷하지만, 세포의 수는 코끼리가 훨씬 많아요.

살이 찌면 세포 수가 늘어나요.

모든 생물의 세포는 일정 크기 이상으로 커질 수 없어요. 그래서 살이 찌면 세포의 크기가 커지는 것이 아니라 세포의 수가 늘어나게 돼요. 그리고 일단 한 번 늘어난 세포의 수는 쉽게 줄어들지 않아요. 그래서 살이 찌면 빼기가 쉽지 않은 거예요.

60 세포의 관찰

현미경으로 세포를 관찰할 수 있어요.

대부분의 세포는 매우 작아서 현미경을 이용해야 볼 수 있어요. 현미경은 렌즈 두 개를 사용하는데 두 렌즈의 배율을 곱한 것만큼 크게 볼 수 있지요.

광학 현미경은 충분한 빛이 있어야 보여요.

광학 현미경의 구조

접안렌즈와 대물렌즈
윗부분의 렌즈가 접안렌즈, 아랫부분의 렌즈가 대물렌즈예요. 현미경은 두 렌즈의 배율을 곱한 만큼의 크기로 확대하여 물체를 볼 수 있지요.

반사경과 조리개
경통 속은 어둡기 때문에 아래에서 빛을 비춰 주어야 볼 수 있어요. 이 역할을 하는 게 반사경이에요. 조리개는 반사경을 통해 들어오는 빛의 양을 조절하지요

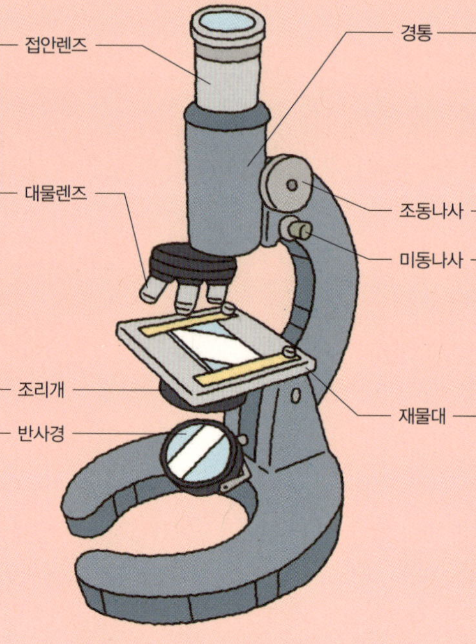

경통
접안렌즈와 대물렌즈를 연결하는 관으로 빛이 지나가는 통로가 돼요.

조동나사와 미동나사
초점을 맞출 때 사용하는 나사예요.

재물대
관찰할 대상을 올려놓는 곳이지요.

현미경으로 관찰하려면 프레파라트가 필요해요.

광학 현미경은 반사경에서 반사된 빛이 물체를 통과해서 렌즈와 경통을 지나 눈까지 와야 물체를 볼 수 있어요. 그래서 관찰할 물질을 얇게 떼어 내어 투명한 유리에 붙인 후 현미경으로 관찰해요. 이것을 '프레파라트'라고 하지요.

현미경으로 본 세포

세포핵에는 생물의 설계도가 있어요.

세포핵은 생물의 중심이에요. 생물의 모양, 성질, 생장, 유전 등을 결정하는 물질이 들어 있어요.

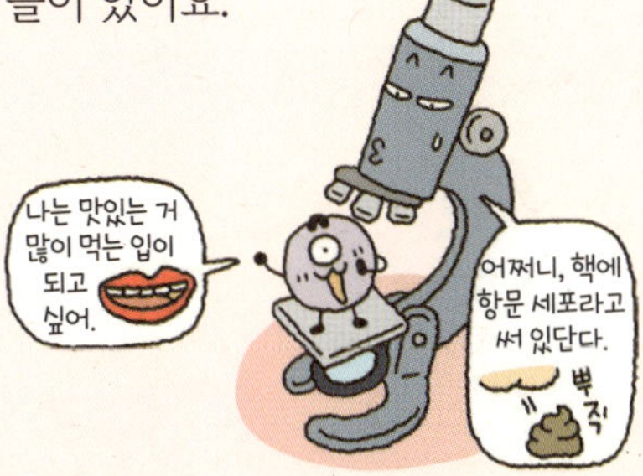

세포 속에는 여러 기관이 있어요.

핵을 제외한 세포의 나머지 부분을 세포질이라고 해요. 세포질에는 엽록체, 미토콘드리아 같은 다양한 세포 소기관들이 있어요.

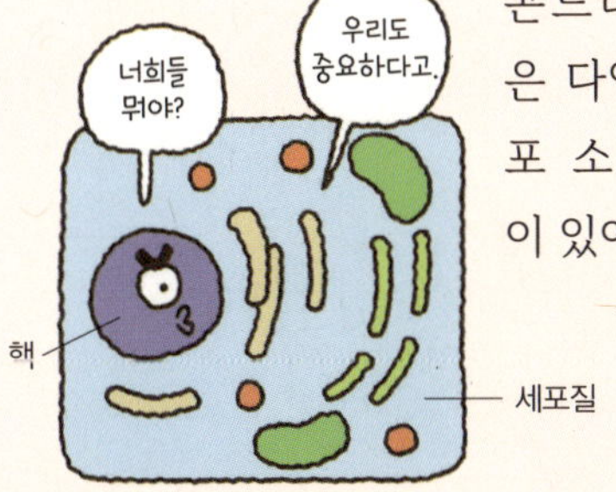

식물 세포와 동물 세포는 달라요.

식물 세포

식물 세포는 두껍고 단단한 세포벽이 둘러싸고 있어서 벌집처럼 질서정연하게 배열되어 있어요. 그래서 식물은 일정한 모양을 유지하며 나무처럼 크게 자랄 수 있지요.

우린 단단하게 벽을 쌓아야 해.
식물 세포

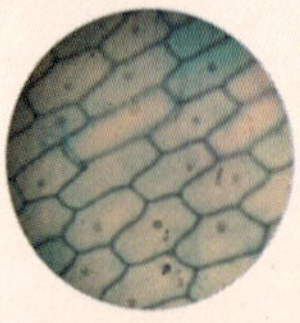
양파 표피 세포

동물 세포

동물 세포는 세포벽이 없고 세포막만 있어요. 그래서 식물과 달리 공 모양을 이루며 불규칙하게 흩어져 있지요. 동물 세포를 간단하게 관찰하려면 입 안의 벽을 긁어 상피 세포를 관찰하면 돼요.

입 안 상피 세포

세포벽과 엽록체는 식물 세포에만, 액포는 모든 식물 세포와 몇 종류의 동물 세포에만 있어요.

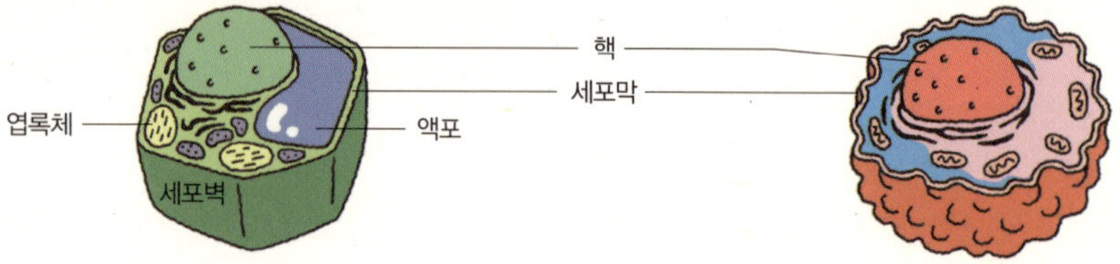

식물 세포　　동물 세포

엽록체는 광합성을 하는 곳이에요.

식물의 잎은 녹색을 띠는 색소를 가진 엽록체 덕분에 녹색이에요. 엽록체는 광합성을 하여, 식물이 스스로 영양분을 만들어 내는 데 중요한 역할을 하지요.

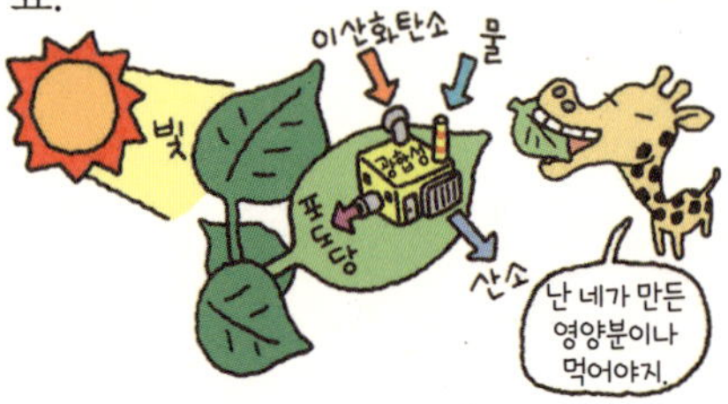

액포는 식물의 노폐물을 저장하는 화장실이죠.

액포는 세포가 활동하면서 나오는 노폐물을 저장하는 곳이에요. 동물은 몸 안의 노폐물을 땀이나 오줌, 똥의 형태로 몸 밖으로 내보내지만 식물은 액포에 넣어 두지요. 그래서 오래된 세포일수록 액포가 커요.

화장실도 안 가니?
내 안에 화장실이 있지.
액포

61 생물의 분류

생물은 동물, 식물, 원생생물, 균, 원핵생물로 나눌 수 있어요.

1700년대, 스웨덴의 식물학자 린네는 모든 생물을 식물과 동물로 나누었어요. 하지만 그 이후 식물과 동물로 구분하기 어려운 생물을 원생생물이라하여 따로 구분하였죠. 그리고 여기에 원핵생물과 균을 추가해 이제는 생물을 5계로 나누고 있어요.

원핵생물계

대부분 한 개의 세포로 이루어져 있고 세포 속에 뚜렷한 핵이 없어요. 세균이 여기에 속하지요.

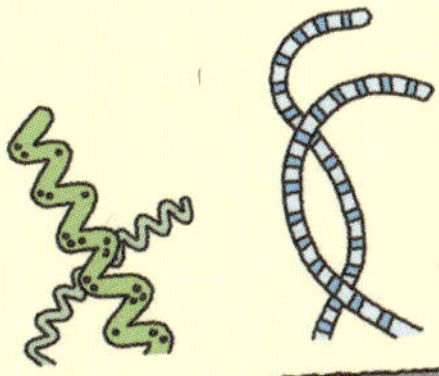

균계

대부분 여러 개의 세포로 이루어져 있어요. 이 중 곰팡이와 버섯은 식물처럼 보이지만 엽록체가 없어 광합성을 하지 않고 다른 생물의 양분을 이용해 살아가기 때문에 식물과 구분돼요.

원생생물계

한 개의 핵을 가진 세포 한 개로 이루어졌으며, 동물과 식물의 특징을 모두 가진 것들도 있어요. 유글레나, 짚신벌레 등이 원생생물이에요.

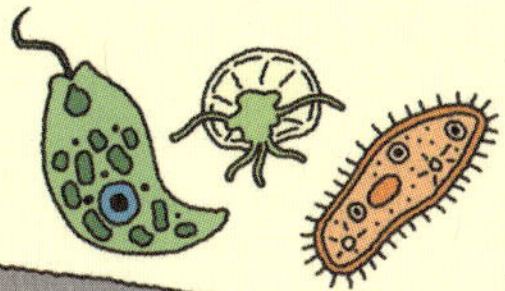

식물계

여러 개의 세포로 이루어졌으며 광합성을 하여 스스로 영양분을 얻어요. 자기 스스로 이동할 수는 없지만 햇빛이 있는 곳을 향해 자라거나 뿌리가 물을 찾아가는 등 외부의 자극에 반응해요.

동물계

여러 개의 세포로 이루어졌으며 식물이나 다른 동물을 먹어 영양분을 얻어요. 외부의 자극에 대해 반응하는 것은 물론이고 스스로 움직여 다른 장소로 이동할 수도 있어요.

식물

물만 잘 주어도 식물은 잘 자라요. 그렇다면 식물은 물만 먹고 살까요?
옛날에는 식물이 흙 속에 있는 양분을 먹고 자라는 아주 단순한 생물이라고 생각했어요.
하지만 놀랍게도 식물은 광합성을 통해서 스스로 양분을 만드는 대단한 생물이에요.
그 덕에 지구상에 있는 동물들이 먹고 살 수 있어요.
식물의 구조는 단순해 보이지만 식물 속에는 뿌리에서 흡수한 물을 꼭대기까지 뿜어 올리는 펌프도 있고, 광합성을 통해 양분을 만드는 공장도 있으며, 먹고 난 것을 버리는 화장실도 있어요. 게다가 식물은 굉장히 영리해요. 식물이 만들어 내는 꽃과 열매는 다른 생물에게 이용되면서 기쁨을 주지만, 사실은 식물도 다른 생물을 이용하기 위해 꽃과 열매를 만드는 것이에요. 예쁜 꽃으로 곤충을 유혹해서 수술을 암술과 만나게 하고 동물에게 열매를 먹여 씨를 멀리 퍼지게 하여 번식을 하거든요. 누가 더 이득일까요?

관련 단원

초등학교
3학년 1학기 식물의 생활
3학년 1학기 생물의 한살이
6학년 1학기 식물의 구조와 기능

중학교
2학년 식물과 에너지

62 식물의 분류

식물은 씨의 유무, 위치, 떡잎 수 등 특징에 따라 분류할 수 있어요.

63 뿌리, 줄기, 잎

대부분의 식물은 뿌리, 줄기, 잎을 가지고 있으며 이들의 협력으로 살아갈 수 있어요.

64 물과 양분의 흡수

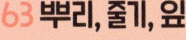

식물은 뿌리를 통해 흙 속의 물과 양분을 흡수하고, 잎에서 양분을 만들어 식물체 전체에 전달해요.

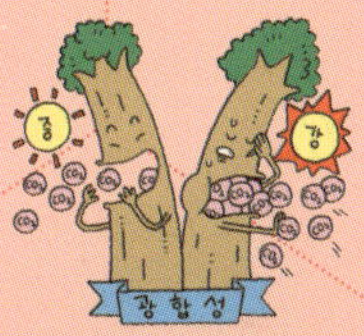

65 증산 작용과 광합성

식물의 잎에서는 증산 작용을 통해 식물에서 사용되고 남은 물을 내보내고 광합성을 통해 양분을 만들어요.

66 식물의 호흡과 자람

식물도 동물처럼 숨을 쉬어요. 또 세포 분열을 통해 키도 크고 줄기도 굵어지면서 자라지요.

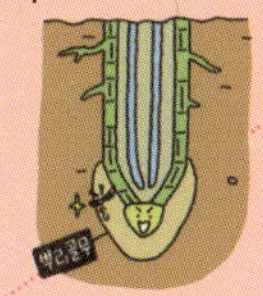

67 꽃과 열매

자손을 만들기 위해 식물은 포자를 날리거나 수분과 수정을 해요.

62 식물의 분류

식물은 스스로 양분을 만들어요.

동물은 식물을 먹거나 다른 동물을 먹으며 살아가요. 하지만 식물은 광합성을 통해 스스로 양분을 만들지요. 이것이 바로 동물과 식물의 가장 큰 차이점이에요. 식물은 스스로 이동하지 않지만 주위의 자극에 대해 반응하기도 해요. 잎을 만지면 움츠러드는 미모사, 곤충을 잡아먹는 식충 식물이 대표적이지요.

식물은 특징에 따라 분류할 수 있어요.

식물

번식하는 방법에 따라

종자식물은 씨로 번식을 하고 포자식물은 포자(홀씨)를 날려 번식을 하지요.

종자식물 / 포자식물

씨의 위치에 따라

씨가 씨방에 싸여 있지 않고 밖으로 드러나 있으면 겉씨식물, 씨방 안에 있으면 속씨식물이에요.

겉씨식물 / 속씨식물

떡잎의 수에 따라

씨앗에서 처음 나온 잎을 떡잎이라고 하는데 떡잎 수가 1개인 외떡잎식물과 2개인 쌍떡잎식물로 나뉘어요.

외떡잎식물 / 쌍떡잎식물

선태식물

이끼

양치식물

고사리

63 뿌리, 줄기, 잎

식물의 구조 – 뿌리, 줄기, 잎

식물은 뿌리, 줄기, 잎을 가지고 있어요.
뿌리는 대부분 땅속에 뻗어 있지만, 물속에 있거나 공기 중으로 올라와 있는 식물도 있어요. 양분을 만들어 운반하는 잎과 줄기도 식물에 따라 모양이 다르지요.

다양한 뿌리, 줄기, 잎

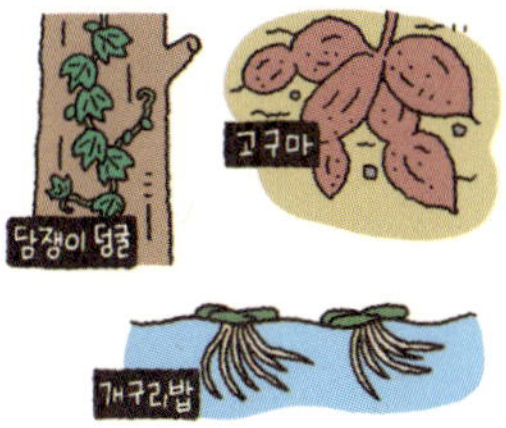

대부분의 뿌리는 땅속에 있지만 공기 중이나 물속, 다른 나무 줄기에 뿌리를 내린 것도 있어요. 또 양분을 저장하여 굵어진 뿌리도 있지요.

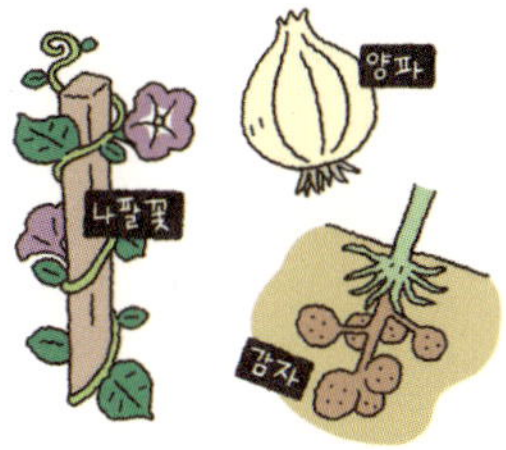

줄기 중에는 곧게 뻗지 않고 땅을 기거나 다른 물체를 감아 올라간 것도 있어요. 감자처럼 양분을 저장하여 굵어진 줄기도 있지요.

잎 중에는 초록색의 얇고 평평한 잎이 아닌, 통처럼 생겨 벌레를 잡아먹는 잎, 가시로 변한 잎도 있지요.

뿌리는 물과 양분을 흡수해요.

뿌리는 흙 속에 있는 물과 양분을 흡수해서 온몸으로 보내는 역할을 해요. 그래서 대부분의 식물들은 뿌리를 향해 물을 주어야 해요. 또한 뿌리는 식물을 단단히 지탱해 주는 지지 작용을 해요.

잎과 줄기는 양분을 만들고 운반해요.

식물은 잎에서 양분을 만들어요. 이 양분은 줄기를 통해 이동하여 뿌리에 저장되지요.

64 물과 양분의 흡수

식물체에서 사용하고 남은 물은 잎을 통해 빠져나가요.

식물체에서 사용하고 남은 물은 잎에서 수증기로 바뀌어 공기 중으로 빠져나가요. 이를 '증산 작용'이라고 해요. 증산 작용은 잎 뒷면에 있는 기공이라는 작은 구멍에서 일어나요.

아래부터 위로 읽으세요.

줄기는 뿌리에서 흡수한 물과 무기 양분을 식물체 전체에 운반해 주어요.

식물에는 물관과 체관이 뿌리부터 줄기까지 이어져 식물체 전체에 퍼져 있어요. 물관은 뿌리에서 흡수된 물과 무기 양분을 식물체 전체로 전달해요. 반대로 체관은 잎에서 광합성을 통해 만들어진 유기 양분을 뿌리까지 전달하지요.

뿌리는 삼투 현상을 이용해 물과 무기 양분을 흡수해요.

흙은 물과 양분을 머금고 있어요. 물은 녹아 있는 물질의 농도가 낮은 쪽에서 녹아 있는 물질의 농도가 높은 쪽으로 이동해요. 이를 삼투 현상이라고 하지요. 보통 흙보다 뿌리 안쪽의 농도가 높아 물은 흙에서 뿌리 안쪽으로 이동해요. 삼투 현상 덕분에 뿌리는 흙에서 물을 빨아들여요.

잎에서 광합성을 통해 양분과 산소를 만들어요.

잎의 엽록체에는 햇빛을 흡수하는 엽록소가 들어 있어요. 엽록소는 태양 에너지를 흡수해 식물이 사용할 수 있는 에너지로 바꿔요. 이것이 바로 광합성이에요.

광합성은 태양 에너지를 이용해, 물과 이산화탄소로부터 포도당과 산소를 만들어 내는 작용이에요.

산소는 호흡에 꼭 필요해요.

생물의 호흡에 필요한 산소는 바로 식물이 광합성을 통해 내놓은 것이지요.

포도당은 식물의 몸에 저장돼요.

포도당은 식물이 살아가는 에너지로 사용되며 동물의 식량이 되기도 하지요.

뿌리는 잎에서 만들어진 유기 양분을 저장해요.

뿌리는 광합성을 통해 잎에서 만들어진 양분 중 식물체에 사용되고 남은 양분을 저장하기도 해요. 인삼, 고구마, 무, 당근 같은 것들은 양분을 저장하기 위해 굵어진 뿌리이지요.

65 증산 작용과 광합성

증산 작용이 일어나야 뿌리에서 물이 잘 흡수돼요.

수증기가 잎에서 공기 중으로 나가는 증산 작용은 빨래가 마르는 과정과 비슷해요. 햇빛이 강하고, 바람이 잘 불어 습도가 낮을수록 증산 작용이 활발하게 일어나지요. 증산 작용은 잎에서 일어나므로 잎이 많아야 잘 일어나요.

광합성은 빛의 세기, 이산화탄소의 농도, 온도 등의 조건이 중요해요.

광합성에 필요한 물질이 많을수록 잘 일어나요.

물과 이산화탄소가 필요한 광합성은 이산화탄소가 많을수록 잘 일어나요. 하지만 빛의 세기와 온도는 일정한 상태에서 이산화탄소의 농도만 많아진다고 해서 광합성량이 계속 증가하지는 않아요.

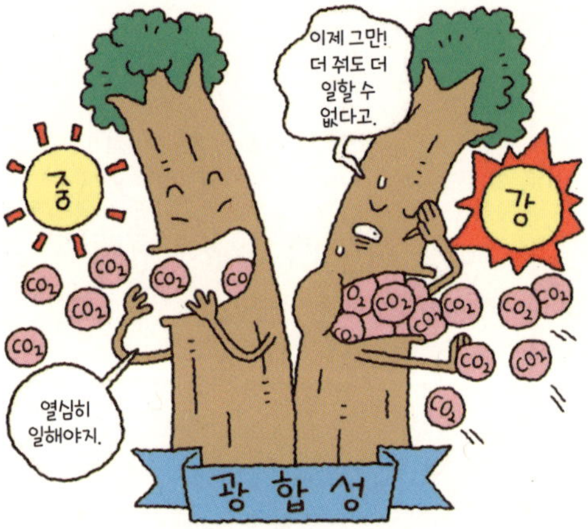

광합성은 빛의 세기가 충분할수록 잘 일어나요.

광합성은 엽록소가 흡수한 태양 에너지를 이용해요. 즉 빛이 많을수록 잘 일어나지요. 하지만 엽록소가 빛을 흡수하는 양에도 한계가 있어서 빛이 강해져도 어느 순간이 되면 광합성량은 더 이상 증가하지 않아요.

광합성이 잘 일어나는 온도는 30~40℃예요.

사람의 체온 정도의 온도(30~40℃)에서 가장 잘 일어나요.

66 식물의 호흡과 자람

식물도 동물처럼 숨을 쉬어요.

식물도 동물처럼 산소를 들이마시고 이산화탄소를 내뱉는 호흡을 해요. 그러니까 식물의 호흡은 이산화탄소를 받아들이고 산소를 내보내는 광합성과 반대 과정이지요. 광합성은 빛이 있어야 일어나므로 낮에만 일어나지만, 호흡은 항상 일어나요.

식물이 자라려면 물과 햇빛이 꼭 필요해요.

생장점의 길이 자람

뿌리 끝의 생장점에서는 세포 분열이 활발하게 일어나서 뿌리가 길게 자라요. 생장점은 중요하기 때문에 뿌리골무가 보호해요.

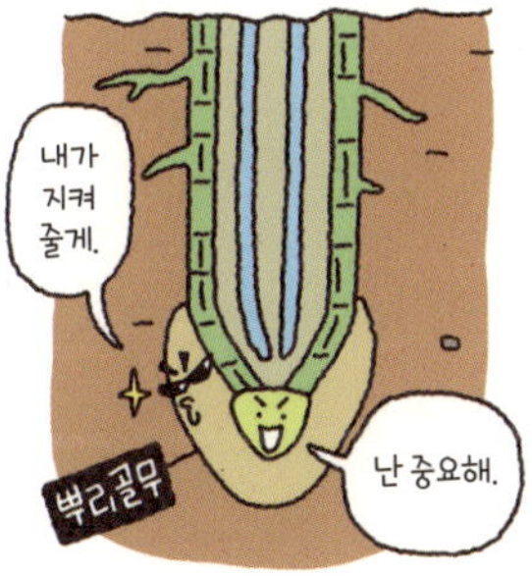

형성층의 부피 자람

식물이 굵어지는 것은 형성층 때문이에요. 형성층은 쌍떡잎 식물의 물관과 체관 사이에 있는데, 이곳에서 세포 분열이 일어나 줄기가 굵어져요.

계절에 따라 생장 속도가 달라 나이테가 생겨요.

형성층의 세포 분열 속도는 기온에 따라 달라요. 기온이 높은 봄부터 여름에는 세포 분열 속도가 빨라 크고 밝은 색의 세포가 만들어지고, 기온이 낮은 가을부터 겨울에는 생장이 느려지며 작고 어두운 색의 세포들이 만들어지지요. 따라서 계절이 바뀜에 따라 밝고 어두운 세포층의 띠가 하나씩 생기는데, 이것이 바로 나이테에요.

67 꽃과 열매

자손을 남기는 것은 생물의 특성이에요.

생물은 죽기 전에 자기와 닮은 자손을 남겨서 종족을 유지해요. 종자식물은 사람처럼 여자, 남자 그러니까 암수가 있어 씨로 번식을 해요. 이와 달리 암수가 따로 없는 식물들은 포자로 번식을 하지요.

포자식물은 암수가 따로 없어요.

고사리와 같은 양치식물, 이끼와 같은 선태식물은 포자(홀씨)로 번식해요. 포자를 만들어 땅에 떨어뜨려서 싹을 틔우는 방법으로 번식을 하지요.

꽃은 씨와 열매를 만드는 생식 기관이에요.

뿌리, 줄기, 잎은 식물의 생명을 유지하는 영양 기관이고, 꽃은 씨와 열매를 만드는 생식 기관이에요.

식물은 자손을 남기기 위해 꽃을 피워요.

꽃은 암술과 수술, 꽃잎과 꽃받침으로 이루어져 있어요. 이 네 가지를 모두 갖춘 꽃을 갖춘꽃, 어느 한 가지라도 없는 꽃을 안갖춘꽃이라고 해요. 또한 암술과 수술이 한 꽃에 같이 있는 꽃을 두 가지 성이 모두 있다고 해서 양성화라고 하고, 이와 달리 각각 다른 꽃에 있는 꽃은 단성화라고 해요.

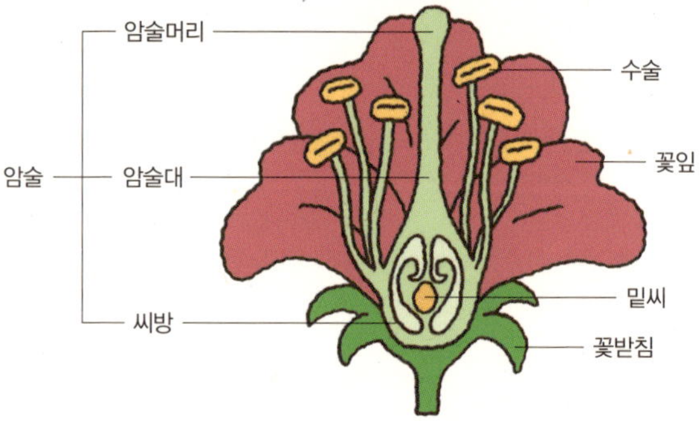

씨와 열매를 만들려면 수분과 수정이 필요해요.

수분은 암술과 수술이 만나는 거예요.

수술의 꽃밥에서는 꽃가루(화분)가 만들어져요. 씨가 만들어지려면 이 꽃가루가 암술에 붙어야 하는데, 이것이 수분이에요. 수분이 일어나면 꽃가루는 밑씨를 만나기 위해 밑씨 쪽으로 길게 자라요. 이렇게 길게 자란 것을 화분관이라고 하지요.

수정은 화분관이 밑씨와 결합하는 거예요.

길게 자란 화분관이 암술의 밑씨와 만나는 것을 수정이라고 해요. 수정이 일어나면 꽃은 시들고 대신 작은 열매가 생겨요. 그리고 그 안에는 씨가 들어 있지요. 밑씨는 자라서 씨가 되고, 밑씨를 싸고 있던 씨방은 자라서 열매가 되는 거예요.

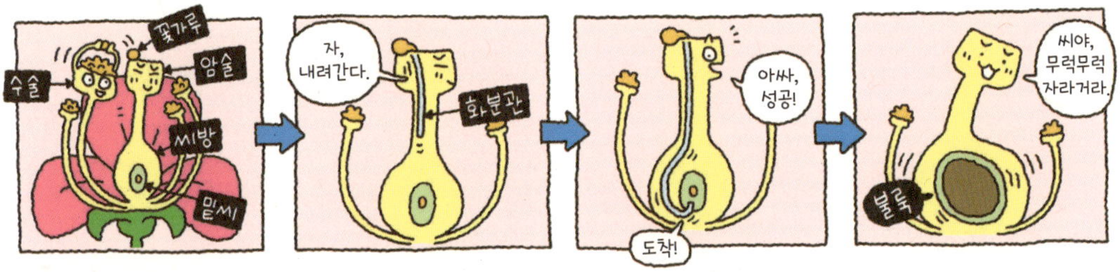

누가 수분을 도왔을까요?

식물의 꽃가루는 스스로 암술을 찾아가지 못하기 때문에 수분이 되려면 곤충이나 새, 바람, 물 등의 도움이 필요해요.

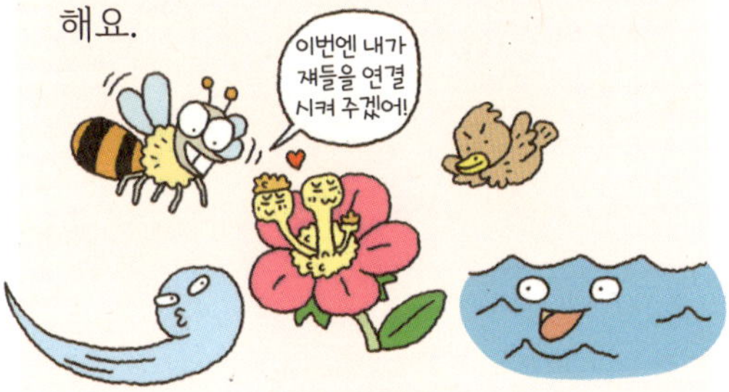

씨는 멀리 퍼져야 해요.

어버이 근처에 떨어지면 키가 큰 어버이에 의해 햇빛도 가려지고 양분도 부족해질 수 있어서 씨는 가능한 멀리 퍼져야 해요. 식물이 맛있는 열매를 맺는 것도 이와 관련이 있어요. 열매는 씨를 싸서 보호하는 역할뿐만 아니라 사람이나 동물에게 먹힘으로써 씨를 다른 곳으로 이동시키는 역할도 해요.

씨가 멀리 이동하는 방법

- 바람에 날려서
- 스스로 터져서
- 동물에 붙어서
- 동물에게 먹혀서

인체

우리가 먹은 음식물은 입, 식도, 위, 작은창자에서 소화되어 영양소로 분해되고 남은 찌꺼기는 똥으로 나와요. 그리고 소화된 영양소는 몸에 흡수되어 혈액에 의해 온몸의 각 조직에 전달되지요. 그러면 온몸의 세포는 호흡 과정을 통해 폐에서 전달된 산소와 영양소를 반응시켜 에너지를 만들어 내요. 이 에너지는 온몸의 조직이 각각의 역할을 하는 데 사용되지요. 이 과정에서 생긴 노폐물은 오줌과 땀의 형태로 몸 밖으로 내보내요. 소화와 순환, 호흡과 배설이 우리 몸을 건강하게 유지시켜 주는 것이죠.
소화 기관인 위와 호흡 기관인 폐는 서로 크게 연관이 없을 것 같지만 어느 하나에 이상이 생기면 다른 하나도 제 기능을 할 수 없어요. 우리 몸은 전체가 연결되어 있고 서로 영향을 받고 있거든요.
이 모든 것을 통제하고 관리하는 것은 뇌예요. 여기에 인간의 뇌는 창의적인 사고까지 가능해서 문명을 이루고 과학을 발전시키고 있지요.

관련 단원

초등학교
6학년 2학기 우리 몸의 구조와 기능

중학교
2학년 동물과 에너지
3학년 자극과 반응

68 영양소

우리가 살아가는 데 꼭 필요한 탄수화물, 지방, 단백질을 3대 영양소라고 해요.

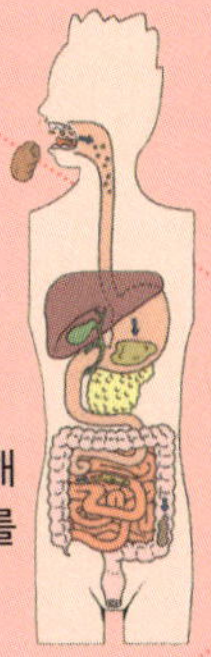

69 소화

우리는 음식물을 통해 몸에 필요한 영양소를 흡수해요.

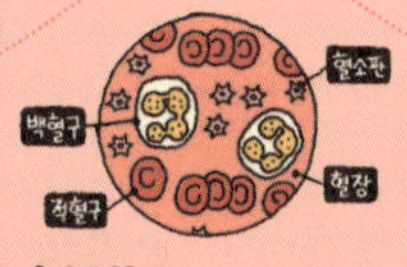

70 순환

피는 온몸을 돌면서 필요한 영양분과 산소를 주고 각종 노폐물을 거둬 들여요.

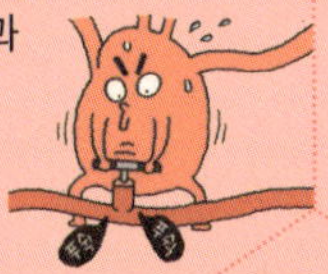

71 혈액

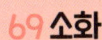

혈액은 적혈구, 백혈구, 혈소판, 혈장으로 이루어져 있어요.

72 호흡

호흡을 통해 산소를 얻고 우리 몸에 필요한 에너지를 만들어 내요.

73 배설

호흡을 통해 영양소가 분해될 때 생긴 노폐물은 오줌과 땀으로 배설되지요.

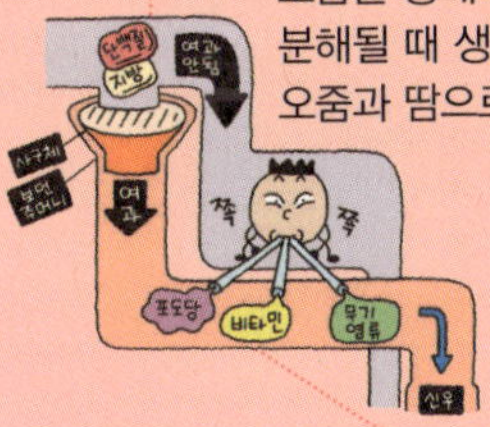

74 감각 기관 – 눈

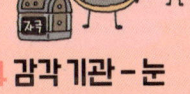

눈은 외부의 자극에 가장 빨리 반응하는 감각 기관으로 가장 많은 정보를 받아들여요.

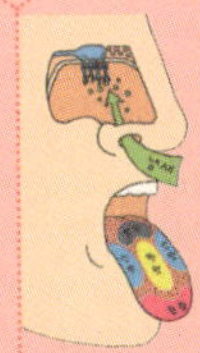

75 감각 기관 – 코, 혀, 귀, 피부

냄새를 맡고 맛을 느끼며, 소리를 듣고 아픔을 느끼는 것은 모두 감각 기관 덕분이에요.

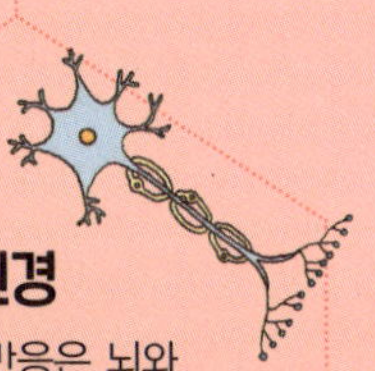

76 뇌와 신경

자극에 대한 반응은 뇌와 척수에서 내린 명령을 신경들이 전달해 주어 나타나요.

68 영양소

우리 몸은 우리가 먹는 음식물과 구성 성분이 비슷해요.

우리 몸에서 가장 많은 비중을 차지하는 것은 물이에요. 그 외에 단백질, 지방, 무기염류, 탄수화물 등으로 이루어져 있지요. 그런데 놀랍게도 우리 몸의 구성 성분은 음식물의 구성 성분과 비슷해요.

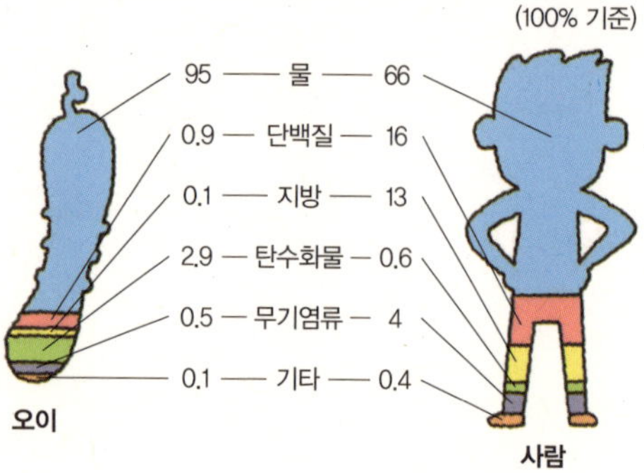
(100% 기준)
95 — 물 — 66
0.9 — 단백질 — 16
0.1 — 지방 — 13
2.9 — 탄수화물 — 0.6
0.5 — 무기염류 — 4
0.1 — 기타 — 0.4
오이
사람

3대 영양소 – 탄수화물, 단백질, 지방

우리 몸에 필요한 영양소 중에서 가장 중요한 에너지원인 탄수화물, 단백질, 지방을 3대 영양소라고 해요. 3대 영양소는 매일 일정한 양을 먹어야 건강하게 살아갈 수 있어요.

탄수화물
• 탄수화물이 많은 음식 : 감자, 밥, 국수, 빵
• 탄수화물이 낼 수 있는 에너지 : 1g당 4kcal
1. 제일 먼저 에너지로 사용된다.
탄수화물
바쁘다, 바빠.
2. 남은 것은 글리코겐 상태로 간에 저장되었다 사용되며, 그러고도 남으면 지방으로 바뀐다.
난 이제 글리코겐
꽉 찼잖아!
펑
지방으로 변신이닷!
간
3. 탄수화물은 녹말, 포도당, 엿당 등 그 종류가 다양하다.
단백질
• 단백질이 많은 음식 : 콩, 두부, 달걀, 고기
• 단백질이 낼 수 있는 에너지 : 1g당 4kcal
1. 근육의 주요 성분이다.
단백질
에헴
근육하면 나지!
2. 남으면 지방으로 바뀌어 저장된다.
지방으로 변신!
펑
지방
• 지방이 많은 음식 : 참기름 등의 기름, 버터
• 지방이 낼 수 있는 에너지 : 1g당 9kcal
1. 가장 많은 에너지를 낸다.
같은 양을 먹고 그것밖에 못 내?
지방
2. 남은 것은 에너지가 부족할 때를 대비해 피부 아래나 창자 사이에 저장된다.
ZZZ
나머진 뱃살로 고고~

음식에 들어 있는 영양소를 확인하는 방법

영양소를 확인할 때는 몇 가지 화학 용액을 이용해요.
3대 영양소는 특정 용액을 만나면 색 변화를 일으키거든요.

포베황
포도당 + **베**네딕트 용액 = **황**적색

녹아청
녹말 + **아**이오딘-아이오딘화칼륨 용액 = **청**람색

단뷰보
단백질 + **뷰**렛 용액 = **보**라색

지수선
지방 + **수**단III 용액 = **선**홍색

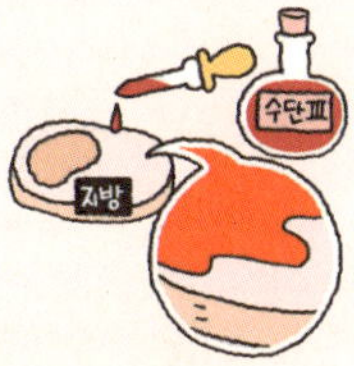

부영양소 – 물, 무기염류, 바이타민

에너지로 사용되지는 않지만, 몸의 여러 가지 기능을 조절하는 데 꼭 필요한 영양소예요.

물

우리 몸에서 가장 많은 비중을 차지하는 물은 몸에서 일어나는 활동에 거의 다 참여해요. 양분과 이산화탄소, 노폐물을 운반하고, 체온도 조절하지요.

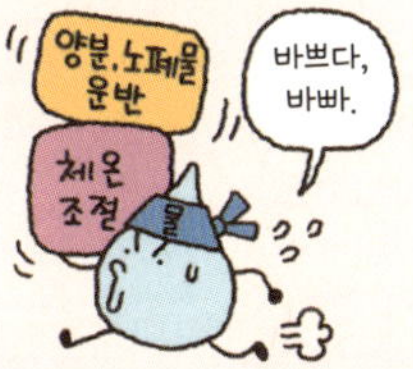

무기염류

생물체를 구성하는 원소 중에서 탄소, 수소, 산소를 제외한 성분을 무기염류라고 해요. 칼슘, 인, 나트륨, 칼륨, 철 등이 그것인데, 뼈와 이를 구성하거나 세포의 수분량을 조절하는 역할을 해요.

바이타민

바이타민은 우리 몸에서 만들어지지 않아서 음식물을 통해서 섭취해야 해요. 바이타민 A가 부족하면 밤에 잘 안 보이는 야맹증에 걸릴 수 있고, 바이타민 C가 부족하면 잇몸에 피가 나고 멍이 잘 들어요.

69 소화

음식물은 소화 과정을 거쳐 영양소로 흡수돼요.

우리가 먹은 음식물은 입, 식도, 위, 작은창자(소장)를 거치면서 몸속으로 흡수돼요. 이 과정을 '소화'라고 하지요.

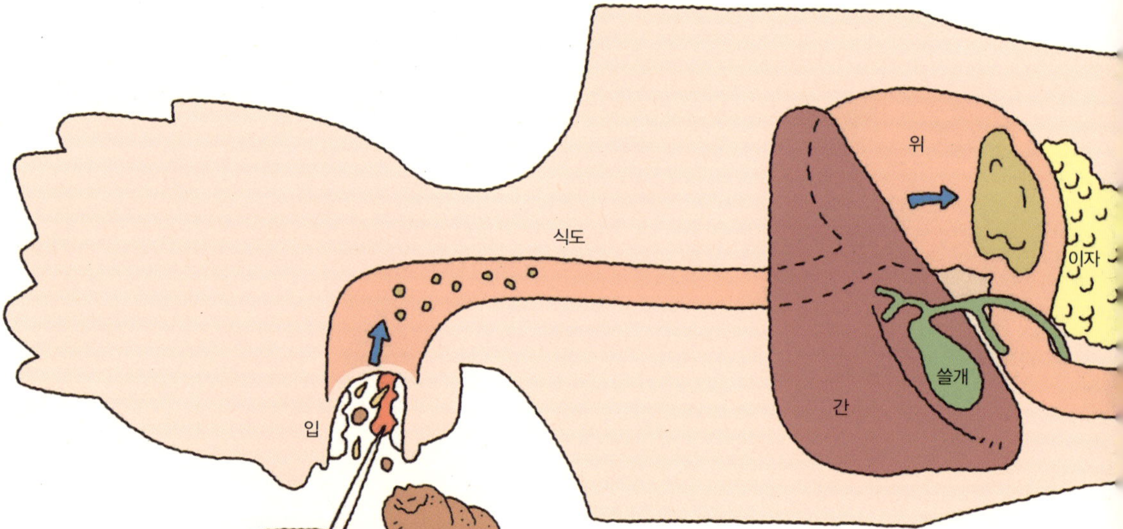

위에서는 음식물이 죽처럼 돼요.

식도를 통해 위로 들어온 음식물은 위액과 섞여 죽처럼 돼요. 위액 속에는 염산과 펩신이 들어 있어요. 염산은 음식물이 들어왔을 때 음식물이 부패되는 것을 막고, 펩신은 단백질을 소화시켜요.

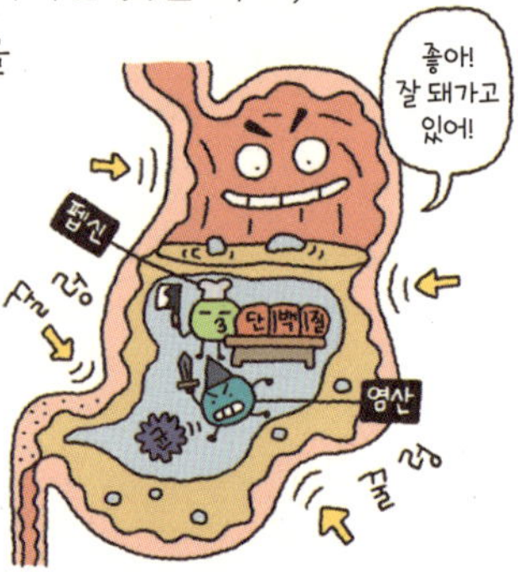

입에서는 이와 혀가 소화를 도와요.

입에 들어온 음식물은 이와 혀의 작용으로 잘게 부서지고 침과 섞여요. 침 속에 들어 있는 아밀레이스라는 소화 효소가 녹말을 엿당으로 분해시켜 소화를 돕지요.

작은창자에서는 3대 영양소의 소화가 모두 일어나요.

작은창자의 길이는 약 7m로 내 키의 5배 정도돼요. 탄수화물, 단백질, 지방의 소화는 주로 작은창자의 첫 부분인 샘창자(십이지장)에서 일어나요.

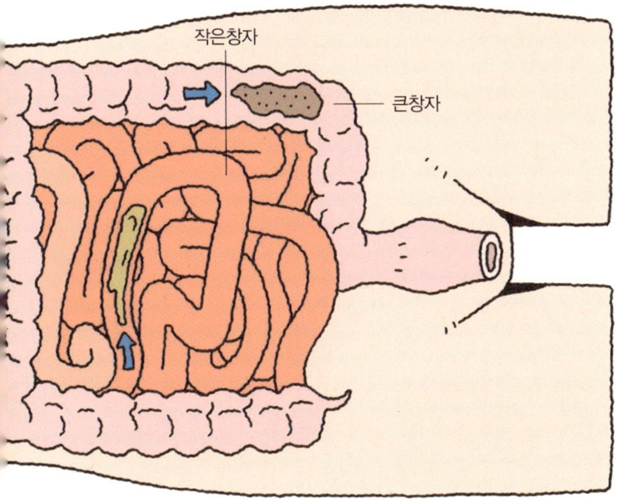

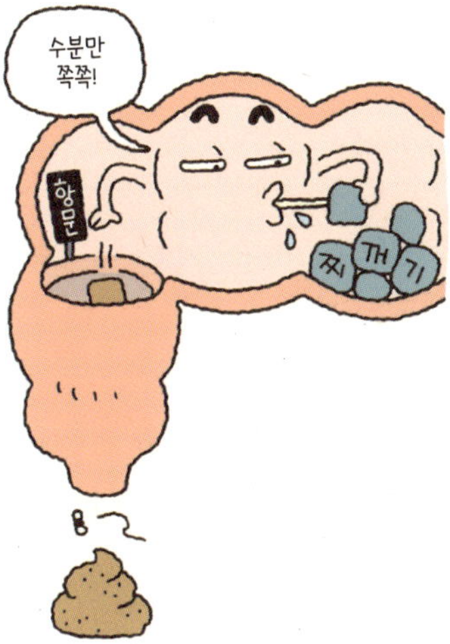

분해된 영양소는 주로 작은창자의 융털을 통해서 흡수돼요.

잘게 부서진 영양소들은 작은창자 안쪽 융털을 통해서 흡수돼요. 작은창자 안쪽의 주름에는 융털이라는 작은 털이 나 있어요. 덕분에 표면적이 커져서 영양소가 많이 붙을 수 있어요.

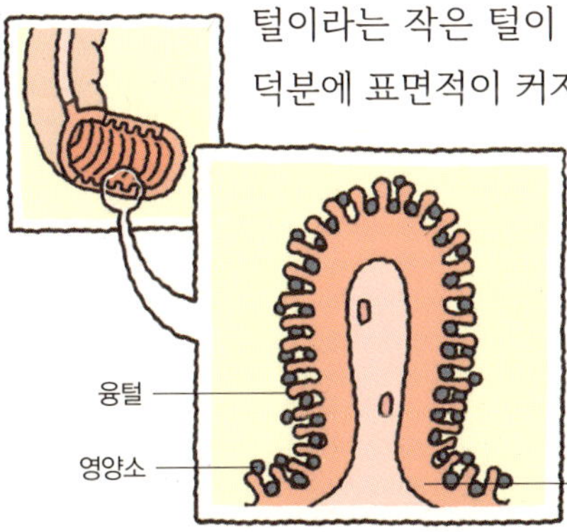

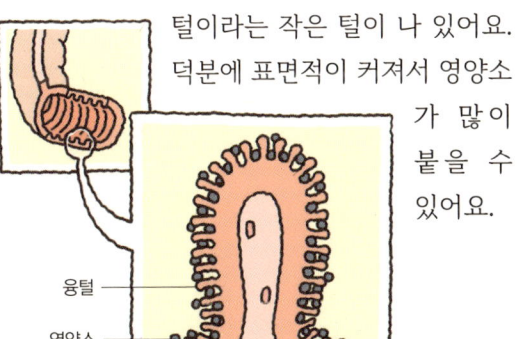

큰창자(대장)는 수분을 흡수해요.

큰창자는 작은창자보다 짧아요. 소화되지 않은 음식물 찌꺼기는 큰창자에서 9~16시간 머무르며 수분이 흡수돼요. 수분이 흡수되고 남은 찌꺼기는 항문을 통해 똥으로 배출돼요.

70 순환

혈액은 영양소와 산소를 공급해요.

피, 즉 혈액은 우리가 살아 있는 동안 우리 온몸 구석구석을 돌아요. 그러면서 영양소와 산소를 온몸의 세포에 전달하고 체온도 조절하지요. 그리고 세포가 만들어 낸 찌꺼기와 이산화탄소를 받아 오기도 해요.

심장은 우리 몸의 펌프예요.

혈액이 온몸을 잘 돌려면 몸에도 펌프가 필요해요. 물이 잘 나오려면 펌프가 필요한 것처럼이요. 우리 몸의 펌프는 바로 심장이에요. 심장을 통해 피가 온몸을 도는 것을 순환이라 하고, 심장을 순환 기관이라고 불러요.

옛날에는 사용된 혈액이 사라진다고 생각했어요.

로마에 갈레노스라는 의사가 있었어요. 그는 우리가 먹은 음식물은 간에서 피로 만들어지며, 이 피는 온몸에 보내져 사용된 후 서서히 사라진다고 생각했어요. 그러니 피를 만들려면 잘먹어야 한다고 생각했지요. 하지만 17세기에 하비라는 의사에 의해, 사용된 피는 사라지는 게 아니라 온몸을 돌고 돈다는 것이 밝혀졌어요.

Q 깜짝 퀴즈

피가 만들어지는 곳은?

① 심장 ② 간 ③ 뼈의 골수 ④ 위

답 ③ 피는 뼈의 골수라는 곳에서 만들어져요.

심장은 2심방 2심실로 되어 있어요.

사람의 심장은 2층집 2채가 나란히 있는 것처럼 2심방 2심실로 되어 있어요. 2층에 있는 심방은 혈액을 받아들이는 곳이고 1층에 있는 심실은 혈액을 내보내는 곳이지요.

- 폐동맥 : 심장에서 폐로 가는 혈액이 흐르는 혈관
- 대동맥 : 심장에서 온몸으로 가는 혈액이 흐르는 혈관
- 폐정맥 : 폐에서 심장으로 들어오는 혈액이 흐르는 혈관
- 대정맥 : 온몸을 돌고 심장으로 들어오는 혈액이 흐르는 혈관

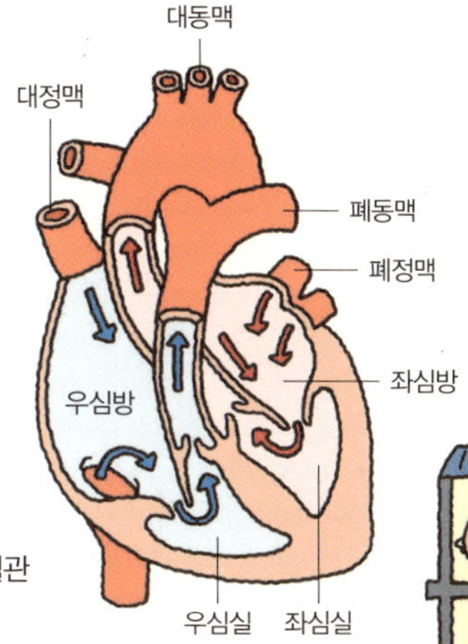

운동을 하면 심장 박동이 빨라져요.

운동을 한 후에 왼쪽 가슴에 손을 대어 보면 심장이 빠르게 뛰고 있어요. 이렇게 빨리 뛰는 이유는 운동을 하면 영양소나 산소를 빨리 사용하므로, 이를 보충하기 위해 혈액이 빨리 공급되어야 하기 때문이에요.

심장은 펌프질을 해서 혈액을 순환시키는데, 이를 심장 박동이라고 해요. 심장이 수축되면 심장에서 혈액이 빠져나가고, 이완되면 심장으로 혈액이 들어오지요.

마라톤 선수들은 보통 사람들 보다 심장 박동 수는 적지만, 한 번 박동할 때 심장에서 빠져 나가는 혈액의 양은 더 많아요.
쿵
쾅

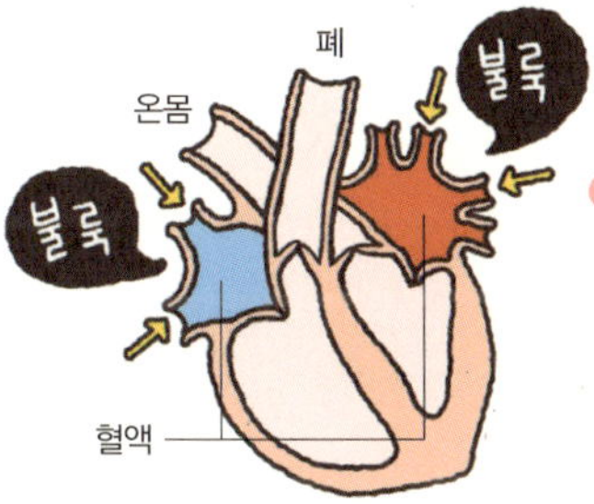

① 심장이 이완되면, 즉 늘어나면 온몸에 산소를 공급하고 돌아온 혈액은 우심방, 폐에서 산소를 채운 혈액은 좌심방으로 들어와요.

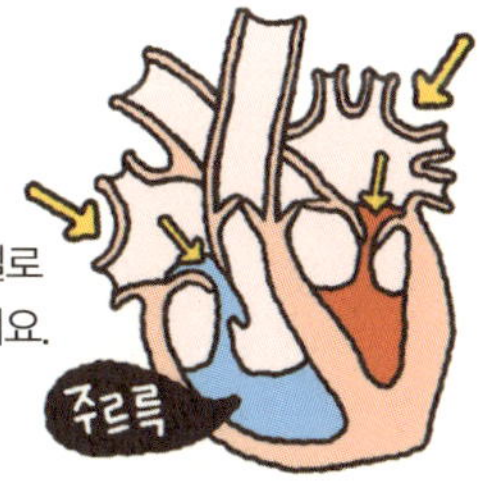

② 심방에서 심실로 혈액을 밀어내요.

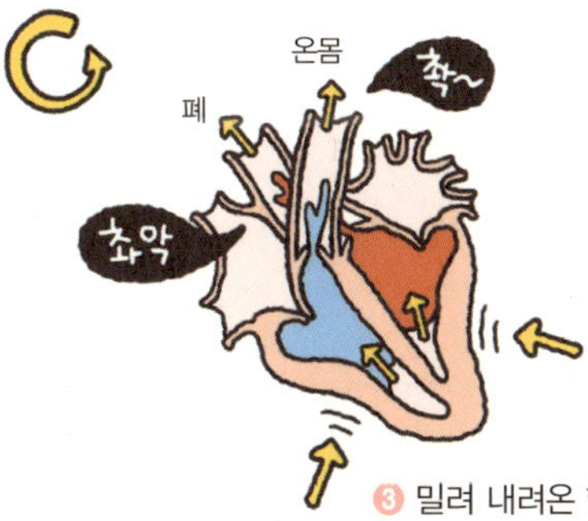

③ 밀려 내려온 혈액은 심장이 수축하면서 우심실을 통해 폐로, 좌심실을 통해 온몸으로 나가지요.

혈관은 혈액이 지나가는 길이에요.

혈액은 심장에서 나와 동맥을 타고 돌다가 모세혈관, 정맥을 거쳐 다시 심장으로 돌아와요. 동맥, 모세혈관, 정맥을 가리켜 혈액이 지나는 관, 혈관이라고 해요.

동맥

심장에서 나가는 혈액이 흐르는 혈관이에요. 심장에서 나오는 혈액은 펌프질에 의해 힘차게 나오기 때문에, 동맥은 혈관 벽이 두꺼우며 탄력성이 좋아요.

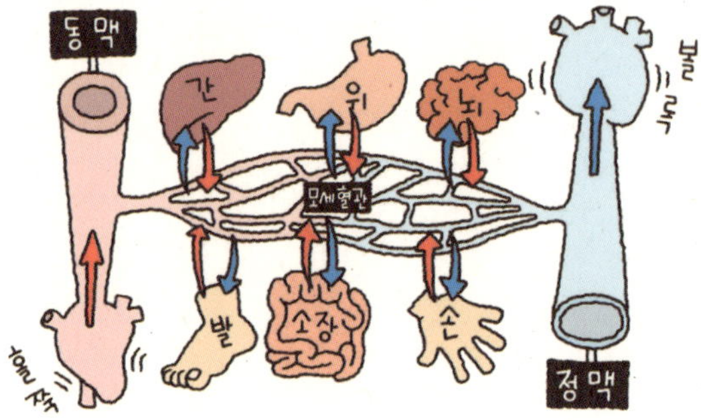

정맥

심장으로 들어오는 혈액이 흐르는 혈관이에요. 혈액이 흐르는 힘이 약해 동맥보다는 혈관 벽이 얇지요. 피부 가까이에 있어서 살갗에 비쳐요.

모세혈관

동맥과 정맥 사이에 있는 가느다란 혈관이에요. 온몸에 그물처럼 얽혀 있어서, 산소와 영양소를 공급하고 노폐물을 수거해 가요.

혈액의 순환은 폐를 도는 허파순환과 온몸을 도는 온몸순환으로 나뉘어요.

허파순환

우심실 - 폐동맥 - 폐 - 폐정맥 - 좌심방

우심실을 통해 나온 혈액이 폐에서 이산화탄소를 내보내고 산소를 받은 후 좌심방으로 돌아오는 순환

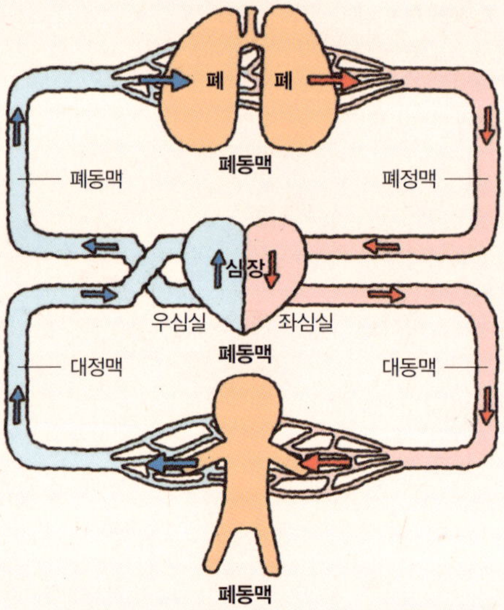

온몸순환

좌심실 - 대동맥 - 온몸 - 대정맥 - 우심방

좌심실을 통해 나온 혈액이 온몸을 돌면서 산소와 영양소를 공급하고 이산화탄소와 노폐물을 가져와 우심방으로 돌아오는 순환

71 혈액

혈액은 혈구와 혈장으로 구성되어 있어요.

혈액을 오랜 시간 가만히 두면 두 부분으로 나뉘어요. 아랫부분은 무거운 혈구가 가라앉아 붉은색을 띠고, 윗부분은 엷은 황색을 띠지요. 혈구에는 적혈구, 백혈구, 혈소판이 들어 있어요.

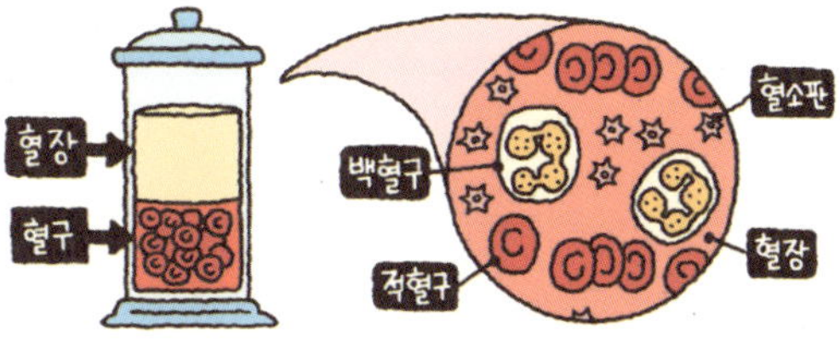

피가 붉게 보이는 건 적혈구 때문이에요.

적혈구는 산소를 운반해요. 피가 붉게 보이는 이유는 적혈구 속에 헤모글로빈이라는 붉은 색소가 있기 때문이에요.

백혈구는 몸에 들어온 균을 먹어 치워요.

백혈구는 몸속에 침입한 세균을 물리치는 식균 작용을 해요.

피가 나면 혈소판이 출동해요.

상처에서 피가 나면 혈소판이 혈액을 굳게 해 주어요. 피가 멎으면서 딱지가 생기지요.

혈장은 영양소와 노폐물을 녹여 운반해요.

대부분 물로 이루어진 혈장은 작은창자에서 흡수한 영양소를 온몸에 운반하고 세포에서 내놓은 노폐물을 운반해요.

궁금해 궁금해!

모든 동물의 피 색깔이 빨간색일까?

메뚜기와 같은 일부 동물들의 피에는 헤모글로빈 대신 헤모시아닌이라는 색소가 들어 있어서 피 색깔이 청록색이에요.

혈관이 없는 곳도 있나요?

우리 눈의 가장 바깥쪽에 있는 각막에는 혈관이 없어요.

72 호흡

살아 있는 모든 생물은 호흡을 해요.

우리는 공기가 없으면 숨을 쉴 수가 없어요. 숨을 쉴 수 없으면 살 수가 없지요. 그래서 물속에서 오랜 시간 잠수를 하려면 산소 통을 메고 들어가야 해요.

호흡은 에너지를 얻는 과정이에요.

일반적으로 숨을 들이마시고 내쉬는 것을 호흡이라고 하지만, 호흡은 흡수한 영양소를 분해해서 우리 몸에 필요한 에너지를 만들어 내는 복잡한 과정이에요. 호흡 덕분에 생긴 에너지는 우리 몸을 데워 체온을 유지해 주고 살아가는 데 필요한 활동을 가능하게 해 주지요. 운동을 하면 호흡이 빨라지는데, 몸이 에너지를 많이 소비하기 때문이에요. 호흡을 빨리해서 영양소로부터 에너지를 만들고 몸에 쌓인 이산화탄소도 제거하지요.

호흡은 연소와 비슷해요.

산소와 영양소를 이용해 에너지를 만들고 이산화탄소를 내보내는 호흡은 산소와 연료로부터 에너지를 내면서 타는 연소와 비슷해요.
자동차는 휘발유 같은 연료가 산소와 반응하여 에너지를 내는 연소 반응에 의해 달려요. 그리고 그 결과 이산화탄소 등의 배기가스를 내놓지요. 호흡과 연소는 비슷하지요?

연소

호흡

코, 숨관, 숨관가지, 폐는 호흡 기관이에요.

입과 코로 들어온 공기는 숨관을 거쳐 두 개의 숨관가지로 갈라져 폐로 들어가요. 공기가 지나는 코, 숨관, 숨관가지, 폐를 호흡 기관이라고 해요.

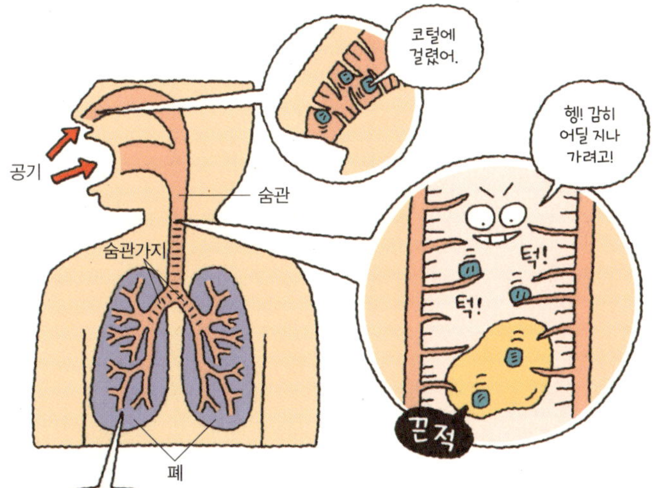

털과 점액으로 이물질을 걸러요.

코로 숨을 들이쉬면 공기 중의 먼지나 세균과 같은 이물질들도 함께 들어와요. 하지만 코털과 점액, 숨관가지의 잔털이 이것들을 걸러내지요. 이물질들이 코털에 붙잡혀 만들어진 것이 바로 코딱지예요.

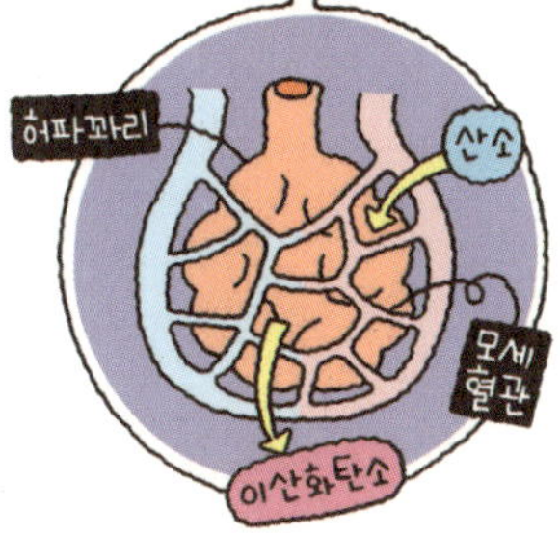

허파꽈리에서 기체 교환이 일어나요.

폐는 작은 주머니 모양의 허파꽈리로 가득 차 있어요. 허파꽈리의 바깥쪽은 모세혈관이 감싸고 있어 산소를 받아들이고 이산화탄소를 내보내는 기체 교환이 일어나지요.

폐는 근육이 없어 스스로 움직이지 못해요.

숨쉬기 운동이 일어나는 폐는 스스로 움직이지 못하고 주위의 도움을 받아 움직여요.
폐 주위에 있는 가로막과 갈비뼈가 아래위로 움직이면서 폐를 늘리거나 줄여가며 호흡을 하지요.
폐가 늘어나면 공기가 폐로 들어오고, 폐가 줄어들면 공기가 폐에서 나가는 거예요.

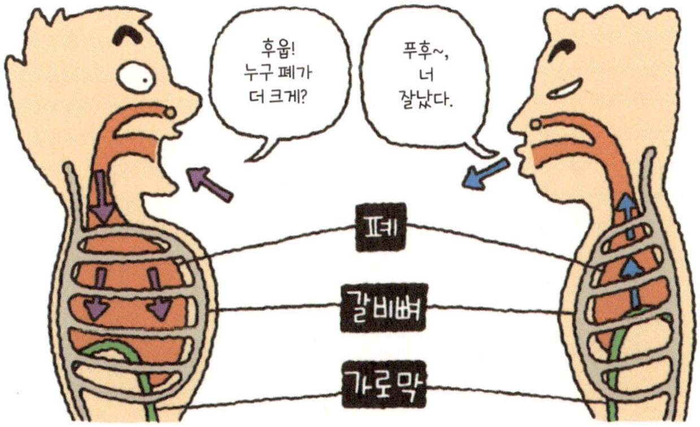

73 배설

배설은 우리 몸 안에 쌓인 노폐물을 몸 밖으로 내보내는 거예요.

우리가 먹은 음식물이 소화되어 영양분이 몸에 흡수되고 나면, 남은 찌꺼기는 대변이 되어 몸 밖으로 나가요. 그리고 몸에 흡수된 영양소는 호흡을 통해 에너지로 만들어지지요. 이때에도 노폐물이 남아요. 이들 노폐물을 오줌과 땀의 형태로 몸 밖으로 내보내는 작용을 배설이라고 해요.

오줌과 땀은 배설, 대변은 배출이에요.

오줌과 땀은 배설물로, 성분이 거의 비슷해요. 다만 만들어지는 곳이 다르지요. 오줌은 콩팥에서, 땀은 땀샘에서 만들어지거든요. 하지만 대변은 배설이 아니라 소화되지 않고 남은 찌꺼기를 몸 밖으로 내보내는 배출이랍니다. 즉 오줌을 누는 것은 배설, 똥을 싸는 것은 배출이지요.

우리 몸에서는 물, 이산화탄소, 암모니아 등의 노폐물이 생겨요.

탄수화물과 지방은 탄소(C), 수소(H), 산소(O)로 이루어져 있어요. 그래서 호흡으로 산소와 결합하면 에너지를 만들어 내고, 노폐물인 이산화탄소(CO_2)와 물(H_2O)을 만들어 내요. 이 중 이산화탄소는 숨을 쉴 때 폐를 통해 몸 밖으로 나가고, 물은 콩팥에서 오줌으로, 땀샘에서 땀으로 몸 밖으로 나가요. 하지만 단백질은 탄소, 수소, 산소 이외에 질소(N) 성분이 있어요. 그래서 호흡 결과로 생긴 암모니아는 오줌으로 배설되지요. 화장실에 진동하는 지린내가 바로 암모니아 때문이에요.

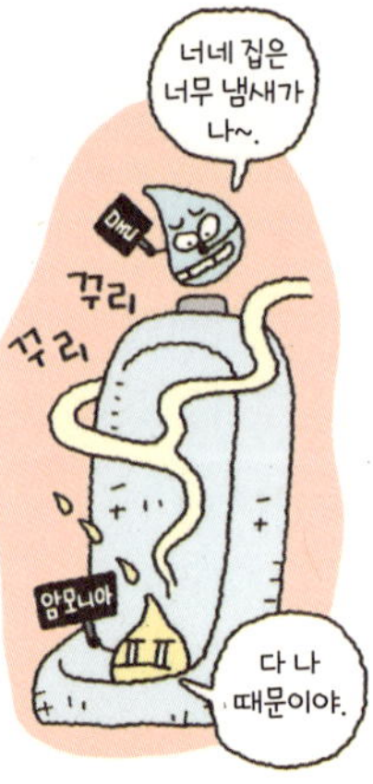

오줌을 만드는 콩팥은 중요한 배설 기관이에요.

오줌을 만드는 콩팥은 강낭콩처럼 생겼어요. 주먹 정도의 크기로 허리 뒤쪽에 2개가 있어요.

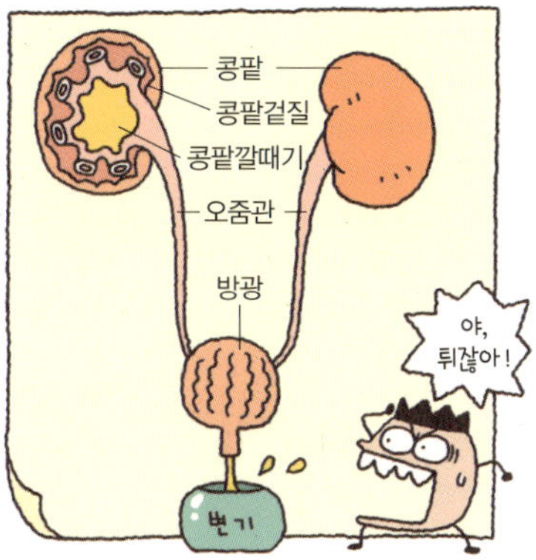

콩팥은 거른 노폐물에서 몸에 필요한 성분을 다시 흡수해요.

콩팥의 겉에 있는 사구체는 거름 장치라고 할 수 있어요. 혈액을 걸러 알갱이가 큰 물질은 혈관을 타고 계속 흐르게 하고 알갱이가 작은 물, 요소, 포도당, 아미노산, 무기염류 등은 통과시켜 보먼주머니로 들어가게 하지요. 그리고 여과된 물질 중 몸에 필요한 영양분은 다시 흡수해요. 콩팥은 정말 알뜰하지요. 이때 재흡수되지 못한 것은 오줌으로 나가요.

땀은 피부에 있는 땀샘에서 만들어져요.

땀샘은 피부에 퍼져 있어요. 우리 몸에는 보통 200만~400만 개의 땀샘이 있는데 특히 손바닥이나 발바닥 그리고 겨드랑이에 많이 있지요.

땀샘은 체온 조절에 중요한 역할을 해요.

땀은 체온 조절에 큰 역할을 하고 있어요. 체온이 올라가는 더운 여름, 땀을 흘리면 땀이 피부에서 열을 빼앗아 증발하면서 체온을 떨어뜨려 주어요.

개는 땀샘이 없어 혀를 내밀어요.

개들은 몸에 땀샘이 없어요. 대신 혀를 길게 내밀어 수분을 증발시켜 체온을 조절해요.

74 감각 기관 - 눈

외부에서 받은 자극을 감각 기관이 느껴요.

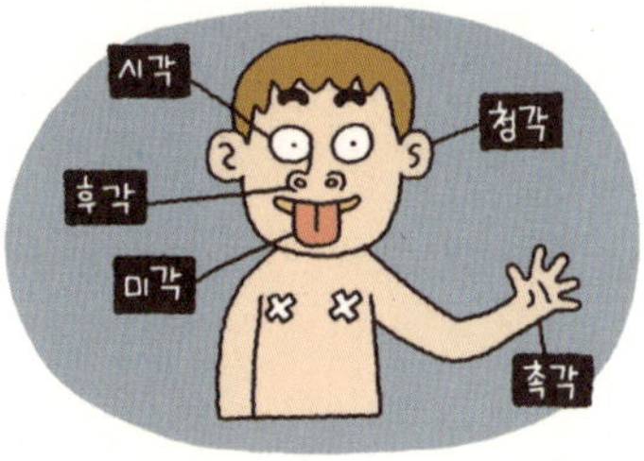

우리는 주변 환경에 영향을 받으면서 살아가요. 이런 외부 환경의 변화를 자극이라고 해요. 빛, 냄새, 맛, 소리, 온도, 접촉 등이 자극이지요. 이러한 외부의 자극을 느낄 수 있는 것은 눈, 코, 혀, 귀, 피부 같은 감각 기관 덕분이에요.

가장 빠른 감각 기관은 눈이에요.

視	覺
볼 시	느낄 각

눈으로 보고 느낌

사람의 감각 기관 중 가장 먼저 자극을 느끼는 것은 눈이에요. 우리 눈은 물체에서 반사되어 나오는 빛을 받아 물체의 모양과 색깔을 볼 수 있어요.

눈으로 받아들이는 정보는 입, 코, 귀, 손 등의 다른 감각 기관이 받아들이는 정보를 모두 합친 것보다 많아요.

눈과 카메라는 구조가 비슷해요.

우리가 물체를 볼 수 있는 것은 물체에서 반사되어 나오는 빛이 눈으로 들어와, 수정체에서 꺾여 망막에 상을 맺기 때문이에요. 이렇게 상이 맺히는 원리는 카메라에 상이 맺히는 원리와 같아요.

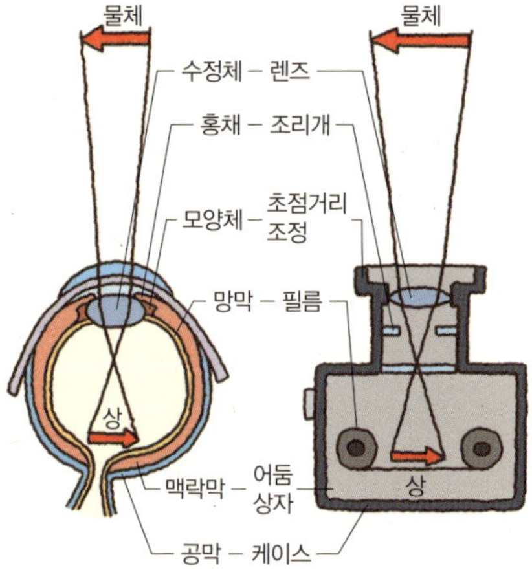

눈	역할	카메라
수정체	볼록 렌즈 모양이며 빛을 굴절시켜 망막에 상이 잘 맺히게 함.	렌즈
홍채	동공의 크기를 조절하여 눈으로 들어오는 빛의 양을 조절함.	조리개
모양체	수정체의 두께를 변화시켜 원근을 조절함.	초점거리 조정
망막	물체의 상이 맺히는 곳.	필름
맥락막	어두운 멜라닌 색소가 있어 눈알 속을 어둡게 해 주며 영양을 공급 함.	어둠상자
공막	우리 눈의 형태를 유지하고 내부를 보호 함.	카메라 케이스

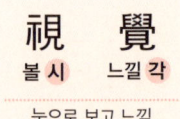

빛은 수정체에서 꺾여 망막에 상을 맺어요.

눈으로 들어온 빛은 각막을 통과한 뒤 수정체에서 꺾여 망막에 상을 맺어요. 상이 맺히는 위치는 중요해요. 상이 망막 앞이나 뒤에 맺히면 물체가 잘 안 보이거든요.

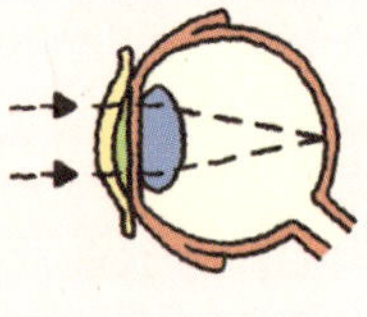

근시 - 먼 곳의 물체가 안 보일 때

물체의 상이 망막 앞에 맺히면 가까운 곳은 잘 보이나 먼 곳의 물체는 잘 안 보여요. 이를 근시라고 하지요. 근시는 수정체의 두께가 두꺼워서 빛이 꺾여 들어오는 각도가 크기 때문에 생기므로 오목렌즈를 사용하여 조절할 수 있어요.

자세한 내용은 101쪽에

원시 - 가까운 곳의 물체가 안 보일 때

물체의 상이 망막 뒤에 맺히면 가까운 곳의 물체가 잘 안 보여요. 이를 원시라고 하지요. 원시는 수정체의 두께가 얇아 빛이 꺾여 들어오는 각도가 작기 때문에 생겨요. 따라서 빛을 모아주는 볼록렌즈를 사용해 조절할 수 있어요.

자세한 내용은 101쪽에

망막에는 빛을 느끼는 시세포가 있어요.

망막 위에 물체의 상이 맺히면, 망막의 시세포가 빛을 감지해 흥분해요. 이 흥분은 시신경을 통해 대뇌로 전달되어 우리가 물체를 볼 수 있게 되는 거예요. 망막에는 빛을 느끼는 두 종류의 시세포가 있어요.

원추세포

원추세포는 색을 구별하는 역할을 해요. 사람과 원숭이는 세 가지 원추세포가 있어서 여러 색을 볼 수 있지만, 개는 두 가지뿐이라 빨간색과 초록색을 잘 구별하지 못해요. 그래서 개가 보는 세상은 우리가 보는 것보다 색이 덜 다양해요.

간상세포

간상세포는 밝고 어두운 정도를 구별해 사물의 모양이나 움직임을 알아차리게 해줘요. 밤에 활동하는 동물은 간상세포가 잘 발달해 어두운 곳에서도 잘 볼 수 있어요.

75 감각 기관 - 코, 혀, 귀, 피부

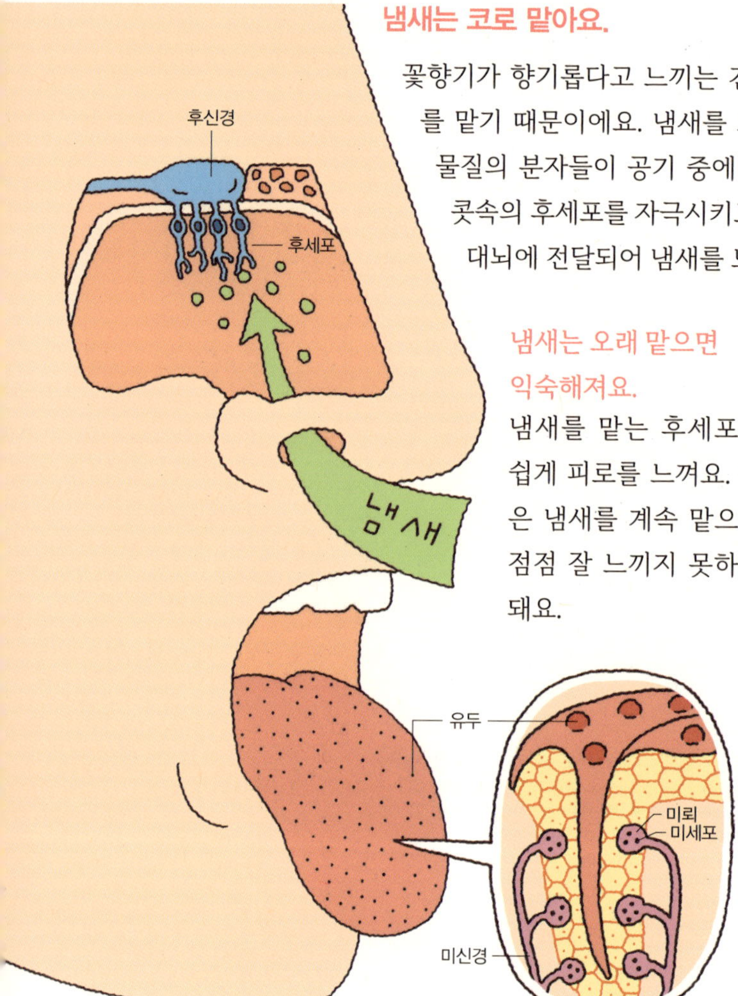

냄새는 코로 맡아요.

嗅 覺
냄새 맡을 후 느낄 각
냄새를 맡아 느낌

꽃향기가 향기롭다고 느끼는 건 코가 냄새를 맡기 때문이에요. 냄새를 느끼게 하는 물질의 분자들이 공기 중에 떠다니다가 콧속의 후세포를 자극시키고, 이 자극이 후신경을 따라 대뇌에 전달되어 냄새를 느끼는 것이지요.

냄새는 오래 맡으면 익숙해져요.

냄새를 맡는 후세포는 쉽게 피로를 느껴요. 같은 냄새를 계속 맡으면 점점 잘 느끼지 못하게 돼요.

혀로 맛을 느낄 수 있어요.

혀의 표면에는 유두라는 작은 돌기가 있어요. 유두에는 미세포가 모인 미뢰가 있어서 쓴맛, 단맛, 신맛, 짠맛을 느끼지요.

味 覺
맛 미 느낄 각
맛을 느낌

코가 막히면 맛을 제대로 느낄 수 없어요.

감기에 걸려 코가 막히면 냄새는 물론 맛도 잘 느낄 수 없어요. 음식의 맛은 혀에 의해서만 느끼는 것이 아니라 혀로 느낀 맛과 코로 느낀 냄새가 대뇌에서 합쳐져 느끼는 것이기 때문이에요.

사람의 귀는 외이, 중이, 내이의 세 부분으로 되어 있어요.

소리가 나면 귓바퀴는 소리를 모아 외이도를 통해 고막을 진동시켜요. 이 진동은 청소골을 통해 달팽이관에 전달되어 달팽이관 속에 있는 청세포를 흥분시켜요. 청세포가 흥분하면 그 신호가 청신경을 따라 대뇌로 전달되어 소리를 듣게 돼요.

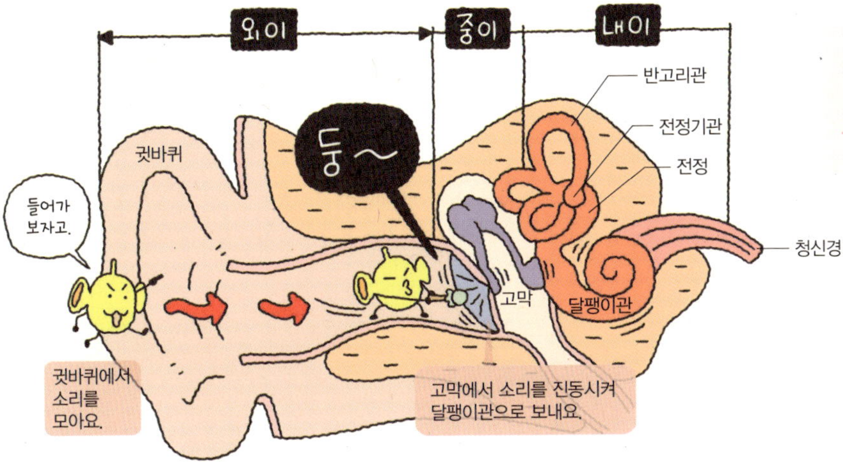

聽	覺
들을 청	느낄 각

듣는 것을 느낌

귀는 평형 감각도 담당해요.

우리 몸의 균형을 유지하는 평형 감각은 내이에 있는 전정기관에서 담당해요. 평형 감각은 중력의 영향을 받아 생기는 감각으로, 다른 감각과 달리 자극이 대뇌가 아닌 소뇌로 전달돼요.

피부에도 감각 기관이 있어요.

우리 몸의 피부에도 감각 기관이 있는데 이를 촉각이라고 해요.
목욕탕 물의 온도를 알아보기 위해 손을 물에 담가 보거나, 손바닥에 가시가 찔리면 아픈 것은 피부에 촉점, 온점, 냉점, 압점, 통점과 같은 감각점들이 있기 때문이지요. 촉각이 없다면 우리는 뜨겁고 아픈 것을 느끼지 못해 정말 위험해질 거예요.
겨드랑이와 같이 간지러움을 많이 느끼는 곳에는 촉각 신경이 다른 곳에 비해 많이 몰려 있지요.

觸	覺
닿을 촉	느낄 각

닿아서 느낌

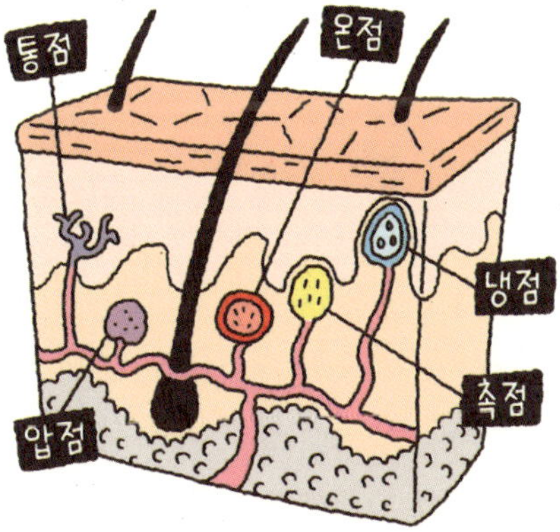

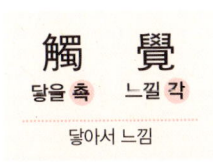

76 뇌와 신경

자극에 대한 반응을 반사라고 해요.

우리 몸이 외부의 자극에 바로 반응하는 것을 반사라고 해요.

경험에 의한 반응 – 조건 반사

맛있는 음식을 보거나, 냄새만 맡아도 입 안에 침이 고여요. 예전의 경험이 이런 반응을 만드는 것이죠. 이렇게 과거에 경험한 특정한 자극에 대해 반응하는 것을 조건 반사라고 해요.

본능적인 반응 – 무조건 반사

날카로운 물건에 손을 대면 순간적으로 손을 떼고, 공이 날아오면 재빨리 피하게 돼요. 이처럼 외부의 자극에 대해 본능적으로 빠르게 일어나는 반응을 무조건 반사라고 해요. 우리 몸이 자신을 보호하기 위해 자기도 모르게 반응하는 것이지요.

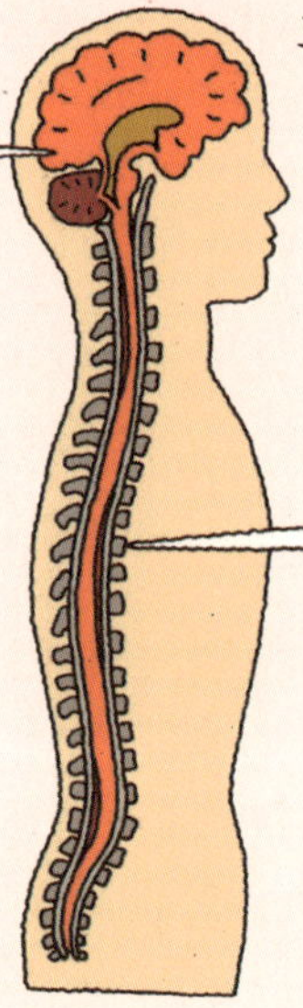

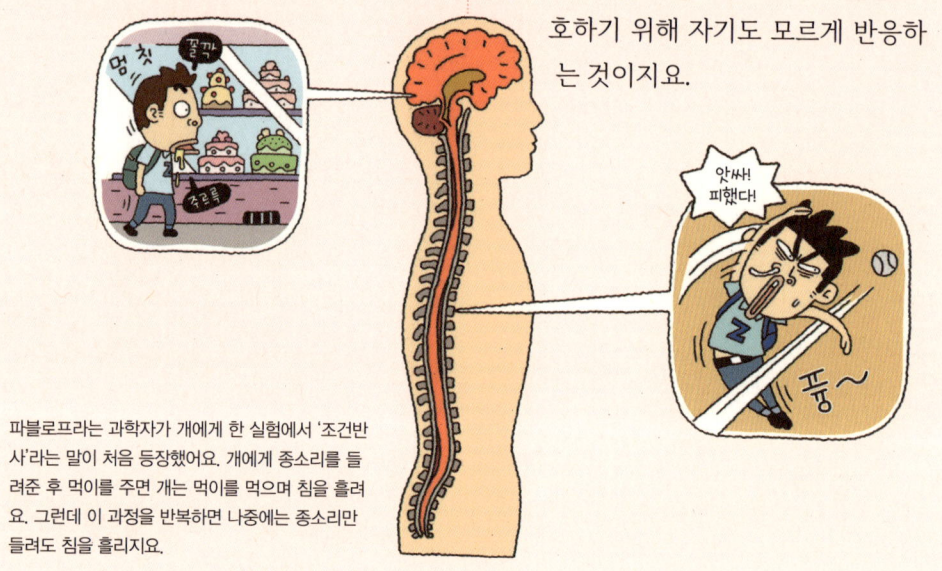

파블로프라는 과학자가 개에게 한 실험에서 '조건반사'라는 말이 처음 등장했어요. 개에게 종소리를 들려준 후 먹이를 주면 개는 먹이를 먹으며 침을 흘려요. 그런데 이 과정을 반복하면 나중에는 종소리만 들려도 침을 흘리지요.

뇌와 척수는 자극에 대해 판단하고 명령을 내려요.

자극을 받으면 뇌와 척수에서는 자극에 맞는 행동을 판단하여 명령을 내려요. 이미 경험한 적이 있는 자극에 대해서는 대뇌에서 명령을 내려요. 조건 반사가 여기에 속하지요. 그러나 바로 반응을 해야 하는 급한 경우에는 척수에서 명령을 내려요. 무조건 반사가 여기에 속해요. 자극에 대해 판단하고 명령을 내리는 뇌와 척수를 '중추 신경'이라고 해요.

감각 기관과 중추 신경을 연결하는 것은 신경이에요.

우리 몸이 외부의 자극에 적절하게 반응하는 것은 감각 기관과 중추 신경의 협동 덕분이에요. 감각 기관에서 자극을 받아들이고 중추 신경에서 자극을 판단하여 적절한 행동을 명령하지요. 이때 온몸의 신경들이 감각 기관에서 느낀 자극을 중추 신경에 전달하고 중추 신경이 내린 명령을 몸의 각 조직에 전달해요.

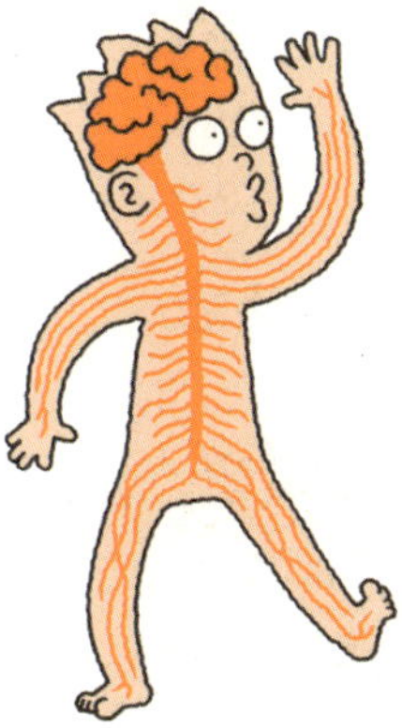

사람의 감각 기관은 대부분 얼굴 앞면에 모여 있어요.

사람이나 동물들은 앞을 향해 움직이고 생활하기 때문에 앞부분이 외부의 자극을 가장 많이 받아요. 그래서 신경 세포가 앞으로 모여 감각 세포를 이루게 되었어요. 앞으로 모이기 시작한 감각 세포들은 점점 발전하여 눈, 귀, 더듬이 그리고 뇌로 진화하게 되었어요.

신경은 뉴런으로 이루어져 있어요.

뉴런은 신경을 구성하는 세포로서, 신경 자극을 전달해요. 뉴런은 감각을 느끼는 감각 뉴런, 반응이 일어나게 하는 운동 뉴런, 이 두 뉴런을 중간에서 연결해 주는 연합 뉴런으로 나눌 수 있어요.

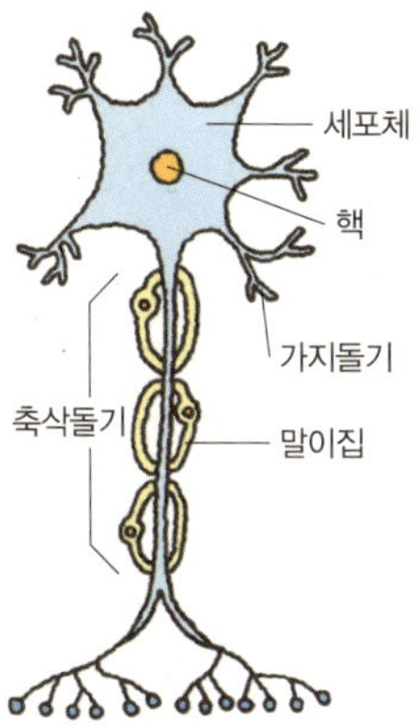

뉴런

사람의 뇌는 대뇌, 사이뇌, 소뇌, 중간뇌, 숨뇌로 구분돼요.

대뇌
전체 뇌의 80% 이상을 차지하는 부분으로, 정신 활동의 중심이에요. 표면에 주름이 많으며, 왼쪽과 오른쪽 두 개의 뇌로 나누어져 있어요.

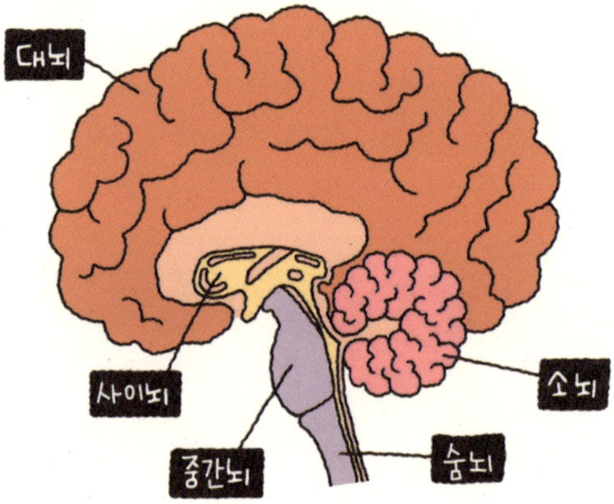

사이뇌
대뇌와 중간뇌 사이에 있으며, 체온과 혈당량, 호르몬을 조절해요.

소뇌
대뇌의 아래쪽에 있으며 크기가 대뇌의 약 $\frac{1}{8}$정도 돼요. 근육 운동을 조절하여 몸의 균형을 유지해 주지요.

중간뇌
사이뇌 바로 아래 있으며 눈의 움직임과 소리를 듣는 것을 담당해요. 소뇌와 함께 몸의 균형을 유지해 주지요.

숨뇌
호흡과 혈액 순환을 조절하는 중요한 곳이에요. 기침이나 재채기, 딸꾹질과 같은 무조건 반사를 통제하지요.

두 개로 나뉜 대뇌는 각각 몸의 반대쪽을 담당해요.

오른쪽 뇌는 몸의 왼쪽을, 왼쪽 뇌는 몸의 오른쪽을 담당해요. 이는 뇌의 신경이 교차되어 몸으로 내려가기 때문이에요. 오른쪽 뇌는 예술을 이해하거나 사물을 관찰하는 일을, 왼쪽 뇌는 말하거나 계산처럼 논리적인 일을 담당하지요.

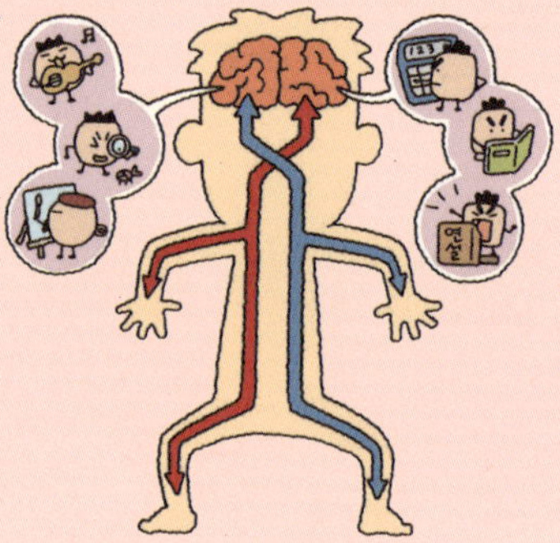

대뇌겉질은 많은 일을 해요.

대뇌를 둘러싸고 있는 대뇌겉질은 감각을 모으고 지식을 얻는 기능을 담당해요. 크게 4부분으로 나눌 수 있으며 각 부분에서 맡은 일이 조금씩 달라요.

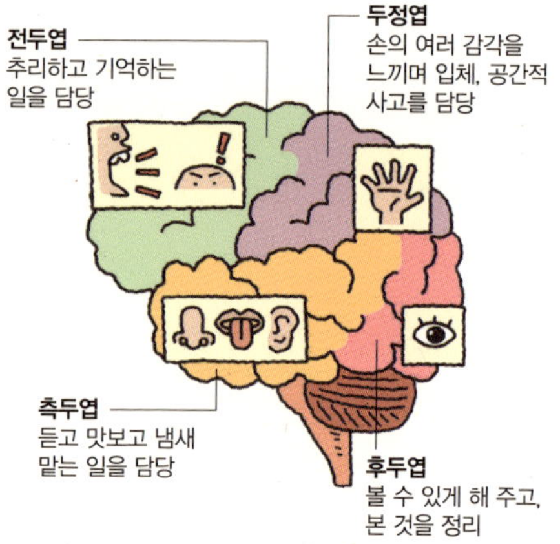

한눈에 보는 우리 몸

소화 기관

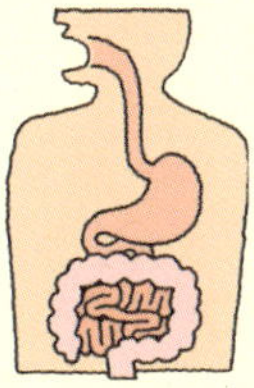

음식물 속 영양소를 우리 몸이 흡수할 수 있게 분해해요. 음식물은 입 → 식도 → 위 → 작은창자를 지나 소화되고 흡수되며, 남은 찌꺼기는 큰창자를 지나 항문을 통해 똥으로 나와요.

순환 기관

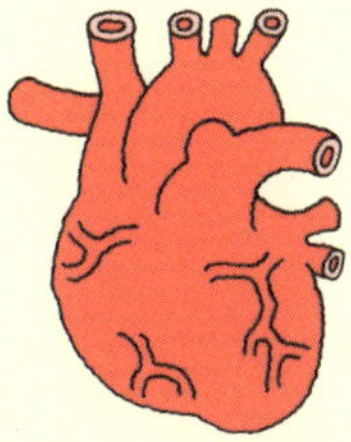

심장에서 나온 혈액은 혈관을 타고 온몸을 다니며 영양소와 산소를 전달하고 노폐물과 이산화탄소를 거두어요.

호흡 기관

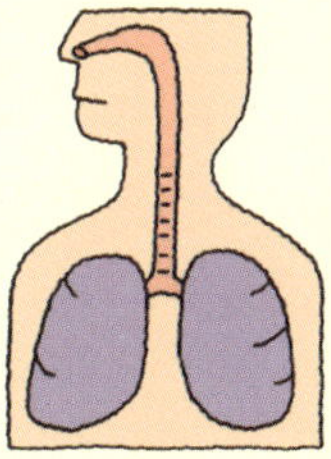

산소를 받아들이고, 이산화탄소를 내보내는 일을 통해 숨을 쉬고, 에너지를 만들어 내요.
코, 숨관, 숨관가지, 폐 등이 있어요.

배설 기관

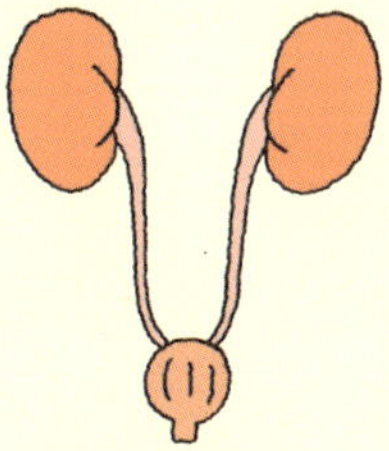

영양소를 사용하고 나서 생긴 노폐물을 땀과 오줌으로 만들어 몸 밖으로 내보내요.

감각 기관

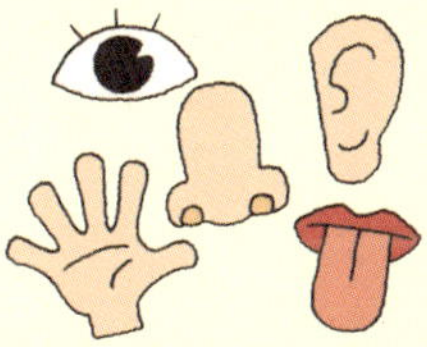

빛, 소리, 냄새, 맛, 접촉 등 외부 환경의 자극을 받아들여요. 눈, 코, 혀, 귀, 피부를 가리키지요.

신경계

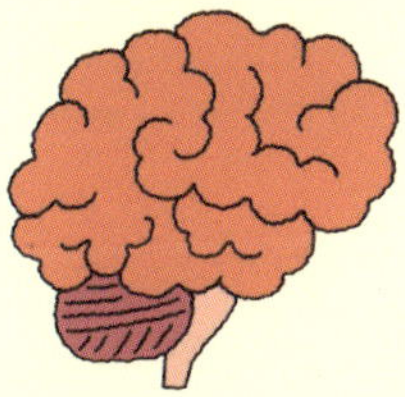

감각 기관에서 받아들인 자극은 신경을 통해 뇌와 척수로 전달돼요. 뇌와 척수는 자극에 대해 반응을 보이도록 운동 기관에 명령을 내려요.

생식과 유전

생물의 특징 중 하나는 어버이를 닮은 자손을 남긴다는 거예요. 사람은 사람을 낳고, 호랑이는 호랑이를 낳으며, 콩 심은 데 콩 나고, 팥 심은 데 팥 나지요. 영원히 살 수 있는 생물은 없기에 자손을 남기는 것은 아주 중요해요. 자손을 남기지 못한다면 그 생물은 언젠가는 영원히 사라질 테니까요. 어버이가 가진 특성을 물려받을 수 있는 것은 유전 물질이 자손에게 전달되기 때문이에요. 그런데 자손을 남긴다 해도 환경 변화에 제대로 적응하지 못하면 그 생물은 점차 사라지게 되지요. 그래서 생물들은 오랜 시간에 걸쳐 환경에 맞게 자신을 변화시켰어요. 이것이 진화예요. 살아남은 생물의 적응력은 정말 놀라워요.

관련 단원 중학교
3학년 생식과 유전

77 생물의 생식

생물은 종족 유지를 위해
유성 생식과
무성 생식을 해요.

78 동물의 생식과 발생

동물은 수정과 발생을 거쳐
완전한 개체가 돼요.

79 유전

부모와 자식이 닮은 것은
일정한 규칙이 있는
유전 때문이에요.

80 진화

생물은 오랜 세월 동안
환경에 적응하기 위해
진화해 왔어요.

77 생물의 생식

생물은 종족 유지를 위해 생식이 필요해요.

생물이 종족 유지를 위해 자손을 만드는 일을 생식이라고 해요. 암수 구별이 없는 생물들은 무성 생식을, 암수가 구별되는 생물들은 유성 생식을 해요.

고등 생물은 암수가 결합하는 유성 생식을 해요.

유성 생식은 암수가 각각 생식 세포를 만든 후, 이들이 결합하여 새로운 개체가 되는 거예요. 다양한 자손이 생길 수 있고, 그 결과로 변화하는 환경에 잘 적응하는 자손을 남길 수 있지요. 대부분의 고등 생물은 유성 생식을 해요.

무성 생식은 암수 생식 세포 없이 번식을 해요.

무성 생식은 암수 생식 세포의 결합 없이 번식하는 방법으로, 주로 하등 동물이 이용하는 생식 방법이에요. 암수의 구별 없이 몸을 나누어 번식하는 경우가 많지요.

이분법

하나의 세포가 갈라져 두 개의 새로운 개체가 되는 거예요. 아메바, 짚신벌레, 유글레나, 클로렐라, 돌말, 장구말 등의 단세포 생물들의 생식법이에요.

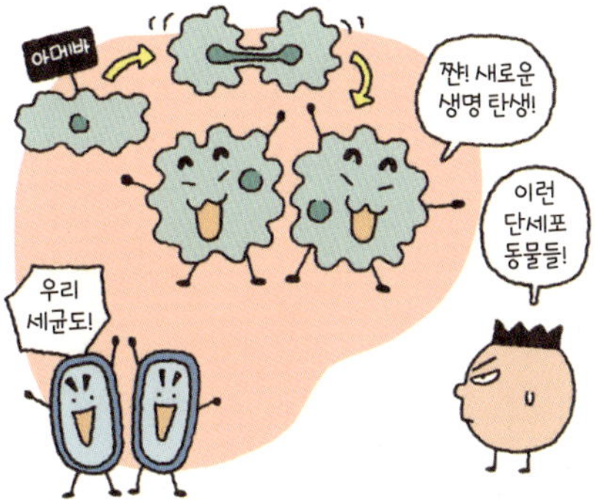

출아법

몸의 일부에서 싹이 생겨 자라다가 이것이 어미로부터 떨어져 나가 새로운 개체가 되는 거예요. 효모와 히드라, 말미잘, 산호와 같은 대부분의 강장 동물의 생식법이에요.

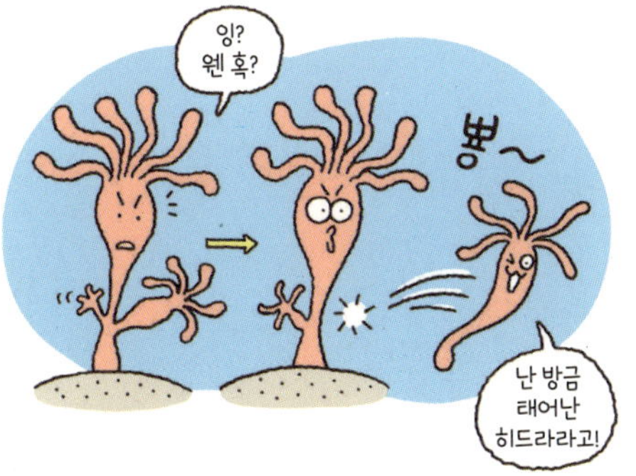

포자법

포자를 만들어 떨어뜨려서 싹을 틔워 새로운 개체를 형성하는 번식법이에요. 고사리와 같은 양치류, 이끼와 같은 선태류, 버섯, 곰팡이와 같은 균류, 미역이나 다시마와 같은 해조류의 생식법이에요.

영양 생식

암수 구별이 있는 식물에서도 무성 생식을 할 수 있어요. 생식 기관이 아닌 영양 기관, 즉 뿌리, 줄기, 잎을 이용해 생식을 하는 것이죠. 어버이의 장점이 자손에게 그대로 전해지고, 꽃이나 열매도 빨리 맺을 수 있어 농사에 많이 이용되지요.

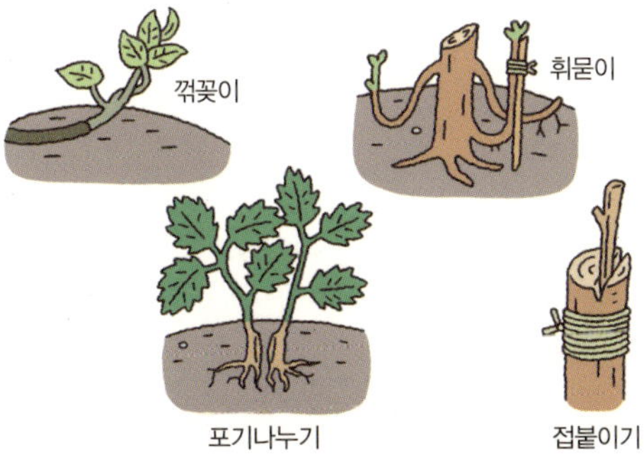

78 동물의 생식과 발생

동물의 수컷(♂)은 정자, 암컷(♀)은 난자를 가지고 있어요.

동물의 수컷은 정소에서 정자를 만들고, 암컷은 난소에서 난자를 만들어요. 정자는 크기가 작으며, 길게 늘어진 편모를 이용하여 빠르게 움직여요. 난자는 양분을 저장하고 있어서 크기가 커요.

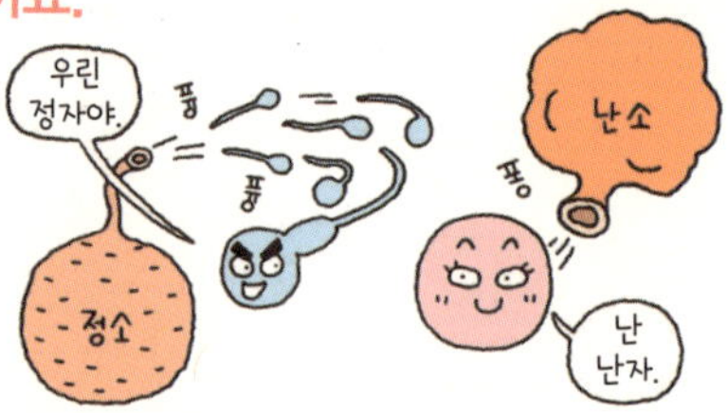

동물은 체외 수정과 체내 수정을 해요.

정자와 난자가 만나 하나가 되는 과정을 수정이라고 해요. 수정의 결과로 수정란이 만들어지지요.

체외 수정

물고기 같은 어류, 개구리 같은 양서류는 암컷이 물속에 알을 낳으면 수컷이 그 알에 정자를 뿌려 수정을 시켜요. 이처럼 동물의 몸 밖에서 이루어지는 수정을 체외 수정이라고 해요.

체내 수정

사람이나 사슴과 같은 포유류, 닭과 비둘기 같은 조류, 그리고 악어와 같은 파충류들은 체내 수정을 해요. 정자와 난자의 수정이 암컷의 몸안에서 이루어지지요.

난생과 태생

어류, 조류, 파충류, 곤충류는 대부분 알을 낳아요. 이를 난생이라고 하지요. 포유류는 몇 가지 동물을 제외하고는 대부분 새끼를 낳아요. 이를 태생이라고 해요. 태생은 한 번에 많은 수의 새끼를 낳지는 않지만 대부분 새끼가 어느 정도 자랄 때까지 어미가 보살피기 때문에 난생보다 살아남는 비율이 훨씬 높지요.

수정란은 세포 분열을 통해 완전해져요.

정자와 난자의 결합에 의해 만들어진 수정란은 1개의 세포, 즉 단세포예요. 이 수정란이 다세포 생물이 되기 위해서는 수많은 세포 분열을 거쳐야 하지요. 세포 분열을 시작하여 세포의 수를 늘리고, 몸의 각 부분에 알맞게 다른 세포로 변화되어 하나의 완전한 개체로 만들어지는 과정을 발생이라고 해요.

사람도 발생 과정을 거쳐요.

사람도 비슷해요. 난자와 정자는 여성의 몸속에서 수정되어 수정란이 돼요. 그리고 자궁에 달라 붙는데 이것이 착상이에요. 그 다음 세포 분열을 하여 나중에 아기가 될 때까지 발생 과정을 거치지요.

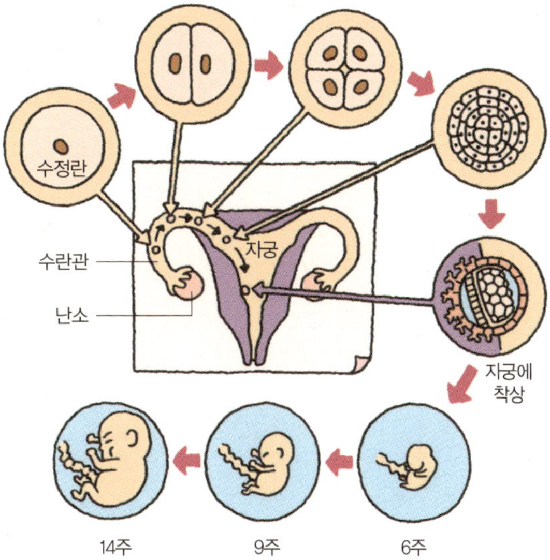

일란성 쌍생아와 이란성 쌍생아는 어떻게 다를까요?

일란성 쌍생아는 1개의 수정란이 발생 도중 2개로 나눠지면서 생겨요. 1개의 수정란에서 발생한 것이므로 성별과 외모가 같아요.

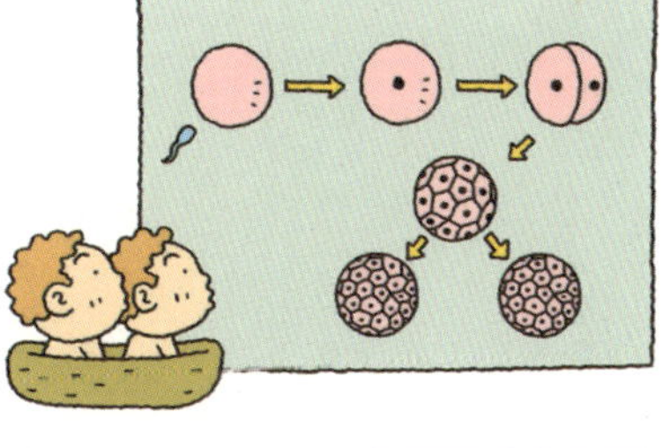

이란성 쌍생아는 2개의 난자가 각각 다른 정자와 수정되어 생긴 2개의 수정란이 발생하여 생겨요. 처음부터 서로 다른 수정란에서 발생한 것이므로 외모, 성별이 달라요.

79 유전

부모와 자식이 닮은 것은 유전 때문이에요.

부모님과 형제자매를 자세히 살펴보면 생김새 외에도 목소리나 성격이 서로 닮은 것을 알 수 있어요. 이렇게 닮는 까닭은 부모님의 특징이 유전 물질을 통해 자식에게 전해지기 때문이랍니다. 유전자를 통해 어버이의 형질이 자손에게 전달되는 현상을 유전이라고 해요.

옛날 사람들도 유전을 알고 있었어요.

옛날 사람들은 가축을 기르거나 농사를 지으면서 동물이나 식물의 유전 현상을 알고 이를 이용했어요. 예를 들어 새끼를 많이 낳는 돼지를 파악해 더 많은 새끼를 낳게 했어요. 그러면 그 새끼들도 나중에 새끼를 많이 낳았죠.

부모의 특징이 섞여서 자식에게 나타난다고 생각했어요.

19세기까지 사람들은 부모의 특징이 섞여서 자식에게 나타난다고 믿었어요. 즉 서로 다른 색깔의 물감을 섞으면 중간색을 나타내는 것처럼 아버지와 어머니의 특징이 섞여서 자식에게 나타난다는 것이죠. 이것이 '융합 유전설'이에요.

융합 유전설은 불완전한 이론이었어요.

융합 유전설은 설명할 수 없는 일들이 많았어요. 키 큰 아버지와 키 작은 어머니 사이에서 태어난 자식이 중간 키를 가진다면 여러 세대 후에는 세상 모든 사람들이 부모의 중간 키여야 하지만 그렇지 않았거든요.

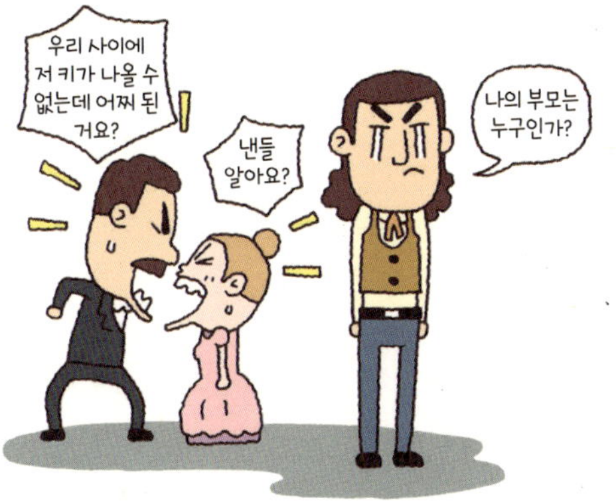

멘델은 유전의 법칙을 알아냈어요.

오스트리아의 과학자 멘델은 완두를 오랜 기간 연구했어요. 그 결과 부모가 가진 특징 중 어떤 특징은 자손에게 나타나고 어떤 특징은 사라지며, 사라진 특징은 이후에 다시 나타나기도 한다는 것을 발견했어요.

유전을 공부할 때 알아 두어야 할 용어들

형질

눈의 크기나 모양, 피부색처럼 생김새나 성질을 형질이라고 해요. 형질은 유전을 통해 자손에게 전해져요. 멘델은 완두의 둥근 모양과 주름진 모양, 녹색과 황색을 대립형질(반대되는 성질)로 실험했어요.

우성과 열성

대립 형질이 함께 있을 때, 겉으로 드러나는 형질을 우성 형질, 숨어 있는 형질을 열성 형질이라고 해요. 좋고 나쁨이 아니라 어떤 형질이 나타나는지에 따라 구분해요.

순종과 잡종

순종은 같은 형질만 가진 부모끼리 낳은 자손이에요. 잡종은 서로 다른 형질을 가진 부모 사이에서 태어난 자손이고, 두 형질이 섞여 어떤 형질이 나타날지 알 수 없어요.

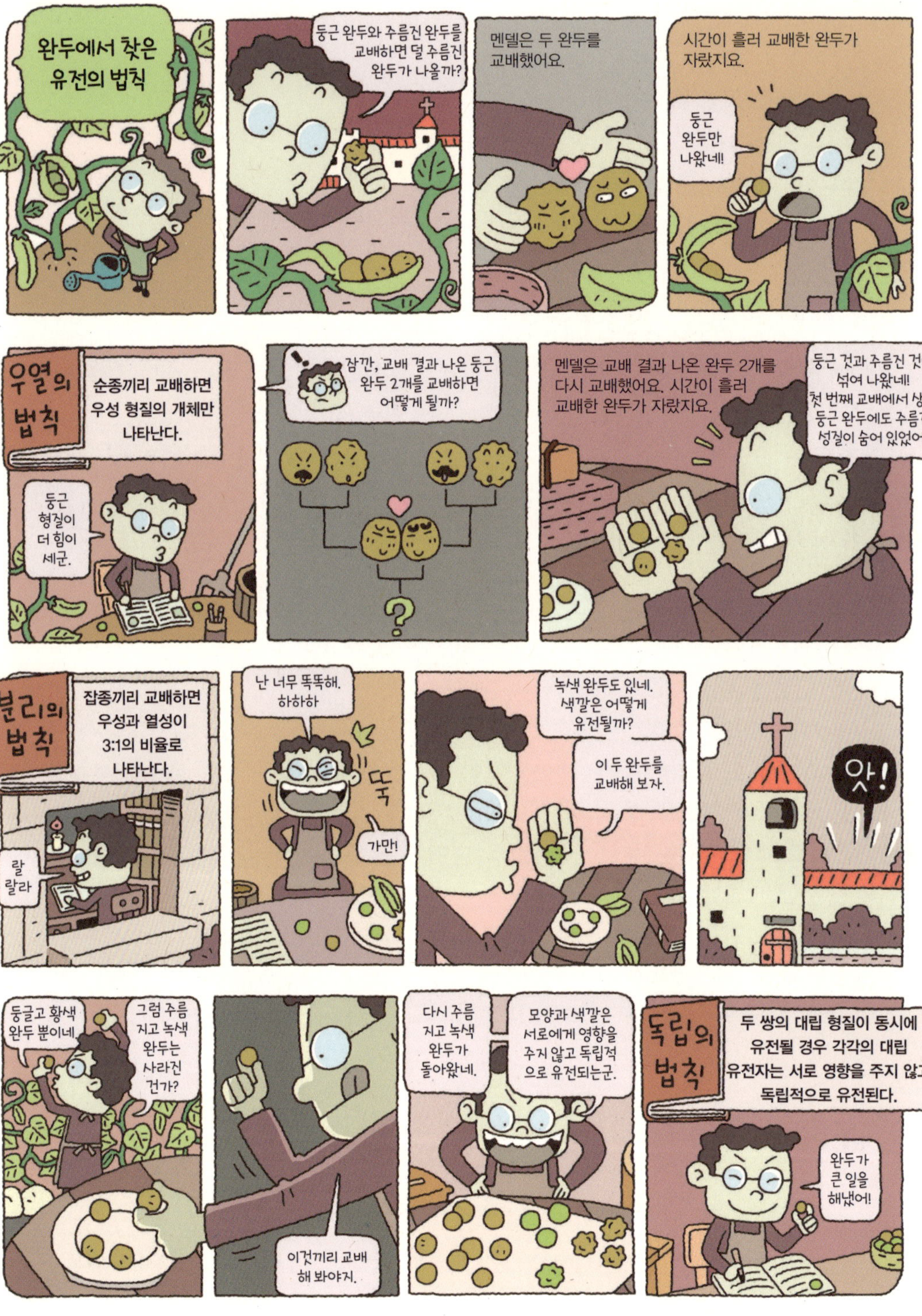

완두에서 찾은 유전의 법칙
둥근 완두와 주름진 완두를 교배하면 덜 주름진 완두가 나올까?
멘델은 두 완두를 교배했어요.
시간이 흘러 교배한 완두가 자랐지요.
둥근 완두만 나왔네!
우열의 법칙
순종끼리 교배하면 우성 형질의 개체만 나타난다.
둥근 형질이 더 힘이 세군.
잠깐, 교배 결과 나온 둥근 완두 2개를 교배하면 어떻게 될까?
?
멘델은 교배 결과 나온 완두 2개를 다시 교배했어요. 시간이 흘러 교배한 완두가 자랐지요.
둥근 것과 주름진 것이 섞여 나왔네! 첫 번째 교배에서 생긴 둥근 완두에도 주름진 성질이 숨어 있었어.
분리의 법칙
잡종끼리 교배하면 우성과 열성이 3:1의 비율로 나타난다.
랄랄라
난 너무 똑똑해. 하하하
뚝
가만!
녹색 완두도 있네. 색깔은 어떻게 유전될까?
이 두 완두를 교배해 보자.
앗!
둥글고 황색 완두 뿐이네.
그럼 주름지고 녹색 완두는 사라진 건가?
이것끼리 교배해 봐야지.
다시 주름지고 녹색 완두가 돌아왔네.
모양과 색깔은 서로에게 영향을 주지 않고 독립적으로 유전되는군.
독립의 법칙
두 쌍의 대립 형질이 동시에 유전될 경우 각각의 대립 유전자는 서로 영향을 주지 않고 독립적으로 유전된다.
완두가 큰 일을 해냈어!

사람의 유전 현상도 멘델의 유전 법칙으로 설명할 수 있어요.

사람의 유전으로 널리 알려진 것으로는 미맹(PTC 용액의 쓴맛을 느끼지 못하는 것)과 귓불 유전 등이 있어요.

유전 형질	우성 〉 열성	유전 형질	우성 〉 열성
머리털 모양	 곱슬머리와 직모인 부모 사이에서 태어난 아기는 곱슬머리일 경우가 더 많아요. 그래서 곱슬이 우성이라고 생각되지요.	혈액형	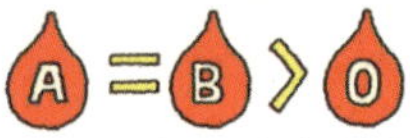 ABO식 혈액형에서는 A와 B는 우열 관계가 없고 둘 다 O에 대해서는 우성이에요. 그래서 A형과 O형인 부모 사이에서는 A형인 아기가 더 많지요.
눈꺼풀	 부모 중 한 명이라도 쌍꺼풀이 있을 경우 그 사이에서 태어난 아기는 쌍꺼풀이 있는 경우가 더 많아 이를 우성이라고 생각하지요.	귓불 모양	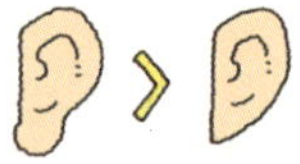 귓불이 있는 경우를 분리형, 없는 경우를 부착형이라 해요. 분리형과 부착형의 부모 사이에서 태어난 아기는 분리형이 더 많아 분리형을 우성이라고 생각해요.

멘델의 유전 법칙에도 예외가 있어요.

멘델의 유전 법칙이 모든 경우에 다 맞는 것은 아니에요. 우성과 열성이 완전히 나누어지지 않은 형질의 경우에는 자손은 우성과 열성의 중간 형질이 나타나기도 해요. 이런 경우를 중간 유전이라고 해요. 또한 어버이에게 없던 형질이 자식 대에 나타나 대대로 유전되는 돌연변이도 있어요.

80 진화

생물은 오랜 시간 동안 환경에 적응하며 진화했어요.

생명체가 지구에 처음 나타난 것은 35억 년 전이에요. 그 뒤 환경에 잘 맞는 몸의 특징을 가진 생물들이 살아남아 자손을 남겼지요. 이렇게 생물이 오랜 시간에 걸쳐 조금씩 달라지는 것을 진화라고 해요. 그 결과 지구에는 다양한 생물들이 살게 되었어요.

화석으로 진화를 확인할 수 있어요.

화석은 과거에 살았던 생물의 사체나 흔적이 퇴적암 속에 보존된 것이에요. 따라서 화석을 연구하면 진화의 흔적을 확인할 수 있지요.

시조새는 파충류와 조류의 중간 단계예요.

중생대에 살았던 시조새의 화석에서는 새처럼 날개와 깃털을 볼 수 있어요. 또 파충류처럼 부리에 이가 있고 꼬리에 긴 뼈가 있는 것도 확인할 수 있어요. 파충류와 조류의 특징을 모두 가지고 있는 시조새는 파충류에서 조류로 진화하는 중간 단계라고 볼 수 있어요.

말은 처음에는 몸이 작았어요.

북아메리카에서 발견한 말의 화석을 시대 순서로 비교해 보면 처음에는 몸이 작고 발가락이 네 개였다가 점점 현재와 같이 몸도 커지고 발가락이 합쳐져 한 개의 발굽을 가지게 된 것을 알 수 있어요.

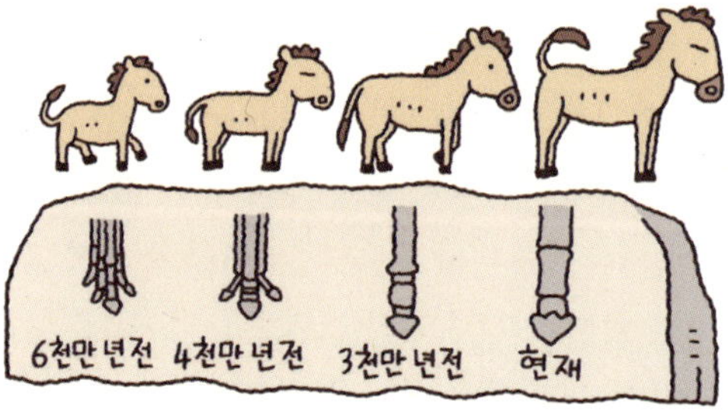

흔적 기관으로 진화 과정을 알 수 있어요.

한때는 사용했지만 점차 퇴화되어 현재는 사용하지 않고 흔적만 남아 있는 기관을 흔적 기관이라고 해요. 예를 들면 사람의 꼬리뼈와 사랑니, 타조의 날개, 두더지의 눈 등이지요. 흔적 기관은 예전의 모습을 추측하게 해 주어 진화 과정을 이해하는 데 도움을 주어요.

찰스 다윈은 진화론의 기초를 쌓았어요.

영국의 과학자 찰스 다윈은 생물이 오랜 시간에 걸쳐 스스로 자연 환경에 맞춰 발전한다는 진화론의 기초를 쌓았어요. 그는 여러 개의 섬이 있는 갈라파고스를 탐험하다가 섬마다 부리 모양이 다른 핀치 새가 살고 있다는 것을 알았어요. 환경이 달라 먹이가 다르기 때문에 부리 모양도 달랐던 것이죠. 이로써 다윈은 생물의 모습이 환경과 밀접한 관계가 있다는 것을 알게 됐지요.

왜 기린의 목이 길어졌을까?

라마르크는 용불용설을 주장했어요.

라마르크는 기린이 높은 곳의 나뭇잎을 따 먹기 위해 목을 쭉쭉 뻗으면서 목이 길어지게 되었고, 이것이 유전되었다고 주장했어요. 이 진화론을 용불용설이라고 해요. 하지만 이 주장은 나중에 틀린 것으로 밝혀졌어요.

다윈은 자연 선택설을 주장했어요.

다윈은 목이 짧은 기린과 목이 긴 기린이 함께 있었는데 높은 나무의 잎을 먹기에 유리한 목이 긴 기린만이 살아남게 되었다는 자연선택설을 주장했어요. 자연선택설은 오늘날 진화를 설명하는 기본이 되고 있어요.

생명과학의 역사를 쓴 과학자

훅 (1635-1703)

훅은 세포를 처음 발견한 과학자예요. 비록 살아 있는 세포는 아니었지만 자신이 직접 만든 현미경을 사용하여 코르크 조각을 관찰하다 세포를 발견했지요. 그는 코르크의 얇은 조각에서 벌집과 같은 작은 방을 발견했고, 라틴어로 '작은 방'이라는 뜻을 가진 '세포(Cell)'라는 이름을 붙였어요.

린네 (1707-1778)

린네는 분류학의 아버지로, 지구상에 있는 수많은 종류의 생물들에게 이름을 붙여 주었어요. 그가 이름을 붙인 방법은 '이명법'으로 생물의 이름을 나타낼 때 속명과 종명을 같이 써 주는 방법이에요. 여러 종들 중에서 비슷한 특성을 지닌 종들이 모여 하나의 속이 되므로 이름을 보면 어떤 속에 속한 종인지 알 수 있어요.

다윈 (1809-1882)

다윈은 진화론을 주장했어요. 진화론이란 생물이 오랜 시간에 걸쳐 자연 환경의 변화에 맞춰 스스로 몸의 구조나 형태를 조금씩 바꾸어 가며 변한다는 것이에요. 이를 다룬 다윈의 〈종의 기원〉이란 책은 아주 유명하지요. 또한 그는 같은 어버이로부터 나온 자손이라도 환경에 가장 알맞고 잘 적응하는 것이 자손을 더 많이 남기고, 살아남는다는 자연 선택설을 주장했어요.

멘델 (1822-1884)

멘델은 완두의 교배 실험을 통해 유전의 법칙을 발견했어요. 완두의 색깔, 모양, 꽃이 피는 위치, 줄기의 길이 등 7가지 형질을 가지고 끊임없는 실험을 한 결과, 유전에는 일정한 법칙이 있음을 알아냈지요. 우열의 법칙, 분리의 법칙, 독립의 법칙이 그것이에요. 그러나 당시에는 큰 관심을 끌지 못했어요. 그가 죽은 지 16년 뒤에야 인정받을 수 있었지요.

파스퇴르 (1822-1895)

파스퇴르는 생물이 자연적으로 생긴다는 자연 발생설이 잘못되었음을 증명하고, 음식이 썩는 것과 여러 가지 질병이 생기는 원인이 특정한 균 때문임을 밝혀냈어요. 이외에도 광견병 예방 백신, 저온 살균법, 종두법 등을 통해 많은 사람들의 목숨을 구했어요.

퀴즈

지구과학 퀴즈

01 오래전 피타고라스가 주장한 지구의 모양은?

❶ 구 ❷ 평평한 판
❸ 삼각뿔 ❹ 네모난 상자

02 아리스토텔레스가 지구가 둥글다고 생각하게 된 까닭이 아닌 것은?

❶ 월식이 진행되는 동안 달에 비친 그림자가 둥글다.
❷ 육지에서 멀어지는 배가 아래서부터 서서히 사라진다.
❸ 북쪽과 남쪽에서 본 별자리가 다르다.
❹ 우주선을 타고 나가 직접 관찰했다.

03 에라토스테네스가 지구의 크기를 잴 때 사용한 것이 아닌 것은?

❶ 두 눈 ❷ 두 다리
❸ 막대기 ❹ 두레박

04 하늘이 움직인다고 생각한 우주론을 .... 이라 하고, 지구가 움직인다고 생각한 우주론을 .... 이라 해요.

05 다음 설명 중 옳은 것에는 ○, 틀린 것에는 × 를 하시오.

- 지구가 자전하기 때문에 낮과 밤이 있다. ( )
- 지구는 동에서 서로 자전한다. ( )
- 지구는 한 달에 한 바퀴씩 공전한다. ( )

06 만약에 지구가 기울어져 있지 않고 똑바로 선 채 공전을 한다면 어떻게 될까요?

계절의 변화가 (일어나지 않는다, 일어난다).

07 다음 중에서 달에 살고 있는 생물은?

❶ 개구리 ❷ 토끼
❸ 계수나무 ❹ 없다

08 다음 문장을 올바르게 고쳐 쓰시오.

월식은 달이 태양 빛을 가려
지구가 잘 보이지 않는 현상이다.

09 다음은 태양에서 일어나는 현상을 찍은 사진이에요. 각각의 이름을 쓰시오.

( )

( )

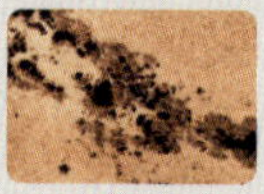

( )

10 다음 중 태양계의 8행성이 아닌 것을 두 가지 고르시오.

❶ 태양 ❷ 지구
❸ 목성 ❹ 명왕성

정답 1 ❶ 2 ❹ 3 ❹ 4 천동설, 지동설 5 ○××6 일어나지 않는다. 7 ❹ 8 월식은 지구가 태양 빛을 가려 달이 잘 보이지 않는 현상이다. 9 홍염 , 코로나, 흑점 10 ❶, ❹

11 다음 말을 한 태양계 행성은 무엇일까요?

(　　　　) (　　　　) (　　　　)

12 우리 은하의 옆모습과 가장 비슷한 것은?

❶ 달걀 프라이　❷ 냄비
❸ 자전거　❹ 축구공

13 지구의 대기권은 .... 이 지구 주위의 공기를 잡아당기고 있기 때문에 형성되었어요.

14 수억 년 동안 바다에 살던 생물들이 육지에서도 살 수 있게 된 데 가장 중요한 역할을 한 것은?

❶ 우산　❷ 양산
❸ 오존층　❹ 구름

15 지구의 내부 구조를 조사하려고 할 때 가장 적당한 방법은 무엇일까요?

❶ 삽으로 땅 파기
❷ 바닷물의 성분을 분석한다.
❸ 슈퍼맨을 불러서 지하로 보낸다.
❹ 지진파를 발사하여 속도 변화를 알아본다.

16 지구 내부 구조는 달걀과 비슷해요. 그림에서 지시하는 곳에 알맞은 이름을 쓰시오.

(　　　　)
(　　　　)
(　　　　)
(　　　　)

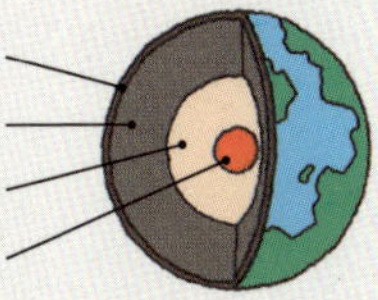

17 다음 설명 중 옳은 것에는 ○, 틀린 것에는 ×를 하시오.

- 화성암은 마그마가 식어서 만들어진 암석이다. (　)
- 변성암은 높은 온도와 압력 때문에 형성된다. (　)
- 제주도의 돌하르방은 주로 현무암이다. (　)

18 지표의 변화로 형성된 지형과 이 지형이 나타나는 장소를 바르게 연결하시오.

혼 •	• 강
버섯 바위 •	• 사막
종유석 •	• 석회 동굴
우각호 •	• 빙하 지대

19 뜨거운 여름, 다음 중 가장 더운 곳에 있는 사람은?

❶ 한낮 바다 속　❷ 밤 바다 속
❸ 한낮 모래사장　❹ 밤 모래사장

20 공기의 이동을 .... 이라고 해요. 공기는 (많은, 적은) 곳에서 (많은, 적은) 곳으로 이동하지요.

정답 11 토성, 금성, 목성 12 ❶ 13 중력 14 ❸ 15 ❹ 16 지각, 맨틀, 외핵, 내핵 17 ○ ○ ○ 18 혼-빙하 지대, 버섯 바위-사막, 종유석-석회 동굴, 우각호-강 19 ❸ 20 바람, 많은, 적은

물리학 퀴즈

01 팬티를 입었을 때, 팬티가 내려가지 않게 해주는 힘은 무엇일까요?

02 울퉁불퉁한 타이어가 잘 미끄러지지 않게 해 주는 힘은 무엇일까요?

❶ 중력 ❷ 마찰력
❸ 탄성력 ❹ 자기력

03 다음 빈칸에 알맞은 답을 쓰시오.

- .... 는 자기력을 이용한 교통수단이다.
- .... 은 지구의 자기력을 이용하여 방향을 알 수 있게 하는 도구이다.

04 다음 빈칸에 알맞은 답을 쓰시오.

모든 물체는 원자라는 작은 입자로 되어 있어요. 원자의 중심에는 (+)전하를 띠는 .... 이 있고, 그 주위를 (−)전하를 띠는 .... 들이 돌고 있지요.

05 다음 설명 중 옳은 것에는 ○, 틀린 것에는 ×를 하시오.

- 중력은 지구 중심으로 향하는 힘이다. ( )
- 중력은 지구 중심으로부터 멀수록 커진다. ( )
- 중력은 질량을 가진 물체 사이에 작용하는 힘이다. ( )
- 중력과 만유인력은 서로 다른 힘이다. ( )

06 과학에서 말한 힘이 작용하지 않은 경우는?

❶ 사람이 힘껏 밀었지만 움직이지 않는 바위
❷ 하늘을 도는 달
❸ 달리는 차에 부서진 담벼락
❹ 손으로 눌러 납작해진 스펀지

07 힘의 3요소를 쓰시오.

08 다음 그림과 같이 화살표 방향으로 두 힘이 작용할 때 힘의 합력이 가장 큰 것은?

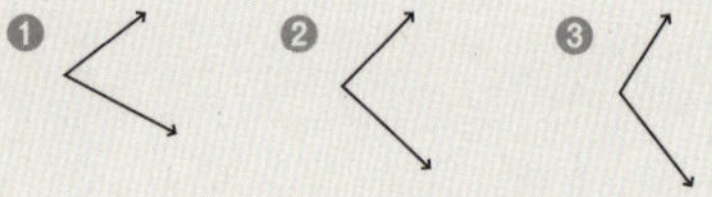

09 그림에서 경찰은 자동차의 어떤 속력을 보고 단속을 한 것일까요?

10 버스가 갑자기 멈추었을 때 몸이 앞으로 쏠리고, 버스가 갑자기 출발할 때 몸이 뒤로 쏠리는 까닭은 무엇 때문인가요?

정답 1 탄성력 2 ❷ 3 자기부상열차, 나침반 4 원자핵, 전자 5 ○ × ○ × 6 ❶ 7 힘의 크기, 힘의 방향, 힘의 작용점 8 ❶ 9 순간 속력 10 관성

11 과학에서는 어떤 현상을 표현할 때 그래프를 많이 사용해요. 다음 그림에 맞는 그래프를 그려 보세요.

12 과학에서 말하는 '일'에 해당하는 것은 무엇인가요?

❶ 하루 종일 걸상을 들고 벌을 섰다.
❷ 하루 종일 움직이지 않는 큰 바위를 밀었다.
❸ 마찰이 없는 얼음 위에서 스케이트를 탔다.
❹ 축구공을 차서 골인을 시켰다.

13 20kg의 돼지를 20N의 힘으로 5m를 끌고 갔어요. 이 사람이 한 일은 몇 J인가요?

14 다음 도구 중에서 지레의 원리가 적용되는 것이 아닌 것은 무엇인가요?

❶ 가위 ❷ 시소
❸ 자전거 바퀴 ❹ 병따개

15 다음 빈칸에 알맞은 답을 쓰시오.

.... 는 일을 할 수 있는 능력이에요. 높은 곳에 있는 물체는 .... 를 가지고, 움직이는 물체는 .... 를 가져요.

16 다음 설명에 해당하는 에너지의 이름을 각각 쓰시오.

- 어둠을 밝히는 데 사용되는 에너지 (　　　　　)
- 전기가 흐르면서 생기는 에너지 (　　　　　)
- 물체를 따뜻하게 만들거나 상태를 변화시키는 에너지 (　　　　　)

17 다음 설명 중 옳은 것에는 ○, 틀린 것에는 ×를 하시오.

- 도선의 길이가 같을 때는 도선의 단면적이 작을수록 전류가 잘 흐른다. (　)
- 전자는 (−)극에서 (+)극으로 움직인다. (　)
- 전류의 단위는 줄(J)이에요. (　)

18 다음 중 같은 전지를 이용했을 때 가장 오랫동안 전구에 불을 켤 수 있는 것은?

❶ 전지를 1개 연결했다.
❷ 전지 2개를 직렬로 연결했다.
❸ 전지 2개를 병렬로 연결했다.

19 우리가 거울로 우리 모습을 비춰볼 수 있는 것은 빛의 어떤 성질 덕분인가요?

❶ 빛의 직진 ❷ 빛의 반사 ❸ 빛의 굴절

20 다음 (　　)에 알맞은 말을 아래에서 골라 쓰시오.

진폭　　진동수

- (　　　)가 크면 높은 소리가 나고, (　　　)가 작으면 낮은 소리가 난다.
- (　　　)이 크면 큰 소리가 나고, (　　　)이 작으면 작은 소리가 난다.

정답 11 해설 참조 12 ❹ 13 100J 14 ❸ 15 에너지, 위치 에너지, 운동 에너지 16 빛 에너지, 전기 에너지, 열에너지 17 × ○ × 18 ❸ 19 ❷ 20 진동수, 진동수, 진폭, 진폭

화학 퀴즈

01 그리스의 아리스토텔레스는 4가지 원소가 만물을 이루는 근원이라는 4원소설을 주장했어요. 다음 중 4원소에 해당하지 않는 물질은 무엇일까요?

❶ 흙 ❷ 공기 ❸ 물 ❹ 소금

02 다음 빈칸에 공통으로 들어갈 말을 쓰시오.

중세에 유행했던 학문으로, 값이 싼 물질로부터 금과 같은 귀금속을 만들어 내려고 했던 것을 .... 이라고 해요. 비록 금을 만들지는 못했지만 .... 은 많은 화학 연구 성과를 남겨, 근대 화학 발전의 밑거름이 되었답니다.

03 다음 빈칸에 들어갈 말을 써 넣으시오.

원소와 원자는 이름도 비슷하고 물질의 기본이라는 점에서는 비슷하지만, 결정적인 차이가 있어요.
.... 가 물질을 이루는 기본 성분이라면,
.... 는 물질을 이루는 가장 작은 입자예요.

04 다음 (　　)에 알맞은 말을 골라 써 넣으시오.

원소　　원자　　분자

물질을 이루는 가장 작은 입자를 (　　　), 물질의 특성을 나타내는 가장 작은 알갱이를 (　　　)라고 합니다.

05 물질의 변화에는 물리 변화와 화학 변화가 있어요. 다음은 무슨 변화일까요?

- 쇠못을 구부린다. (　　　　　)
- 물감이 묻은 붓을 물에 씻는다. (　　　　　)
- 쥐포를 굽는다. (　　　　　)
- 녹은 아이스크림을 다시 얼린다. (　　　　　)

06 연소는 물질이 빛과 열을 내면서 타는 화학 변화를 말해요. 연소가 일어나기 위해 꼭 필요한 3가지는 무엇일까요? 아래에서 골라 ◯ 하시오

이산화탄소　　산소　　물
탈 물질　　적당한 온도　　소화기

07 고체, 액체, 기체의 세 가지 상태 중, 그림처럼 분자 배열이 매우 규칙적인 상태는 무엇인가요?

08 물질의 세 가지 상태 중에서 부피는 일정하지만 담는 그릇이 달라지면 모양이 달라지는 상태는 무엇인가요? (　　　　　)

09 온도가 변하면 물질은 상태 변화를 합니다. 다음과 같이 상태가 변하는 것을 각각 무엇이라고 하나요?

- 기체 → 고체 (　　　　)
- 액체 → 기체 (　　　　)

10 이글루 안에 물을 뿌려 이글루 안을 따뜻하게 하는 것과 같은 원리는?

❶ 수영장에서 나오면 몸이 추워요.
❷ 알코올을 몸에 바르면 시원해요.
❸ 겨울철, 과일 창고에 물을 넣어두면 과일이 얼지 않아요.

정답 1 ❹ 2 연금술 3 원소, 원자 4 원자, 분자 5 물리 변화, 물리 변화, 화학 변화, 물리 변화 6 산소, 탈 물질, 적당한 온도 7 고체 8 액체 9 승화, 기화 10 ❸

11 빈칸에 알맞은 말을 쓰시오.

방귀 냄새를 맡을 수 있는 것은 분자 운동에 의해 분자가 저절로 퍼져 나가기 때문이에요. 이것을 .... 이라고 하지요.

12 다음 중 알맞은 말을 골라 ○ 하시오.

기체의 부피는 압력과 온도에 따라 쉽게 변해요. 압력이 커지면 기체의 부피는 (커지는데, 작아지는데) 이것이 보일의 법칙이에요. 또한 온도가 높아지면 기체의 부피는 (커지는데, 작아지는데) 이것이 샤를의 법칙이랍니다.

13 다음에서 물질의 특성으로 보기 어려운 것은 무엇일까요?

❶ 무게 ❷ 끓는점 ❸ 녹는점 ❹ 밀도

14 다음 빈칸에 들어갈 말을 써 넣으시오.

사람의 눈, 코, 입, 귀 그리고 피부와 같은 감각 기관을 통해 알 수 있는 물질의 성질을 .... 성질이라고 해요. 겉으로 볼 때 드러나는 성질이라는 뜻이지요.

15 다음 중 알맞은 말을 골라 ○ 하시오.

밀도는 같은 부피일 때 가볍고 무거운 정도를 나타내요. 쇠못을 물에 넣으면 가라앉는데, 이는 쇠못이 물보다 밀도가 (크기, 작기) 때문이에요. 또 스티로폼이 물에 뜨는 이유는 스티로폼의 밀도가 물보다 (크기, 작기)때문이지요.

16 다음 (　　)에 알맞은 말을 아래에서 골라 쓰시오.

용매　용해　용액　용질

설탕이 물에 녹으면 설탕물이 되는데, 이것을 (　　　) 현상이라고 해요. 이때 물에 녹아 들어가는 설탕을 녹는 물질이라 하여 (　　　), 녹이는 물을 (　　　), 그 결과 생긴 설탕물을 (　　　)(이)라 해요.

17 다음 중 각설탕을 물에 잘 녹이기 위한 방법이 아닌 것은?

❶ 저어 준다.
❷ 온도를 낮춘다.
❸ 각설탕을 잘게 부순다.
❹ 물을 더 많이 넣는다.

18 빈칸에 알맞은 말을 아래에서 골라 표를 완성해 보시오. (화합물, 순물질, 균일 혼합물)

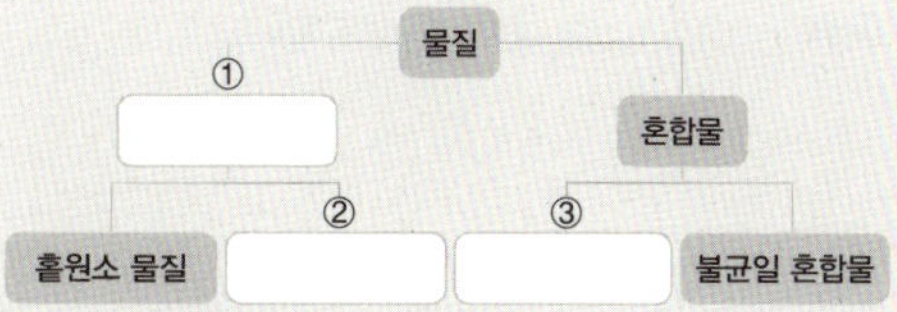

19 다음 중 분리하려는 물질과 분리하는 데 쓰이는 것이 잘못 묶인 것은?

❶ 볍씨와 쭉정이 – 소금물
❷ 물과 기름 – 스포이트
❸ 원유 – 거름 종이

20 혼합물을 이루고 있는 각 물질이 용매에 녹아서 종이나 얇은 막을 따라 이동하는 속도가 다른 것을 이용해 혼합물을 분리하는 것을 무엇이라고 하나요?

정답 11 확산 12 작아지는데, 커지는데 13 ❶ 14 겉보기 15 크기, 작기 16 용해, 용질, 용매, 용액 17 ❷ 18 ① 순물질 ② 화합물 ③ 균일 혼합물 19 ❸ 20 크로마토그래피

생명과학 퀴즈

01 생명체를 이루고 있는 기본 단위로 모든 생명체가 가지고 있는 것은?

❶ 세포　　❸ 머리카락
❷ 물　　❹ 살

02 다음 설명 중 옳은 것에는 ○, 틀린 것에는 X를 하시오.

- 세포의 모양은 여러 가지이다. (　)
- 세포의 크기는 모두 같다. (　)
- 코끼리의 세포는 생쥐의 세포보다 크다. (　)

03 다음 빈칸에 들어갈 말을 써 넣으시오.

현미경으로 양파의 표피 세포를 관찰하려면 양파 껍질을 얇게 벗긴 후 그 조각을 유리판 사이에 고정시켜 .... 를 만들어야 합니다.

04 동물 세포에는 없고 식물 세포에만 있으며, 광합성이 일어나는 곳은 어디일까요?

05 다음은 동물과 식물의 차이를 설명한 거예요. 에 식물 또는 동물을 써 넣으시오.

.... 은 스스로 양분을 만들어 살아가고 .... 은 다른 생물로부터 양분을 얻어 살아가요.

06 겉씨식물과 속씨식물의 차이점은 무엇인가요?

07 다음은 식물의 뿌리, 줄기, 잎이 모양을 바꾼 것입니다. 바르게 연결하시오.

잎의 변형　　줄기의 변형　　뿌리의 변형

08 뿌리는 삼투 현상에 의해 흙 속의 물과 무기 양분을 흡수해요. 흡수된 물과 무기 양분은 .... 을 통해 식물체 전체로 이동됩니다.

09 식물은 낮에는 햇빛과 이산화탄소로부터 산소와 양분을 만들어 내는 .... 을 해요. 반대로 산소를 받아들이고 이산화탄소를 내놓는 .... 은 밤과 낮 구분 없이 항상 일어나요.

10 다음 설명에 해당하는 영양소는 무엇인가요?

- 우리 몸에서 만들어지지 않는다.
- 3대 영양소 중에서 가장 많은 에너지를 낸다.
- 몸에서 쓰고 남은 것은 저장한다.

정답 1 ❶ 2 ○ X X 3 프레파라트 4 엽록체 5 식물, 동물 6 씨의 위치. 씨가 씨방 안에 있으면 속씨식물, 밖에 있으면 겉씨식물이라 한다. 7 ①뿌리의 변형, ②줄기의 변형, ③잎의 변형 8 물관 9 광합성, 호흡 10 지방

11 다음 그림을 보고 소화 과정에 맞게 빈 곳을 채우시오.

입 ➡ 식도 ➡ ....

➡ .... ➡ 큰창자 ➡ 똥

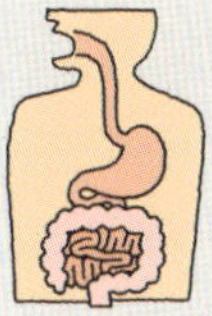

12 다음 빈칸에 들어갈 말을 써 넣으시오.

옛날 로마 시대의 갈레노스라는 의사는 혈액은 몸에서 사용된 후 사라진다고 생각했어요. 하지만 17세기에 하비에 의해 혈액은 사라지는 것이 아니라 온몸을 .... 한다는 것이 밝혀졌지요.

13 다음 중 피 색깔이 다른 생물은?

❶ 사람 ❷ 메뚜기
❸ 사자 ❹ 얼룩말

14 다음 중 배설물이 아닌 것은?

❶ 땀 ❷ 오줌
❸ 똥

15 사람의 감각 기관 중 가장 빨리 가장 많은 정보를 받아들일 수 있는 것은?

16 다음 설명 중 옳은 것에는 ○, 틀린 것에는 ×를 하시오.

- 경험에 의한 반응을 조건 반사라 한다. ( )
- 자극에 대한 반응은 뇌에서만 명령을 내린다. ( )
- 자극에 반응하는 것은 신경 덕분이다. ( )

17 대뇌와 중간뇌 사이에 있으며 체온과 혈당량, 호르몬을 조절하는 것은?

18 몸의 일부에서 싹이 생겨 자라다가 이것이 어미로부터 떨어져 나가 새로운 개체가 되는 생식법은

❶ 탈출법 ❸ 독립법
❷ 이분법 ❹ 출아법

19 개구리는 단세포에서 시작되어 세포 분열을 거쳐 세포의 수를 늘리고 몸의 각 부분이 완성돼요. 올챙이에서 개구리가 될 때 (뒷다리, 앞다리)가 나온 뒤 (뒷다리, 앞다리)가 나오지요.

20 멘델의 유전 법칙이 아닌 것은?

❶ 독립의 법칙 ❷ 분리의 법칙
❸ 섞임의 법칙 ❹ 우열의 법칙

정답 11 위, 작은창자 12 순환 13 ❷ 14 ❸ 15 눈 16 ○ × ○ 17 사이뇌 18 ❹ 19 뒷다리, 앞다리 20 ❸

과학 용어
사전

촉각
시각
후각
청각
미각

과학 용어 사전

ㄱ

가속도 72
물체에 힘을 주면 속도가 변하는데 그 속도가 단위 시간 당 얼마나 변하는지를 나타낸다.

거름 136
알갱이의 크기 차이를 이용하여 걸러내는 분리 방법

겉보기 성질 126
사람의 감각 기관으로 알 수 있는 물질의 성질로, 겉으로 볼 때 알 수 있는 색깔이나 맛, 냄새, 촉감 등을 말한다.

겉씨식물 150
씨가 씨방에 싸여 있지 않고 밖으로 드러나 있는 식물

고체 116
일정한 형태의 모양과 부피를 가지는 물질의 상태로 보통 단단하다. 예) 얼음

공전 18~21, 72
한 천체가 다른 천체의 둘레를 일정한 주기를 두고 도는 운동으로 지구는 태양 주위를, 달은 지구 주위를 공전한다.

관성 70, 72
물체가 원래의 운동 상태를 유지하려는 성질로 무거운 물체일수록 관성이 크다.

광원 98
빛을 내는 근원이 되는 것으로 태양이나 전등이 있다.

광합성 150, 152~155
식물이 엽록체에서 햇빛을 이용하여 물과 이산화탄소로부터 포도당과 산소를 만들어 내는 작용

구름 50, 51, 54
공기 중의 수증기가 온도가 낮아지면서 물방울이나 얼음 알갱이로 뭉쳐져 공중에 떠 있는 것

굴절 99, 100, 102
빛이나 소리 등의 파동이 한 물질에서 다른 물질로 진행해 갈 때 경계면에서 진행 방향이 꺾이는 현상이다.

근시 101, 173
물체의 상이 망막 앞에 맺혀 가까운 곳은 잘 보나, 먼 곳은 잘 보지 못하는 눈

기단 52, 53
거대한 공기 덩어리로 날씨 변화에 큰 영향을 준다.

기압 48, 49, 55
공기가 누르는 압력으로 기압은 높이에 따라 달라진다.

기체 117
부피와 모양이 모두 일정하지 않은 물질의 상태로 힘을 가하면 부피가 줄어든다. 예) 수증기

기화 118, 119
액체가 열을 흡수하여 기체로 변하는 상태 변화로 이때 주변에서 흡수하는 열을 기화열이라고 한다.

끓는점 129
액체가 끓기 시작하여 기체로 상태가 변하는 온도로 물질마다 끓는점이 다르다.

ㄴ

나침반 62, 93
자석으로 된 바늘이 있어 방향과 위치를 알 수 있게 해 주는 도구

난생 184
알을 낳아 번식하는 방법으로 알 속에서 성장한 뒤 알을 깨고 나온다.

날씨 34, 48~55
춥거나 더운 정도, 습하거나 건조한 정도 등을 나타내는 대기의 상태

녹는점 128
고체가 액체로 녹는 온도로 같은 물질의 경우 어는점과 같다.

뉴런 177
신경을 구성하고 있는 세포로 세포체, 축삭돌기, 가지돌기로 구성되어 있다.

ㄷ

단백질 162
3대 영양소 중 하나로 생물의 몸속에 물 다음으로 많으며 근육의 주성분이 된다. 에너지원이다.

단층 39
지층이 큰 힘을 받아 중간이 끊어져 서로 어긋난 것

대기권 34
지구의 중력에 의해 지구를 둘러싸고 있는 공기층으로 지표로부터 약 1,000km까지를 말한다.

대뇌 176, 178
전체 뇌의 80%를 차지하는 곳으로 정보를 기억하고 판단하며 명령을 내린다.

대륙 이동설 37, 38
한 덩어리였던 대륙이 점점 이동하여 여러 대륙으로 나뉘었다는 학설로 베게너가 주장하였다.

도르래 79
바퀴에 줄을 감아 돌림으로써 힘을 전달하는 도구로서 장소에 고정해 놓고 사용하는 고정도르래와 축이 고정되지 않고 물체와 함께 움직이는 움직도르래가 있다.

도선 87, 94, 95
전류가 흐르는 길로 주로 금속으로 만든다. 도선의 단면적이 넓고 길이가 짧을수록 전류가 잘 흐른다.

도체 87
금속처럼 열이나 전기가 잘 통하는 물질

동맥 165, 166
심장에서 나가는 피가 흐르는 혈관으로 몸속 깊은 곳에 있고 혈관 벽이 두껍다. 대동맥은 심장에서 온몸으로 가는 혈액이 흐르는 혈관이고, 폐동맥은 심장에서 폐로 가는 혈액이 흐르는 혈관이다.

땀샘 170, 171
땀을 만들어 노폐물을 몸 밖으로 내보내며, 체온 조절도 하는 기관으로 피부에 분포해 있다.

ㅁ

마그마 41
지구 내부에 있던 암석이 높은 압력과 뜨거운 열 등에 의해 녹아 있는 물질

마찰력 61
서로 닿아 있는 물체가 움직이려고 할 때나 움직이고 있을 때 그 운동을 방해하려는 힘

마찰 전기 63
두 물체를 마찰시켰을 때 전자가 이동하여 생기는 전기로 멈춰 있다고 하여 정전기라고도 한다.

만유인력 64, 72
질량을 가지고 있는 물체가 서로 잡아당기는 힘으로 중력과 같은 뜻으로 사용한다.

망 20
지구를 중심으로 달과 태양이 서로 반대 방향에 있을 때로 보름달이 보인다.

맨틀 36, 38
지각과 핵 사이(30km~2,900km)에 있는 물질

모세혈관 166, 169
동맥과 정맥을 연결해 주는 아주 가는 혈관으로 온몸에 그물처럼 퍼져 있다.

모호로비치치 불연속면 36
지하 30~60km 정도의 맨틀과 지각의 경계면으로 모호로비치치가 발견하여 자신의 이름을 붙였다.

무게 65
중력이 질량을 띤 물체를 끌어당기는 힘의 크기로 장소에 따라 달라진다.

무성 생식 182, 183
암수 생식 세포 없이 한 개체가 혼자서 새로운 개체를 만들어 번식을 하는 것 예) 이분법, 출아법 등

무조건 반사 176
자극에 대한 본능적인 반응을 말한다.

물관 152
뿌리에서 흡수한 물과 무기 양분이 이동하는 통로

물리 변화 112
물질이 변화할 때, 물질의 구성 성분이나 성질은 변하지 않고 겉모습이나 상태만 변화하는 것

물질 108, 109
물체를 이루는 재료가 되는 것 예) 책상이라는 물체는 나무라는 물질과 플라스틱이라는 물질로 이루어져 있다.

물질의 특성 126
물질이 다른 물질과 구별되는 고유한 성질

밀도 127
물질의 질량을 부피로 나눈 값으로 물질을 구별하는 물질의 특성이 된다.

밀물 21
달과 태양의 인력에 의해 지구의 바닷물이 육지로 밀려 들어오는 현상

밑씨 157
수정 후 자라서 씨앗이 된다. 속씨식물에서는 씨방 안에 생기고, 겉씨식물에서는 밖으로 드러나 있다.

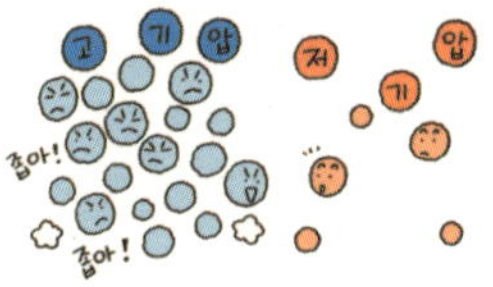

ㅂ

바람 49, 54
기압이 변할 때, 주변 물체의 움직임에 의해 기압이 높은 곳에서 낮은 곳으로 이동하는 공기의 흐름

반고리관 175
안쪽에 있고, 몸의 회전 감각을 담당한다.

반사(反射) 98~100, 102
빛, 소리 등의 파동이 일정한 방향으로 나아가다가 다른 물체의 표면에 부딪혀 되돌아 나오는 현상이다.

발생 185
수정란이 세포 분열을 하여 나중에 성숙된 하나의 개체로 만들어지는 과정

발전기 95
역학적 에너지를 전기 에너지로 바꾸어 전기 에너지를 발생시키는 장치이다.

배설 170, 171, 179
탄수화물, 단백질, 지방 같은 영양소가 몸에서 호흡에 의해 분해될 때 생기는 노폐물을 몸 밖으로 내보내는 것으로 땀샘에서 땀이, 콩팥에서 오줌이 배설된다.

배출 163, 170
먹은 음식물이 소화되어 영양소가 흡수될 때 소화관에서 흡수되지 못하고 남은 찌꺼기를 항문을 통해 내보내는 것으로 똥은 배출물이다.

백혈구 167
혈액의 구성 성분으로 적혈구보다 크며 우리 몸에 들어온 균을 처리한다.

번식 150, 183
생식과 거의 같은 의미이나, 동물에서는 새끼를 갖고 낳으며 키우는 모든 활동, 식물에서는 수분 · 수정, 씨의 이동 등 생물이 살아가는 모양이나 상태를 포함한 넓은 의미로 사용된다.

변성암 41
화성암이나 퇴적암이 지하에서 높은 열과 큰 압력에 의해 성질이 변한 암석

별 17, 18, 27~31
스스로 에너지를 생성하여 빛을 내는 천체

별자리 22, 31
여러 개의 별들이 모양을 이루며 모여 있는 것에 동물, 물건, 신화 속의 이름을 붙여 부르는 것

병렬 회로 89, 90
두 개 이상의 전지나 전구가 여러 갈래로 연결된 전기 회로이며 전류가 나뉘어져 흐른다.

보일의 법칙 122
온도가 일정할 때, 일정 그릇에 담긴 기체에 작용하는 압력이 커지면 기체의 부피는 줄어든다는 법칙

볼록거울 100
가운데가 볼록하여 빛을 넓게 퍼뜨리는 거울로, 상은 실제보다 작아 보이지만 넓은 범위를 볼 수 있다.

볼록렌즈 101
가운데가 볼록하여 빛을 한곳으로 모으는 렌즈로 볼록렌즈를 통해 보면 물체가 커 보인다.

부영양소 161
에너지로 사용되지는 않으나 몸에 여러 가지 기능을 하는 데 필요한 영양소로 물, 무기염류, 바이타민이 이에 해당한다.

분별 증류 135
서로 잘 섞여 있는 액체 혼합물을 끓는점의 차이를 이용하여 각각으로 분리해 내는 방법

분산 99
태양 광선이 프리즘을 통과하면 빛이 굴절하는 정도가 달라 무지개 색의 빛으로 나누어지는 현상이다.

분자 111
물질의 특성을 가진 가장 작은 알갱이. 분자를 쪼개면 원자로 나뉜다.

불균일 혼합물 132
골고루 섞여 있지 않은 혼합물 예) 흙탕물

브라운 운동 120
분자가 스스로 불규칙하게 운동하는 것. 확산과 증발은 분자의 브라운 운동 때문에 일어난다.

V자곡 42
흐르는 물에 의해 땅이 침식되어 V자 모양으로 된 계곡

빅뱅 28
우주가 처음 태어났을 때 일어났다고 추정하는 어마어마한 대폭발

빗면 79
수평면으로부터 일정한 각도로 기울어진 면으로 물체를 옮길 때 이용하면 수직으로 드는 것보다 힘이 덜 든다.

뿌리골무 155
뿌리의 끝에 있으며 생장점을 싸서 보호한다.

ㅅ

사이뇌 178
대뇌와 중간뇌 사이에 있으며, 체온과 혈당량, 호르몬을 조절한다.

삭 20
달이 지구와 태양 사이에 놓여 있을 때로 지구에서 달의 밝은 부분을 볼 수 없다.

삼각주 42
강의 하류에서 강물이 바닷물을 만나 물의 흐름이 느려지면서 퇴적물이 삼각형 모양으로 쌓인 곳이다.

3대 영양소 160, 161, 163
우리 몸에 가장 필요한 영양소로 단백질, 지방, 탄수화물이 이에 해당한다.

삼투 현상 152
농도가 낮은 쪽에서 농도가 높은 쪽으로 물 같은 용매가 이동하는 현상

상태 변화 117
물체가 고체에서 액체로 액체에서 기체로, 또는 그 반대로 상태가 변하는 것으로 물리 변화이다.

생식 182~184
생물이 자신과 같은 새로운 개체를 만들어 그 종족을 유지하는 것

생장점 155
식물의 줄기나 뿌리 끝에 있으며 세포 분열이 일어나 길이 자람이 일어난다.

샤를의 법칙 123
압력이 일정할 때, 기체의 부피는 기체의 종류에 관계없이 온도가 올라감에 따라 증가한다는 법칙

석순 42
석회 동굴에서 바닥에 떨어진 물방울 속 석회질 물질이 만든 죽순 모양의 암석

석주 42
석순과 종유석이 서로 맞닿아 생긴 기둥 모양 암석

성단 30
수십~수십만 개의 별들의 모임으로 구상 성단과 산개 성단으로 나눈다.

성운 29, 30
우주의 가스와 먼지들이 모여 구름처럼 보이는 것

세포 142~147, 155
생명체의 몸을 이루고 있는 가장 작은 단위

세포질 145
세포에서 핵을 제외한, 핵을 둘러싸고 있는 물질로 많은 세포 소기관들이 들어 있다.

소뇌 178
근육 운동을 조절하여 몸의 균형을 유지하는 뇌

소행성 25
운석보다 크고 모양이 불규칙한 태양계 천체들로 화성과 목성 사이에 많이 모여 있다.

소화(消化) 162, 163, 179
음식물의 영양소가 몸에 잘 흡수될 수 있도록 음식물을 아주 작은 알갱이로 분해하는 과정

속력 69, 71, 73, 81
물체가 이동한 거리를 걸린 시간으로 나눈 값으로 물체의 빠르기를 나타낸다. 속력에 방향의 개념을 포함시킨 것이 속도이다.

속씨식물 150
씨가 씨방에 싸여 있는 식물로 떡잎의 수에 따라 외떡잎식물과 쌍떡잎식물로 나눈다.

수분 157
꽃가루받이라고도 하며 종자식물에서 수술의 꽃가루가 암술머리에 옮겨 붙는 일이다.

수정 157, 184, 185
식물의 수정은 암술머리에 붙은 꽃가루가 암술대 속으로 들어가 씨방 속의 밑씨와 만나는 일이다. 수정 후 밑씨는 씨가 되고 씨방은 열매가 된다. 동물의 수정은 암컷의 난자와 수컷의 정자가 만나 수정란을 만드는 것이다.

수증기 34, 50, 55
기체 상태로 되어 있는 물로 수증기의 이동은 날씨 변화에 큰 영향을 미친다.

순간 속력 69
어느 한 순간에 측정한 물체의 속력

순물질 132, 133
다른 물질이 섞여 있지 않고 한 종류만으로 이루어진 물질로 물질의 특성인 녹는점, 어는점, 끓는점, 밀도 등이 일정하다.

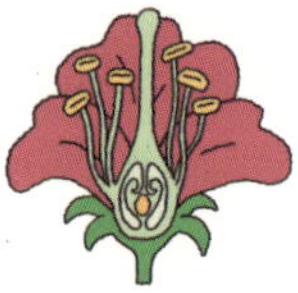

순종과 잡종 187

다른 대립 형질이 섞이지 않은 것을 순종, 그 반대는 잡종이라 한다. 순종끼리 교배하면 어버이의 형질이 자손에게 그대로 전해지고, 잡종끼리 교배하면 어버이에게 숨어 있던 열성 형질이 나타나기도 한다.

숨뇌 61

중간뇌와 척수 사이에 있으며 생명 유지에 직접 연결되는 폐와 심장 및 위의 작용을 조절한다.

습곡 39

지층이 큰 힘을 받아 휘어진 것

승화 118

고체가 액체를 거치지 않고 곧바로 기체로 되거나 그 반대로 기체가 액체를 거치지 않고 곧바로 고체가 되는 현상으로 이때 흡수하거나 내놓는 열을 승화열이라고 한다.

시상화석 44

지층 생성 당시의 기후나 자연 상태를 알려 주는 화석으로 고사리, 산호 화석 등이 시상화석이다.

신경 176~179

생물이 주위에서 일어나는 여러 자극을 느끼고 이에 대한 적절한 반응을 일으키도록 감각 기관과 중추 신경을 연결해 주는 기관

심성암 41

마그마가 땅속 깊은 곳에서 서서히 식어 만들어진 암석

심장 164~166, 179

수축과 이완을 통해 온몸에 피를 보내는 기관으로 사람의 심장은 2심방 2심실로 되어 있다.

썰물 21

달과 태양의 인력에 의해 지구의 바닷물이 육지에서 바다로 빠져 나가는 현상

씨방 157

암술대 밑에 붙은 통통한 주머니 모양의 부분으로 속에 밑씨가 들어 있다.

ㅇ

안개 50

차가운 땅의 기온 때문에 생기는 물방울. 구름과 같은 원리로 생기지만 구름과 달리 지표면 가까이에 생긴다.

액체 116

부피는 일정하지만 모양은 일정하지 않은 물질의 상태. 보통 담는 그릇에 따라 모양이 바뀌며 흐르는 성질이 있다. 예) 물

액화 118

기체가 열을 내놓고 액체로 변하는 상태 변화로 이때 내놓는 열을 액화열이라고 한다.

어는점 128

액체가 고체로 어는 온도로 같은 물질의 경우 녹는점과 같다.

에너지 80~83, 92

일을 할 수 있는 능력으로 빛 에너지, 열에너지, 운동 에너지, 위치 에너지, 전기 에너지 등이 있으며 서로 다른 에너지로 전환된다.

역학적 에너지 82

위치 에너지와 운동 에너지를 합한 에너지로 역학적 에너지는 외부 저항이 없으면 보존된다.

연금술 108

값싼 금속으로 금을 만들어 내고자 한 주술적 학문으로 금을 만드는 데는 실패했으나 화학을 발전시키는 데 큰 역할을 했다.

연소 113

물질이 산소와 결합하여 빛과 열을 내면서 타는 현상

염분비 일정의 법칙 121
바닷물에 녹아 있는 염류의 양은 달라도, 모든 바다에 녹아 있는 염류의 상대적인 비율은 일정하다는 법칙으로 전 세계의 바닷물이 고루 잘 섞이고 있음을 뜻한다.

엽록체 146, 153
햇빛을 받아 광합성이 일어나는 장소로 식물 세포에만 존재한다.

오목거울 100
가운데가 오목하여 빛을 모아 주는 거울로 가까이 가면 실제보다 크게 보인다.

오목렌즈 101
가운데가 오목하여 빛을 넓게 퍼뜨리는 렌즈로 오목렌즈를 통해 보면 물체가 실제보다 작게 보인다.

오존층 34, 35
오존들이 많이 모여 있는 대기의 층으로 태양에서 오는 자외선을 막아 주어 지구 생명체를 보호한다.

온몸순환 166
혈액이 온몸을 돌면서 각 조직에 산소와 영양소를 운반하고 이산화탄소와 노폐물을 거두어 가는 순환

용매 130
용질을 녹이는 물질 예) 설탕물에서 설탕을 녹인 물

용불용설 191
자주 사용하는 기관은 발달하고, 사용하지 않는 기관은 퇴화한다는 라마르크의 진화론

용암 41
마그마가 지표로 흘러나와 마그마에 있던 기체 성분이 날아간 것

용액 130
용질이 용매에 녹아서 된 혼합물 예)설탕물

용질 130
용매에 녹아들어가는 물질 예)설탕물에 녹아 있는 설탕

용해 130
한 물질이 다른 물질에 고르게 섞이는 현상. 흔히 '녹는다'라고 하는데 고체가 액체로 '녹는' 융해와는 다르다.

용해도 131
일정한 온도에서 용매 100g에 녹을 수 있는 용질의 최대량으로 용질의 그램수(g)로 나타낸다.

우성과 열성 187~189
대립 형질 중 겉으로 드러나는 것을 우성, 그 반대를 열성이라 한다.

운동 에너지 81, 82
운동하는 물체가 가지는 에너지로 속력의 제곱과 질량에 비례한다.

원소 110
물질을 이루는 기본 성분으로 더 이상 분해할 수 없다.

원시 101, 173
물체의 상이 망막 뒤에 맺혀 가까운 곳은 잘 보지 못하나, 먼 곳은 볼 수 있는 눈을 말한다.

원심력 21
원운동을 하는 물체가 바깥으로 향하는 힘으로 원의 중심에서 멀어지려고 한다.

원자 63, 86, 111
물질을 이루는 가장 작은 입자

원자핵 63, 86, 111
원자의 중심에 있는 (+)전하를 띤 입자로 원자 질량의 대부분을 차지한다.

월식 14, 21
달이 지구의 그림자 속으로 들어가 일부분 또는 전체가 보이지 않는 현상

위치 에너지 80, 82
지표면으로부터 높은 곳에 있는 물체가 가지는 에너지로 높이 있을수록, 질량이 클수록 커진다.

유성 25
지구 근처를 떠돌던 작은 암석이나 부스러기들이 지구 대기권에서 마찰을 일으켜 빛을 내는 것

유성 생식 182
암수가 각각 생식 세포를 만든 후 이를 결합하여 새로운 개체를 만드는 것

U자곡 43
빙하에 의해 침식되어 U자 모양으로 된 계곡

유전 186~189, 191
부모가 가진 특징이 자손에게 이어지는 현상으로 자식이 부모를 닮는 것은 이 때문이다.

융털 163
주름진 작은창자 안쪽 벽을 따라 나 있는 털로 소화된 영양소를 흡수한다.

융합 유전설 186, 187
부모의 특징이 서로 섞여서 자손에게 이어진다고 생각한 유전 이론

융해 118, 119
고체가 열을 흡수해 액체 상태로 녹는 상태 변화로 이때 주변에서 흡수하는 열을 융해열이라고 한다.

은하 29, 30
수천 억 개의 별들과 그 외 여러 천체들로 이루어진 집단으로 태양계가 속한 은하를 우리 은하, 우리 은하를 제외한 나머지 은하를 외부 은하라고 한다.

응고 118
액체가 열에너지를 빼앗겨 고체로 상태 변화하는 것으로 이때 내놓는 열을 응고열이라고 한다.

일 76~78
힘이 작용하는 방향으로 물체가 이동했을 때, 힘의 크기와 이동한 거리를 곱한 값이다.

일기도 54
날씨에 영향을 주는 기온, 기압, 구름의 양, 풍향, 풍속 등을 지도 위에 표시한 것

일률 77
일을 얼마나 빨리 하는가를 나타낸 것으로 한 일의 양을 걸린 시간으로 나눈 값이다.

일식 21
태양과 지구 사이에 달이 끼어 들어가 태양의 일부분 또는 전체를 가리는 현상

일주 운동 16
북극성을 중심으로 별이 한 바퀴 도는 것처럼 보이는 운동으로 지구의 자전 때문에 일어난다.

ㅈ

자기력 62, 93
자석처럼 자성을 가진 물체 사이에 서로 끌어당기거나 밀어내는 힘이다.

자기장 93~94
자석 주위에 자기력이 미치는 공간으로 자석에서 멀어지면 자기장도 약해진다.

자연 선택설 191
환경에 잘 적응한 개체가 살아남는다는 다윈의 진화론으로 오늘날 진화를 설명하는 데 기본이 되는 이론이다.

자전 16, 17
지구나 달 등의 천체가 일정한 주기를 가지고 스스로 한 바퀴 도는 운동

저항 88, 90
전자의 이동을 방해하는 성질로 도선이 길고 단면적이 좁을수록 저항이 크다.

적혈구 167
혈액의 구성 성분으로 산소를 운반하는 역할을 하고, 피를 붉게 보이게 한다.

전기 회로 89

전류가 흐를 수 있도록 전구, 스위치, 전지 등의 전기 기구를 도선으로 전원과 연결한 것

전기력 63

전기를 띤 물체 사이에 작용하는 힘으로서 같은 전기끼리는 밀어내는 척력이, 다른 전기끼리는 서로 당기는 인력이 작용한다.

전력 92

전기 기구가 단위 또는 일정 시간에 소비하는 전기 에너지

전류 86, 90, 91, 93, 95

전압이 높은 곳에서 낮은 곳으로 전하가 연속적으로 흐르는 것을 말한다.

전선 53

성질이 다른 두 기단이 만나서 이루는 경계면을 전선면이라 하고, 전선면이 지표면과 만나는 경계선을 전선이라 한다.

전압 88, 89

도체 내에 있는 두 점 사이의 전기적인 위치 에너지의 차이로 전압이 클수록 전기 에너지가 크다.

전원 87

전자가 흐를 수 있도록 전기 에너지를 공급해 주는 장치로 전지나 콘센트가 있다.

전자 86, 111

원자의 구조에서 원자핵 주위를 돌고 있는 (−)전하를 띤 입자

전정기관 175

귀의 안쪽에 있고, 몸의 균형 감각을 담당한다.

전하 63, 86

물체가 띠고 있는 정전기의 양으로 (+)전하와 (−)전하가 있다.

정맥 165, 166

심장으로 들어오는 피가 흐르는 혈관으로 피부 가까이에 있어서 살갗에 비친다. 대정맥은 온몸을 돌고 심장으로 들어오는 혈액이 흐르는 혈관이고, 폐정맥은 폐에서 심장으로 들어오는 혈액이 흐르는 혈관이다.

조건 반사 176

경험에 의해 일어나는 반응

조륙 운동 39

지각이 솟아오르거나 가라앉으면서 육지를 바꾸는 지각 변동

조산 운동 39

거대한 습곡 산맥을 만드는 판과 판의 운동

조암 광물 40

암석을 이루는 여러 종류의 광물 중에서 가장 많은 비율을 차지하는 광물

종유석 42

석회 동굴 천장에 고드름처럼 매달린 암석

종자식물 150, 156

씨로 번식하는 식물로, 씨의 위치에 따라 겉씨식물, 속씨식물로 나눈다.

중간뇌 178

사이뇌와 소뇌 사이의 뇌로 눈의 움직임과 소리를 인식하며 몸의 평형을 담당한다.

중간 유전 189

우성과 열성이 완전히 나누어지지 않아 자손에게 우성과 열성의 중간 형질이 나타나는 유전으로 빨간 꽃과 흰 꽃을 수정시켰을 때 분홍 꽃이 나오는 것이 그 예이다.

중력 64, 65

지구가 물체를 지구 중심으로 끌어당기는 힘

중추 신경 176, 177

동물의 신경 세포가 집중적으로 모여 있는 뇌와 척수가 여기에 속한다. 자극에 대해 적절한 명령을 내린다.

증류 135
액체 혼합물을 끓이면 끓는점이 낮은 액체부터 기체가 되어 나오는데, 이를 이용해 순수한 액체를 얻는 방법

증발 120
액체가 기체가 되어 주위로 달아나는 현상으로 액체의 표면에서 일어난다.

증산 작용 152, 154
식물의 잎에서 물이 수증기가 되어 공기 중으로 나가는 현상

지동설 16, 18
태양을 중심으로 지구가 돌고 있다고 생각하는 우주론

지레 78
막대를 이용해 일을 수월하게 하는 도구로서 힘점, 작용점, 받침점을 가지고 있다.

지방 160, 161, 170
3대 영양소 중에서 가장 많은 에너지를 내며, 남은 것은 피부 아래에 저장된다.

지진 38
지구 내부의 여러 가지 이유로 땅이 갈라지고 흔들리는 현상

지진파 36
지진이 일어났을 때, 지진 에너지를 전달하는 파동으로 지구 내부를 조사할 때는 P파와 S파를 이용한다.

지질 시대 44, 45
지구의 지각이 만들어진 약 46억 년 전부터 현재까지의 시기를 말한다. 크게 선캄브리아 시대, 고생대, 중생대, 신생대로 나뉜다.

지층 39, 43, 44
퇴적물이 차례대로 쌓여 이루어진 암석의 층

직렬 회로 89, 90
전지나 전구를 2개 이상 연결할 때 나누지 않고 한 줄로 연결하는 전기 회로이다.

진동수 103
빛이나 소리와 같은 파동이 1초 동안에 떨리는 횟수

진폭 103
빛이나 소리와 같은 파동이 진동하는 폭

진화 190, 191
생물이 오랜 시간에 걸쳐 조금씩 달라지는 현상

질량 64, 65, 70, 80, 81
물체가 가진 물질의 고유한 양으로 장소에 따라 달라지지 않는다. 양팔 저울로 측정한다.

ㅊ

척수 176
척추 안에 있는 중추 신경으로, 본능적인 반응에 대한 명령을 보낸다.

천동설 16
지구를 중심으로 하늘(다른 행성이나 별 등)이 움직인다는 우주론

체관 152
잎에서 만든 양분의 이동 통로

체내 수정 184
암컷의 몸 안에서 일어나는 수정

체외 수정 184
암컷의 몸 밖에서 일어나는 수정

ㅋ

콩팥 171
허리 뒤쪽에 있는 강낭콩 모양의 기관으로 오줌을 걸러 내는 일을 한다.

크로마토그래피 136
혼합물이 종이나 얇은 막을 타고 올라가는 이동 속도의 차이가 다름을 이용하여 각 성분 물질로 분리하는 방법
예) 사인펜 색소의 분리

ㅌ

탄성력 60
힘에 의해 변형된 물체가 원래의 상태로 되돌아가려는 힘

탄수화물 160, 170
다른 영양소들보다 에너지로 먼저 사용되고 남은 것은 지방으로 바뀐다.

태생 184
어머니 배 속에서 어느 정도 자란 후 새끼를 낳아 번식하는 방법

태양계 23, 24, 25
태양을 중심으로 8개의 행성과 수십 개의 위성 그리고 혜성, 소행성으로 이루어진 천체들의 모임

퇴적암 41
풍화 작용을 받아 형성된 자갈, 모래, 진흙 등이 쌓여서 된 암석

ㅍ

파동 102
한 점에 생긴 진동이 점점 그 둘레로 퍼져 나가는 현상

판게아 37
약 3억 년 전 하나로 뭉쳐져 있었다는 거대한 대륙

판 구조론 38
지구의 겉은 여러 개의 판으로 이루어져 있다는 학설

평균 속력 69
중간의 속력 변화를 무시하고 물체가 이동한 전체적인 거리를 걸린 시간으로 나눈 값이다.

포자식물 150, 156
포자, 즉 홀씨를 날려 번식을 하는 식물

포화 용액 131
용매에 용질이 녹을 수 있을 만큼 최대로 녹아 더 이상 녹을 수 없는 상태에 도달한 용액

표준화석 44
지층의 생성 시대를 알려 주는 화석으로 암모나이트, 삼엽충 등이 있다.

프레파라트 145
현미경으로 관찰하고자 하는 물질을 얇게 잘라 얇은 유리 사이에 끼워 만든 것

ㅎ

합력 67
물체에 여러 힘이 동시에 작용할 때 힘을 더하거나 빼서 결과적으로 나오는 힘을 말한다.

합성 99
여러 가지 색의 빛을 합치는 것으로 여러 색을 섞을수록 밝아진다.

핵 145, 146
생물의 모든 정보를 담은 유전 물질이 들어 있다. 세포의 생명 활동을 조절하는 세포 내 기관이다.

행성 24, 25
태양과 같이 스스로 빛을 내는 항성을 중심으로 공전 운동을 하는 천체로 스스로 빛을 내지 못하고 태양빛을 반사시켜 빛난다.

허파순환 166
혈액이 심장과 폐 사이를 돌면서 폐로 이산화탄소를 내보내고 산소를 받는 순환

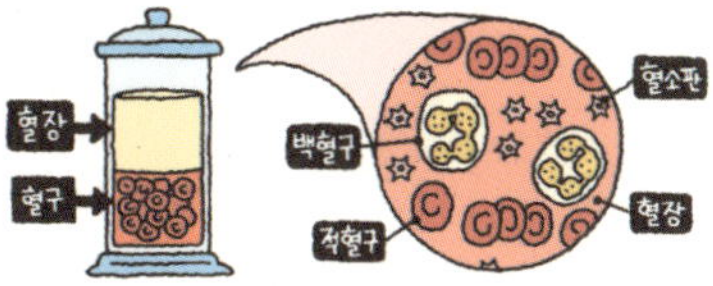

현미경 142, 144, 145
작은 것을 크게 확대하여 볼 수 있는 기구로 세포를 관찰할 때 이용한다.

혈소판 167
상처가 생겨 피가 날 때 피를 멈추게 하는 역할을 한다.

혈장 167
혈액에서 적혈구, 백혈구, 혈소판을 제외한 성분으로 대부분 물로 이루어져 있어 우리 몸의 체온을 일정하게 유지시켜 주며 영양소와 노폐물을 녹여 운반한다.

형성층 155
물관부와 체관부 사이에 있으며, 세포 분열이 왕성하여 부피 자람이 일어난다.

형질 187, 189
피부색, 눈의 모양 등 겉으로 보이는 특징뿐만 아니라 식성, 학습 능력 등 생물이 가지고 있는 모양이나 성질

혜성 25
일정한 주기를 가지고 태양 둘레를 공전하는 천체로 얼음과 먼지로 이루어져 있다.

혼합물 132, 133
서로 다른 순물질들이 화학적 반응을 일으키지 않고 단순히 섞여만 있는 물질로 각각의 순물질로 분리할 수 있다. 골고루 섞여 있는 것은 균일 혼합물, 흙탕물처럼 골고루 섞여 있지 않은 것을 불균일 혼합물이라고 한다.

홑원소 물질 132
순물질 중에서 철이나 다이아몬드처럼 한 종류의 원자로만 되어 있는 물질

화산 38, 41
지구 내부에 있는 마그마가 열과 압력을 이기지 못하고 분출하는 것

화산암 41
땅 위로 흘러나온 마그마, 즉 용암이 빨리 식어서 만들어진 암석

화석 37, 44
고대 동식물의 유해나 흔적 등이 지층 사이에 남아 있거나 그대로 돌처럼 딱딱하게 굳은 것

화성암 41
마그마가 지표나 지하에서 굳어져 이루어진 암석으로 화산암과 심성암으로 나뉜다.

화학 변화 112, 113
물질이 변화할 때, 물질이 본래의 성분이나 성질과는 전혀 다른 새로운 물질로 변화하는 것

화합물 110, 132
서로 다른 둘 이상의 원소가 일정 비율로 결합되어 있는 순물질

확산 121
물질의 분자가 스스로 운동을 하여 주변에 저절로 퍼져 나가는 현상

황도 18
지구의 공전에 의해 태양이 지나가는 하늘의 길로 실제로 존재하지 않는 가상의 길

흔적 기관 191
생물의 몸에서 한때는 사용했으나 점차 퇴화되어 지금은 사용하지 않고 흔적만 남아 있는 기관

힘 66, 70, 71
물체의 운동 상태나 모양을 바꾸게 하는 원인

초등과학 백과

1판 1쇄 2025년 9월 1일

글 손영운
그림 김석
감수 이예림

발행인 김진용
발행처 (주)삼성출판사
등록 제1-276호
주소 서울시 서초구 명달로 94
문의 080-470-3000
홈페이지 www.mylittletiger.co.kr

Printed in Korea

ISBN 978-89-15-99869-8